本书是北京外国语大学青年卓越教师项目校级自选课题项目成果，研究和出版得到了教育部国别和区域研究培育基地英国研究中心经费和双一流建设经费的资助。

21世纪以来
欧盟贸易政策的
演变及其影响研究

EVOLVING EU
TRADE POLICY AND ITS IMPACTS
in the First Two Decades of the 21st Century

王展鹏　贺之杲　夏　添 / 著

社会科学文献出版社
SOCIAL SCIENCES ACADEMIC PRESS (CHINA)

目 录

引 言 ··· 1

第一章　欧盟力量演变与贸易政策调整的背景 ················ 7
　第一节　21世纪以来对欧盟力量的讨论 ······················· 7
　第二节　"规范性力量欧洲"对传统范式的超越及其
　　　　　面临的挑战 ·· 13
　第三节　"市场性力量欧洲"与"规范性力量欧洲"的
　　　　　辩论与融合 ·· 19

第二章　欧盟在全球化中的角色与贸易政策理念的发展 ······ 30
　第一节　欧洲一体化与全球化关系的历史逻辑 ············· 30
　第二节　欧盟"管理全球化"政策理念的发展及其
　　　　　面临的挑战 ·· 36
　第三节　21世纪初以来欧盟贸易政策理念的变化 ·········· 44

第三章　欧盟贸易政策机制发展中的多重博弈 ················ 53
　第一节　欧盟机构层面的贸易政策机制与权能发展 ········ 53

第二节　欧盟成员国与欧盟贸易政策政治化……………………65

第四章　欧盟在WTO多边贸易体制中的角色演变…………… 77
　　第一节　欧盟与WTO多哈回合谈判……………………………77
　　第二节　欧盟贸易保护主义的发展及其对WTO改革的主张… 98

第五章　欧盟关于自贸协定的新政策………………………………119
　　第一节　欧盟针对双边、区域性自贸协定的政策转向…………121
　　第二节　欧盟自贸协定谈判的国别案例研究……………………136

第六章　欧盟与美国在贸易政策层面的合作与竞争………………153
　　第一节　跨大西洋贸易与投资伙伴关系（TTIP）谈判及其失败…153
　　第二节　特朗普时期"美国优先"贸易战略与欧盟的应对……159

第七章　欧盟对新兴市场与发展中国家贸易政策的调整…………175
　　第一节　欧盟对新兴市场与发展中国家贸易政策的新发展……177
　　第二节　欧盟对新兴市场国家贸易政策的国别案例研究………184
　　第三节　欧盟对最不发达国家的优惠贸易安排与援助政策……192

第八章　欧盟在贸易相关问题上的立场强化………………………199
　　第一节　环境及气候政策…………………………………………202
　　第二节　人权及劳工标准等问题…………………………………207
　　第三节　知识产权…………………………………………………211

第九章　欧盟贸易政策调整对全球治理的影响……………………216
　　第一节　欧盟力量性质及其在全球治理中角色的新变化………219
　　第二节　欧盟贸易政策调整对全球和地区格局的影响…………224

第三节　西方国家试图主导国际贸易规则、规范的挑战………228
　　第四节　欧盟贸易政策调整对全球治理结构的影响……………235

第十章　欧盟贸易政策调整对中欧关系的影响………………241
　　第一节　欧盟在 WTO 框架下实行保护主义的挑战……………242
　　第二节　通过双边经贸战略互动化解矛盾、实现共赢…………247
　　第三节　加强中欧在多边层面的沟通与合作……………………255
　　第四节　重视与欧盟多边机构和成员国两个层次的合作………259
　　第五节　深化改革开放因应欧盟产业政策的调整………………265

结　语……………………………………………………………………275

后　记……………………………………………………………………284

引 言

20世纪90年代后，冷战结束，全球化加速发展，西方历史学家眼中的"全球化第二次黄金时代"开始了。[①] 以国际贸易的大幅增长为标志，决策者和学术界一度认为此轮全球化的黄金时代不可逆转，全球化、区域一体化、相互依赖已成为世界经济发展的基本特征。然而，2008年全球金融危机及随后的欧债危机改变了这一乐观情绪。特朗普主义加剧了全球主要力量间的战略竞争，其影响传导到贸易政策领域。欧盟作为制度化程度最高的发达国家区域性组织，自创立以来一直扮演着民族国家与地区一体化、全球化之间的桥梁和全球化发展实验室的角色。贸易政策也被视为欧盟内外政策王冠上的明珠，是认识欧盟自身力量性质及其对外行为的一个重要领域。

21世纪初以来，欧盟的力量演变及其影响引起学术界广泛关注。伊恩·曼纳斯（Ian Manners）提出的规范性力量（Normative Power）概念成为认识欧盟力量及其身份特性的重要模式。这一阶段，欧盟模式面临外部竞争和自身发展可持续性的挑战，加上欧债

[①] 〔美〕约瑟夫·格里科、约翰·伊肯伯里：《国家权力与世界市场：国际政治经济学》，王展鹏译，北京大学出版社，2008，第3~4页。

危机的冲击和国际力量格局的深刻调整，国内外学术界开始反思欧盟力量、身份和行为能力的局限性问题。有学者认为，贸易力量是欧盟的本质特征，欧盟的国际地位在很大程度上取决于其贸易政策，欧盟贸易力量不仅体现在输出货物、服务与资本的层面，也体现在制定规则、标准和规范的层面。[①] 查德·达莫罗（Chad Damro）则提出"市场性力量欧洲"（Market Power Europe）的观点，认为利用市场规模和市场准入发挥国际影响力是欧盟对外行为的本质特征。[②]

尽管国内外学术界对欧盟力量的性质仍存在争论，但近年来研究者普遍认为贸易政策[③]是欧盟发挥国际影响力的重要领域，也是欧盟市场性力量和规范性力量最直接、最重要的交汇点。从欧盟的政策实践和内外部力量认知看，贸易政策在欧盟对外战略中的工具性上升，如何平衡欧盟市场性力量和规范性力量目标的关系成为认识欧盟对外战略的关键。欧盟委员会在2013年2月提交理事会的报告中提出："贸易对欧洲经济从未像今天这样重要……统一大市场一直是欧盟在当今全球化世界保护自身利益的基石。"[④] 欧盟为应对自身和国际力量格局的变化，从2005年前后就开始调整贸易政策。欧盟与美国和新兴市场国家之间围绕国际规则规范的延续与变革的博弈成为国际体系演变的重要动力之一。

自欧共体建立以来，贸易政策就是其一体化程度最高的政策领域。但一些学者也指出，除农业政策外，存在学术界对贸易政策的

[①] Sophie Meunier and Kalypso Nicolaïdis, "The European Union as a Conflicted Trade Power", *Journal of European Public Policy*, Vol. 13, No. 6, 2006, pp. 906–925.

[②] Chad Damro, "Market Power Europe", *Journal of European Public Policy*, Vol. 19, No. 5, 2012, pp. 682–699.

[③] 欧盟贸易政策一般专指对外贸易政策，而成员国对内贸易一般归入广义的"内部市场"范畴。

[④] European Commission, "Trade: A Key Source of Growth and Jobs for the EU", February 2013, http://eu2013.ie/media/eupresidency/content/documents/130207-Commission-Contribution-on-Trade-to-EC.pdf.

关注度与该政策的重要性不匹配的现象，相关研究主要集中在欧盟贸易政策历史沿革、规则体系、多层次治理机制等方面。2000年以来，从国际政治和国际政治经济学视角研究欧盟贸易政策的新趋向开始显现。2005年后，特别是欧债危机之后欧盟贸易政策的调整导致了学术界在研究方法乃至研究范式上的变化。以下四个方面的问题吸引了经济、法律、政治、国际关系等领域的研究者。

第一，对欧盟贸易法规和政策文件新变化的解读。如2012年欧盟委员会发布的《贸易、增长与发展：调整贸易与投资政策，支持最需要帮助的国家》的沟通文件和2015年《惠及所有人的贸易：迈向更负责任的贸易与投资政策》等政策报告，特别是其中欧盟对发展中国家采取区别对待的政策和普惠制改革等内容。[①]第二，欧盟与世界贸易组织（WTO）多边贸易体制的关系。这一方面的研究成果集中于欧盟加强反倾销/反补贴保护主义政策、欧盟在多哈回合谈判中影响力下降以及欧盟在WTO未来改革中的角色等问题。第三，2013年初跨大西洋贸易与投资协定（Transatlantic Trade and Investment Partnership，TTIP）谈判的启动引发了关于欧美战略接近对全球力量格局、多边主义和区域主义发展、国际规则与规范演变的影响等讨论。然而，随着2016年英国脱欧和特朗普当选美国总统，美欧贸易摩擦加剧，欧盟在国际贸易关系中的角色特征更加复杂：与美国经贸关系中的合作与竞争态势起伏波动加大，TTIP谈判失败，欧盟为应对这一变化加大力度推进双边和地区自贸区谈判；此后，美国对华战略转向加深竞争，欧盟在美国挑起的对华贸易战中的立场值得关注。第四，贸易政策的国内政治化趋势加强。

---

① 参见 European Commission, "Trade, Growth and Development: Tailoring Trade and Investment Policy for Those Countries Most in Need", January 2012, http://trade.ec.europa.eu/doclib/docs/2012/january/tradoc_148992.EN.pdf; European Commission, "Trade for All: Towards a More Responsible Trade and Investment Policy", October 2015, http://trade.ec.europa.eu/doclib/docs/2015/october/tradoc_153846.pdf。

在欧美民粹主义兴起的背景下，贸易问题与移民问题一样成为反建制力量攻击的主要目标之一。这一趋势不仅体现在英国脱欧变局中，TTIP、欧盟—加拿大《综合经济与贸易协定》（Comprehensive Economic and Trade Agreement，CETA）等贸易谈判也成为法国、比利时等欧盟主要成员国的国内政治议题。[①]最后，学术界对欧盟与发展中国家贸易关系的研究从洛美协定以来偏重欧盟的"援助国"角色和"规范性""道德性"力量认知向更加务实的"援助、竞争与合作"并存的方向发展，欧盟与中、印等国贸易关系及相关政策也成为讨论的热点。

除上述领域外，中国学者的一个关注领域是中欧贸易关系研究，呈现出宏观研究和具体领域（如绿色壁垒与绿色新政、新能源合作带来的机遇与挑战）并重的特点，并已开始关注欧盟贸易政策调整对中欧关系的影响。主流期刊对跨大西洋贸易关系新发展、中欧贸易关系的影响及时做了专题或深度讨论。但总体看，对欧盟贸易政策调整的诸多领域，如欧盟调整WTO多边贸易体系政策对未来多边主义和双边自贸区发展的影响、欧盟对发展中国家采取的区别对待政策对我国具体产业的潜在冲击、欧美合作与竞争对国际规则规范变迁的影响等问题还须展开深入研究。

进而可以在国际贸易具体问题研究的基础上，超越贸易问题本身，从国际政治经济学的视角探讨贸易政策与欧盟力量性质演变的关系及其对中欧关系发展的影响，做出更为全面的判断。此外，由于欧盟贸易政策近年来出现的一些新趋势形成时间尚短，欧盟暂时度过欧债危机后，又面临英国脱欧、美欧贸易摩擦和新冠肺炎疫情等多重挑战，其贸易政策的长期走势还有待观察。

---

① Vivien A. Schmidt, "Politicization in the EU: Between National Politics and EU Political Dynamics", *Journal of European Public Policy*, Vol. 26, No. 7, 2019, pp. 1018–1036.

在理论层面，本书为21世纪初以来对欧盟力量性质演变的讨论和国际关系理论创新提供了事实依据；有助于形成关于欧盟力量与全球治理、国际秩序的关系的中观命题，拓展国际政治经济学的有关理论模式；深化欧盟特殊国际行为体力量演变对国际体系变革和地区主义发展的意义及影响限度的认识。

当前，国际体系面临百年未有之大变局，国际力量对比多有变动，国际格局多极化、均衡化日趋明显，而在全球化发源地的欧洲与美国反全球化、逆全球化思潮不断出现；美国特朗普政府对华战略竞争加深，单边主义、保护主义、经济民族主义的发展对全球贸易治理构成挑战。欧盟自身遭遇经济增长乏力、英国脱欧、民族主义和民粹主义影响力上升等多重挑战后在全球化中角色的认知与定位出现新变化。随着2020年拜登就任美国总统、中欧投资协定谈判完成、英国正式脱欧等事件，世界主要力量在全球贸易治理中的竞争与合作面临新的窗口期，其中欧盟的角色值得关注。

此研究将追踪欧债危机以来欧盟的贸易政策调整。主要内容包括：（1）欧盟贸易防御工具的新特点；（2）欧盟对以WTO为核心的全球贸易体制的政策变化；（3）欧盟双边自贸谈判的进展；（4）欧美贸易关系的竞争性相互依赖（competitive interdependence）的新发展；（5）欧盟对新兴市场和发展中国家区别对待的贸易政策取向；（6）欧盟在环境污染、劳工标准等贸易相关问题上制定国际规则规范的角色变化。

在此基础上，本书试图解答下述问题：（1）欧盟政策调整给自身力量的性质及欧盟在国际政治、经济体系中发挥影响力的方式带来了哪些变化；（2）对国际贸易体系乃至范围更广的全球治理结构产生了怎样的影响；（3）中国和平发展的战略机遇期面临哪些新问题；（4）中国在处理对欧关系、参与全球治理与国际经济合作等方面应采取何种应对措施。

本书聚焦此轮欧盟贸易政策调整的动因、内容和影响等问题，既关注贸易政策本身的变化，又超越贸易这一层面，与当前大变局下欧盟力量的性质变化及欧盟的战略意图联系起来；在对策研究中，关注欧盟贸易政策调整对国际体系、国际秩序和全球治理发展的影响，以及与中国和平发展面临的战略机遇期的关联，追踪中欧关系的新发展。在此基础上，本书从中欧双边贸易与投资等问题的互动、多边主义发展及合作推动构建人类命运共同体等层面提出具体且有针对性的对策建议。

第一章 欧盟力量演变与贸易政策调整的背景[①]

21世纪初以来,欧洲一体化进程跌宕起伏,先后经历了制宪受挫、欧债危机、难民危机、英国脱欧和新冠肺炎疫情的挑战。过去十年成为欧洲"失去的十年"。在此背景下,"欧盟是怎样的力量"这一命题再次成为学术界关注的焦点,引发了诸多辩论。本章在梳理欧盟力量研究文献的基础上,追踪"规范性力量欧洲"研究的新发展及其与"市场性力量欧洲"的辩论,思考欧盟在国际体系中的地位与角色命题及这一命题与欧盟贸易政策的关系。

第一节 21世纪以来对欧盟力量的讨论

界定国际行为体的力量是国际关系研究的传统命题。拿破仑战争和欧洲协调后,伴随欧洲国际关系中形式上国家平等的终结,大国与中等力量国家的区分应运而生。学术界一般按国家对国际体

[①] 本章基于王展鹏发表的论文,但内容有更新。参见王展鹏《"规范"和"市场"之间:欧债危机背景下欧盟力量研究》,《欧洲研究》2015年第2期,第1~15页。

系影响力的大小来界定国家力量。例如，罗伯特·基欧汉（Robert Keohane）将国家区分为决定塑造体系的力量、影响体系的力量和无足轻重的力量三个等级。[①] 超级大国、霸权国、全球大国、地区大国、中等国家、小国成为不同国家在国际体系中影响力的标签。欧盟作为兼具准联邦国家和国际组织特征的行为体，其力量资源、内外部认知和表现形式呈现出特殊性，尤其"以其庞大的经济力量、缜密的治理力量和深厚的文化力量作用于世界"。[②]

经历20世纪80年代中期以来一体化的迅速发展，学术界在21世纪最初几年对欧盟力量性质和角色总体上持乐观积极的态度。杰里米·里夫金（Jeremy Rifkin）认为欧盟的经济、社会新模式在全球化时代正当其时，代表了西方资本主义未来的发展方向。具有后现代色彩的欧洲模式在物质上和道德上都比美国模式更优越。他写道："欧洲已经变成了新的'山巅之城'。世界正瞩目于这项跨国治理的宏伟新实验，希望它能够提供某些迫切需要的指导，指出在全球化的世界里，人类将走向何方。强调包容性、多样性、生活质量、可持续性、深度游戏、普遍人权、自然权利以及和平的欧洲梦，对于渴望既与全球联系又根植于乡土的一代人来说，吸引力与日俱增。"[③]

托马斯·里德（Thomas Reid）也在《欧洲合众国》一书中乐观地宣称，21世纪欧盟的崛起将意味着美国超级大国地位的终结，欧盟的软实力在这一进程中将发挥至关重要的作用。他认为，欧盟独特的发展道路和政体结构使之成为国际法和多边主义的天然推动者，而欧盟借助社会模式和福利制度维持的生活方式无疑具有巨大的吸

[①] Robert Keohane, "Lilliputians' Dilemmas: Small States in International Politics", *International Organization*, Vol. 23, No. 2, 1969, pp. 295–296.
[②] 周弘主编《欧盟是怎样的力量》，社会科学文献出版社，2008，第4页。
[③] 〔美〕杰里米·里夫金：《欧洲梦：21世纪人类发展的新梦想》，杨治宜译，重庆出版社，2006，第323页。

引力。①

而另一些学者则对欧盟力量的前景比较悲观，认为欧盟在国际体系中至多是中等力量。艾斯立·托杰（Asle Toje）从国际关系研究关于大、小国家的界定出发，提出了区分大国和中等力量的标准：中等力量在战略行为上表现出依附性；安于现状、无意修正既有秩序；现有国际秩序的受益者，偏爱法律规范；在国际事务中表现出防御性；利益局限于本国和邻近地区。②对照这些标准，欧盟国际行为能力具有明显的局限性，特别是在安全与外交等领域缺乏成为全球大国的特质，宣传辞令、战略雄心和实际行为之间存在明显背离，这决定了欧盟在国际事务中只能扮演中等力量角色。③

21世纪初，国际力量结构变化和新兴市场国家群体性崛起带来的深刻影响对欧盟基于软实力发挥国际影响力的模式提出了挑战。一些学者开始反思欧洲在全球化背景下经济竞争力下降的问题。尽管里德等人认为欧盟在制定国际规则、管理全球化方面具有先天优势，但欧洲模式的成功更多在于其生活方式而非经济表现，这是不争的事实。④早在2004年，欧盟委员会在关于"里斯本战略"的报告中就承认，按人均国内生产总值（GDP）产出计算，欧盟战后赶超美国的阶段到20世纪70年代中期即已结束，从90年代中期起，欧盟与美国的人均GDP差距又开始逐渐拉大。⑤然而，欧盟的软实力离不开自

---

① Thomas R. Reid, *The United States of Europe: The New Superpower and the End of American Supremacy*, New York: Penguin, 2004, pp. 195–196.
② Asle Toje, "The European Union as a Small Power", *Journal of Common Market Studies*, Vol. 49, No. 1, 2011, pp. 47–48.
③ Asle Toje, "The European Union as a Small Power", *Journal of Common Market Studies*, Vol. 49, No. 1, 2011, pp. 43–46.
④ Terrence Casey, "Of Power and Plenty? Europe, Soft Power, and 'Genteel Stagnation'", *Comparative European Politics*, Vol. 4, No. 4, 2006, pp. 408–409.
⑤ European Commission, *Facing the Challenge: The Lisbon Strategy for Growth and Employment*, Luxembourg: Office for Official Publications of the European Communities, 2004.

身经济表现，欧盟借助东扩对中东欧邻国实施改造和吸引发展中国家更多是以经济援助和市场准入等物质刺激手段实现的。欧债危机以来欧盟经济深陷困境、迁延不愈，改革的动力和能力不足，欧盟作为榜样的吸引力降低，发挥软实力的能力受到限制。与此同时，对新兴市场和发展中国家而言，"历史终结论"的缺陷日益显现，它们认识到"自由主义的国际秩序并非历史的进步，而是一种压迫"。[①] 西方经济与债务危机、新冠肺炎疫情加速了国际权力结构调整的进程，国际力量结构多极化的趋势日趋明显。法里德·扎卡利亚（Fareed Zakaria）认为："我们正生活在世界现代史上第三次大国力量转移的进程之中。第一次是15世纪前后西方世界的崛起。第二次是19世纪美国的崛起。当今的第三次则可被称为'世界其他国家的崛起'。"[②]

虽然2015年后欧盟逐步渡过了欧债危机，但欧洲一体化面临的困难和挑战并未消失，难民危机、英国脱欧等一系列新的危机接踵而至，在短期内难以解决根本问题。经济全球化导致国家间竞争加剧，欧盟经济社会模式与一体化的经济自由主义的内在逻辑矛盾日益显现，一体化的边际效应减弱，促进经济增长的能力下降，而欧盟和成员国政府未能对此做出有效回应。诺贝尔经济学奖获得者约瑟夫·斯蒂格利茨（Joseph Stiglitz）认为，在政治条件尚不具备的情况下仓促启用欧元是欧盟危机的根源；核心国家（特别是德国）的政治精英将自身一体化发展蓝图乃至政治经济利益强加给外围国家，在债务危机出现后未能吸取教训，仍强行推行整齐划一的紧缩政策，加剧了成员国及社会各阶层间的不平等和割裂。[③] 中东欧成员国移民流入老成员国加剧了老成员国中下层民众的担忧，进一步动

---

① Robert Kagan, "The End of the End of History", *The New Republic*, 23 April 2008, p. 6.
② Fareed Zakaria, "The Rise of the Rest", *Newsweek*, 12 May 2008, https://fareedzakaria.com/columns/2008/05/12/the-rise-of-the-rest.
③ Joseph E. Stiglitz, "How a Currency Meant to Unite Europe Woundup Dividingit", *International New York Times*, 29 July 2016.

摇了欧盟经济社会模式的基础。成员国及其社会各阶层分化的加剧给民族主义、民粹主义复活提供了条件，出现了重回国家主义和去一体化的呼声。特别是 2016 年，英国民众通过全民公投决定脱离欧盟，在尤尔根·哈贝马斯（Jürgen Habermas）等欧洲知识分子看来，这"反映了欧盟成员国的共同危机"[1]，是欧盟内部乃至西方资本主义世界的核心地带出现的去全球化、政治右转、保护主义、"民众与精英""城市与农村"对立的思潮和现象。

在这一过程中欧盟成员国间的矛盾加剧。长期充当欧洲一体化火车头的德法轴心作用被削弱。法国近年来经济长期疲软，影响力下降。两国在欧盟应对危机的路线图上也有分歧，法国主张欧元区应组成一个以政治为驱动力、以团结为原则的经货联盟，富国帮助穷国，通过政治共识达成最终决定。德国则认为经货联盟应基于共同责任的原则，每个国家都应避免财政赤字，如果出现赤字则应立即采取结构性改革、削减开支，这样才能获得欧盟财政支持，如欧债危机中的希腊。疑欧传统浓厚的英国、瑞典、丹麦及波兰、匈牙利等成员国的离心倾向进一步加强，最终出现成员国脱离欧盟。

在成员国内部，大多数国家经济增长乏力，社会中下层从经济增长中获益有限，两极分化加剧。疑欧主义泛滥，反全球化、反一体化的民族主义极端政党迅速崛起，法国国民联盟在欧洲议会选举和法国地方议会选举中获得了大量选票，在 2017 年大选中进入第二轮，打破了法国政党政治的格局，对传统主流政党构成威胁。在传统亲欧成员国，"德国选择党"（Alternative für Deutschland，AfD）、"爱国的欧洲人反对西方伊斯兰化党"（Patriotische Europäer gegen die Islamisierung des Abendlandes，PEGIDA）和"我们能党"（Podemos）

---

[1] 朱奕：《哈贝马斯谈欧盟危机：英国脱欧也反映了欧盟成员国的共同危机》，澎湃新闻，2016 年 7 月 10 日，http://www.thepaper.cn/newsDetail_forward_1496287。

影响力上升；中东欧的新成员国也出现了波兰"新右翼大会党"（Kongres Nowej Prawicy）等反欧政党。民族主义、民粹主义、疑欧主义相互叠加，制约了各国政府通过深化一体化来应对脱欧危机的能力和空间。

欧盟委员会2017年3月发表《欧洲未来白皮书》[①]。反思英国脱欧后欧盟的未来，提出了关于欧盟未来的五种可能走向，分别为：（1）维持现状；（2）仅保留单一市场；（3）"多速欧洲"；（4）只维持某些特定领域的一体化，放弃更宏大的政策目标；（5）在所有政策领域实现所有成员国的联盟更紧密。

在欧盟领导人和大多数成员国政府看来，通过"多速欧洲"和"差异化的一体化发展"推进一体化事业、加速推进有关改革是应对危机的出路。普罗迪、容克、默克尔等人都曾提出"多速/双速欧洲"的方案。在欧盟经过几轮扩大的情况下，在同样的方向上以相同的理念和速度前进并不现实，多速欧洲的计划也面临质疑。中东欧国家继英国之后兴起疑欧主义，担忧多速欧洲会使非欧元区国家和中东欧新成员国更为边缘化，永久化"核心国家"和"边缘国家"之间的裂痕。波兰、匈牙利、捷克、斯洛伐克等国领导人发表联合声明，明确反对"多速欧洲"方案。[②]

2020年1月，世界卫生组织宣布新冠肺炎疫情为国际公共卫生突发事件；同年2月，意大利、西班牙、英国、法国、德国等欧盟主要国家出现新冠肺炎疫情。欧盟及其主要成员国在疫情初期应对不力，未能采取联合行动，加剧了欧盟成员国之间的信任危机，更加突出了欧盟自身的合法性问题。尽管2020年7月欧盟各国经过艰

[①] European Commission, "White Paper on the Future of Europe-Reflections and Scenarios for the EU27 by 2025", 1 March 2017, https://ec.europa.eu/commission/sites/beta-political/files/white_paper_on_the_future_of_europe_en.pdf.

[②] Eszter Zalan, "Eastern Europe Warns against EU 'Disintegration'", *Euobserver*, 2 March 2017, https://euobserver.com/news/137089.

苦谈判就欧盟纾困计划达成一致，但2020年冬季第二波疫情时欧洲再次成为全球疫情最严重的的地区之一，这冲击了欧盟经济发展、社会公平乃至欧洲一体化的未来。

第二节 "规范性力量欧洲"对传统范式的超越及其面临的挑战

冷战后，在世界政治经济格局发生深刻变化、欧洲一体化继续深入发展的背景下，"规范性力量欧洲"超越以国家为中心、以军事或经济力量等物质要素的传统国际力量界定，塑造以设定标准和传播规范为特征的新型大国身份，成为研究欧盟力量性质和国际角色的重要理论范式之一。然而，国际金融危机和欧债危机相继出现，"规范性力量欧洲"的概念在学术和政策层面开始面临一系列挑战。

一 "规范性力量欧洲"对传统欧盟力量范式的超越

面对欧盟是超级霸权还是中等力量、是全球性力量还是地区性力量的争论，英国肯特大学教授曼纳斯在《规范性力量欧洲：一个矛盾的术语》(Normative Power Europe: A Contradiction in Terms)一文中系统阐述了"规范性力量欧洲"的理论模式。该理论继承了民事力量欧洲的传统，同时认为，应超越传统国际关系研究中以国家为中心、以军事或经济力量等物质要素界定国际行为体权力的思维方式，转向批判性社会理论和反思性国际关系理论，关注欧盟的规范性本体，将欧盟视为通过传播规范，扮演标准、规范的设定者的角色，从而赋予欧盟不同于其他国际力量的新的身份特征。[①]

---

① Richard G. Whitman, "The Neo-Normative Turn in Theorising the EU's International Presence", *Cooperation and Conflict*, Vol. 48, No. 2, 2013.

曼纳斯等学者认为欧盟规范性力量身份来源于三个方面：（1）两次世界大战的惨痛经历和战后欧洲维护和平与安全的迫切需求；（2）欧盟兼具国家和超国家特征的后威斯特伐利亚混合政体；（3）基于条约、精英推动的政治法律立宪主义。[1]这些决定了自由、民主、人权和法治等西方价值观构成的先在的（predisposed）观念和规范是欧盟力量的基础性资源，而欧盟在国际关系中的影响力首先表现为"塑造'规范'概念的能力"。[2]欧盟将致力于"把普世规范和原则置于自己与成员国的关系和对外关系的中心地位"。[3]

"规范性力量欧洲"概念的提出与冷战后国际格局剧变以及欧洲一体化不断扩大和深化的历史进程相契合，特别是与这一阶段欧盟战略走向呈现出的"有效多边主义"取向和积极构建"后霸权治理模式"与美国共同领导世界的雄心相契合。该概念甫一提出，就引发了学术界的热烈讨论，成为欧盟力量性质和国际角色研究的重要理论范式之一。2007年欧盟研究协会（European Union Studies Association，EUSA）大会上，与会学者推选《规范性力量欧洲》一文为过去十年中最具影响力的五篇学术文章之一。[4]

研究者从规范性力量的应然理想模型入手逐步突破了批判性理论在实证研究方面的欠缺，转向实然的政策层面。在判定规范性力量的标准上强调规范性身份、依照规范行事的行为方式、规范性手

---

[1] Ian Manners, "Normative Power Europe: A Contradiction in Terms?", *Journal of Common Market Studies*, Vol. 40, No. 2, 2002, pp. 240–244.

[2] Ian Manners, "Normative Power Europe: A Contradiction in Terms?", *Journal of Common Market Studies*, Vol. 40, No. 2, 2002, p. 239.

[3] Ian Manners, "Normative Power Europe: A Contradiction in Terms?", *Journal of Common Market Studies*, Vol. 40, No. 2, 2002, p. 244.

[4] Thomas Forsberg, "Normative Power Europe, Once Again: A Conceptual Analysis of an Ideal Type", *Journal of Common Market Studies,* Vol. 49, No. 6, 2011, p. 1184.

段和规范性结果的统一。①在经验研究层面，早期研究往往通过人权、维和、与邻国关系等案例验证欧盟在对外关系中塑造、传播国际规范和推动多边主义发展的特性。随着研究的深入，该理论模式也越来越多地面临传统国际关系理论的挑战：理性主义者批评这一理论难以回答规范性利益和经济利益、战略考量之间界限的问题；②建构主义者认为欧盟的规范性力量认知不是先在的而是社会建构的产物，同时欧盟需要回答自身认知与外部认知间差异的难题。

曼纳斯本人从一开始就意识到规范性理论和国际关系中强权逻辑的矛盾，《规范性力量欧洲》一文的副标题称之为"一个矛盾的术语"。2011年，肯特大学"规范性力量欧洲"研究项目另一位领军人物理查德·怀特曼（Richard Whiteman）教授主编了《规范性力量欧洲：实证与理论视角》(Normative Power Europe: Empirical and Theoretical Perspectives)一书，邀请近年来在该研究领域较为活跃的英、德、荷、比等国学者从规范性力量与欧盟的邻国政策及全球政策间关系的层面（如发展援助、劳工标准）做了理论和实证分析。③其中，针对有关争论，曼纳斯撰写了《欧盟的规范性力量：批判性视角以及对有关批评的思考》(The European Union's Normative Power: Critical Perspectives and Perspectives on the Critical)一文。他承认规范性理论作为一种批判性理论，在理论渊源上具有多样性；在具体政策的实证研究层面，规范和利益共同作用存在区分困难。在方法论上，他认可批判性理论与实证研究是兼容的，但同时坚持认为，从本体论上看，规范性力量欧洲来源于其独特的经历和基于

---

① Thomas Forsberg, "Normative Power Europe, Once Again: A Conceptual Analysis of an Ideal Type", *Journal of Common Market Studies*, Vol. 49, No. 6, 2011, pp. 1191–1195.
② Thomas Forsberg, "Normative Power Europe, Once Again: A Conceptual Analysis of an Ideal Type", *Journal of Common Market Studies*, Vol. 49, No. 6, 2011, pp. 1192–1193.
③ Richard G. Whiteman ed., *Normative Power Europe: Empirical and Theoretical Perspectives*, Basingstoke: Palgrave Macmillan, 2011.

国际法条约的混合政体；规范性力量的最终形式是观念性而非物质性的。从方法论上看，规范性力量研究应该坚持原则、行为和影响相统一的整体性、长时段、注重国际环境影响的研究路径，而非过度关注一时一事的特定规范的案例研究。[①]

二 欧盟多重危机背景下"规范性力量欧洲"面临的挑战

由于国际金融危机和欧债危机，欧盟内外政策和欧盟力量研究议程都发生了转变。欧盟力量不断被质疑，主要表现在以下几个方面。

首先，在规范性力量本体层面，早期的规范性力量研究者过分强调欧盟自身的特殊性及其以和平、民主、自由、人权等普遍性原则为核心的规范体系。涉及欧盟贸易政策的案例研究也主要讨论劳工标准和消除贫困等，很少将市场自由化等原则作为讨论重点。曼纳斯也宣称，在欧盟的规范系统中，持久和平仍居首要地位，自由、法治、良治次之，平等、社会团结、可持续发展再次之。[②]欧债危机后，在欧盟超越民族国家的后现代实验进程受阻、再国家化趋势出现的情况下，经济利益考虑在欧盟内外政策中的地位上升，利益导向的市场性规范在欧盟规范体系中应处于更重要地位的呼声日益增加。

其次，在托马斯·迪兹（Thomas Diez）等学者看来，欧盟规范性力量如同民事力量的界定一样仍带有强行推进西方文明标准和新

[①] Ian Manners, "The European Union's Normative Power: Critical Perspectives and Perspectives on the Critical", in Richard G. Whiteman ed., *Normative Power Europe: Empirical and Theoretical Perspectives*, pp. 226–247.

[②] Ian Manners, "The European Union's Normative Power: Critical Perspectives and Perspectives on the Critical", in Richard G. Whiteman ed., *Normative Power Europe: Empirical and Theoretical Perspectives*, p. 244.

殖民主义的烙印。① 在国际体系多极化和世界文明多样性趋势日趋显著的情况下，欧盟塑造和传播国际规范的能力与效果受到挑战，加剧了关于这一理论追求霸权利益和带有"乌托邦"色彩的双重批评。规范性力量通过制定规范议程、塑造规范话语形成普遍接受的"常态"的前景同样受到质疑。说服和榜样的力量与借助物质激励和政治、军事力量的胁迫手段在欧盟对外政策中的表现形式及其相互关系成为关注的焦点。

再次，规范性力量欧洲模式对市场性规范的相对忽视导致其研究议程偏重政治性议题，对经济关系和贸易政策解释力不足。尽管近年来在欧盟全球气候政策角色的案例研究中，规范的范围拓展到环境保护和气候变化等可持续发展领域，但也面临规范性目的与战略考虑、经济利益区分上的困难以及政策效果的局限性等批评。例如，在中欧光伏电池贸易争端中，欧盟因将经济利益置于促进清洁能源推广之上而广受诟病。路易丝万·沙伊克（Louise van Schaik）等人的研究表明，尽管欧盟在全球气候谈判中长期坚持"通过榜样力量"发挥领导作用的策略，但其规范性取向和经济利益的矛盾日益显现。在 2009 年哥本哈根气候峰会上，欧盟与新兴发展中大国在承担减排责任上的争论以及美国越过欧盟直接与金砖国家谈判都显现出欧盟在全球气候规范发展中影响力下降的现实。② 而 2014 年底中美领导人就限制温室气体排放取得的新进展③ 进一步反映了欧盟领导作用下降的趋势。尽管 2016 年后特朗普政府退出《巴黎协定》，

---

① Thomas Diez, "Europe's Others and the Return of Geopolitics", *Cambridge Review of International Affairs*, Vol. 17, No. 2, 2014, pp. 320–322.
② Louise van Schaik and Simon Schunz, "Explaining EU Activism and Impact in Global Climate Politics: Is the Union a Norm- or Interest- Driven Actor?", *Journal of Common Market Studies*, Vol. 50, No. 1, 2012, pp. 169–186.
③ 双方发表声明，中国将力争从 2030 年左右开始实现温室气体排放量下降。美国承诺，确保 2025 年温室气体排放量较 2005 年下降近四分之一。

但随着 2020 年 12 月拜登当选美国总统，中美都提出了碳中和的目标，气候领域的多边主义得到加强，欧盟在全球气候变化治理领域扮演领导角色的机会减少。欧盟为应对多重危机采取的经济、贸易政策调整也为有关"市场性力量欧洲"的讨论提供了论据。

最后，在欧盟力量的内部和外部认知方面，规范性力量欧洲模式也受到诸多质疑。从欧盟的自我认知看，21 世纪初欧洲政治精英在规范性力量认知方面有一定共识。《里斯本条约》将民主、法治和人权界定为欧洲国际行为指导原则的重要组成部分。[1] 但在欧债危机背景下，欧盟内部长期存在的大国与小国、中心国家与外围国家、南方国家与北方国家间以及欧盟内部社会各阶层间的文化传统与经济社会模式和现实利益的矛盾不断显现。例如，在危机之初，德国要求希腊、西班牙、爱尔兰等国推进紧缩政策招致"新自由主义"和"狭隘国家利益"的批评。在 2015 年初，希腊激进左翼联盟政府上台就是否解除与欧盟和国际货币基金组织达成的救助协议进行了激烈博弈。一些欧洲学者认为，经过民主授权的希腊新政府无须履行上届政府的承诺，应违约并退出欧元区，实现欧盟成立之初"让欧洲人民更团结"的理想，而欧盟政治精英维持欧元区的努力与欧盟秉持的民主价值观相矛盾。[2]

规范性力量的外部认知则更复杂。拉森比较了近年来关于外部世界对欧盟力量认知的三个主要研究项目的数据，得出如下结论：综合世界各地区的情况，政治精英对欧盟规范性力量身份的认同是有限的，更多受访者认为经济/商业力量是欧盟的首要身份特征；规范性力量并非欧盟对外施加影响力的首要途径。特别是在中国、

---

[1]《欧洲联盟基础条约：经〈里斯本条约〉修订》，程卫东、李靖堃译，社会科学文献出版社，2010，第 42~43 页。
[2]《四名欧洲经济学家联合撰文：欧元区应该解散》，新浪财经，2015 年 2 月 26 日，http://finance.sina.com.cn/world/ozjj/20150226/175721599966.shtml。

非洲、拉美的许多受访者看来，欧盟的对外政策目标是获取经济利益、推行新殖民主义，而不是促进第三世界国家的发展。①

第三节 "市场性力量欧洲"与"规范性力量欧洲"的辩论与融合

在欧债危机爆发、新兴国家崛起的背景下，激发统一大市场的活力与增强国际经济竞争力成为欧盟内外政策的核心任务，同时也催化了各界关于"市场性力量欧洲"与"规范性力量欧洲"间的争论。一些欧洲一体化理论学者开始寻求两种力量属性的融通之道，将欧洲的新现实和更多市场性力量的逻辑融入规范性力量的框架内。

一 "市场性力量欧洲"与"规范性力量欧洲"的辩论

欧债危机激发了欧洲一体化理论中经济力量（EU Economic Power）传统的复兴，"贸易力量欧洲""市场性力量欧洲"等模式提出了新的研究议程。危机之前，一些学术讨论已经注意到欧洲共同体作为世界最大的市场为欧盟对外输出规则和资本扩张创造了条件。索菲·穆妮尔（Sophie Meunier）等学者就提出，欧盟是一个存在诸多矛盾的贸易力量的概念。② 他们认为，统一大市场和贸易政策是欧盟最重要的力量资源，因而欧盟在国际舞台上不仅是以贸易活动为基础的行为体，贸易也是其实现对外影响力的主要手段。

---

① 这三个研究项目分别是新西兰坎特伯雷大学欧洲研究国家中心关于亚太地区对欧洲认知的研究项目、意大利战争与和平论坛承担的欧盟第六框架计划项目和埃尔格斯特吕姆的"欧盟国际政治新角色"项目。参见 Henrik Larsen, "The EU as a Normative Power and the Research on External Perceptions: The Missing Link", *Journal of Common Market Studies*, Vol. 52, No. 4, 2014, pp. 896–910。

② Sophie Meunier and Kalypso Nicolaïdis, "The European Union as a Conflicted Trade Power", *Journal of European Public Policy*, Vol. 13, No. 6, 2006, pp. 906–925.

欧债危机爆发后，如何激发欧盟统一大市场的活力和国际经济竞争力成为欧盟内外政策的核心任务，作为经济政策与对外战略交汇点的贸易政策的重要性相应增加。欧盟在这些领域的政策调整为贸易性、市场性力量欧洲的讨论提供了新的论据。2010年5月，欧盟前竞争事务委员马里奥·蒙蒂（Mario Monti）受欧盟委员会委托，提交了题为《重新启动统一大市场》的报告，将重新发现统一大市场的价值、建设更加强大的统一大市场作为欧盟关键战略目标。① 随后，欧盟相继发布、修订了多部贸易政策文件和法规（如欧盟反倾销、反补贴领域的贸易救济立法）。在欧盟委员会发布的《贸易、增长与发展：调整贸易与投资政策，支持最需要帮助的国家》沟通文件和《贸易：欧盟增长与就业的关键源泉》《惠及所有人的贸易：迈向更负责任的贸易与投资政策》等规划未来贸易战略的纲领性文件中，欧盟反复强调："贸易对欧盟经济的重要性超过以往任何时期……欧盟将做出适当政策调整，从不断深化的国际贸易中受益。"② 这些调整首先表现为欧盟多边主义规范重要支柱的WTO政策出现松动。2005年后，欧盟为增强自身竞争力，改变了为维护WTO权威而在自贸区谈判问题上的审慎立场，加大了与拉美和亚洲新兴市场国家谈判建立自贸区等优惠贸易安排的力度。欧债危机后，欧盟将加速自贸区谈判，作为影响国际贸易规则规范、延缓经济衰退的重要手段，特别是2013年后一度与美国开启TTIP谈判，引发了关于欧美战略接近对全球地缘政治格局、国际规则与规范演变的影响的大讨论。在欧盟规范力量引以为豪的发展援助领域，上述政

---

① Mario Monti, *A New Strategy for the Single Market: At the Service of Europe's Economy and Society: Report to the President of the European Commission*, 9 May 2010, http://ec.europa.eu/internal_market/strategy/docs/monti_report_final_10_05_2010_en.pdf.
② European Commission, *Trade: A Key Source of Growth and Jobs for the EU*, 7–8 February 2013, http://ec.europa.eu/commission_2010-2014/president/news/archives/2013/02/pdf/20130205_2_en.pdf.

策文件也提出对发展中国家采取区别对待的政策：维持对最不发达国家的优惠政策，同时将一些新兴市场国家视为竞争对手，认为它们在全球贸易发展中应承担更多责任。

在此背景下，英国学者达莫罗将欧盟力量的本质属性从贸易领域拓展到更广义的市场要素层面，在 2012 年发表的《市场性力量欧洲》一文对"规范性力量欧洲"的定位提出了挑战。[①] 达莫罗认同界定欧盟本质属性在认识其国际角色中的重要性以及欧盟内部政策的外部化是欧盟发挥国际影响力的主要途径，但他提出，欧盟的本质属性并非观念性的规范及欧盟塑造、传播规范的能力，而是市场性要素。因而，欧盟是市场性力量。[②] 他借用詹多梅尼科·马约内（Giandomenico Majone）的观点认为，欧盟作为一个管理性政体更多的是一个受到管理的市场，而非热衷干预经济、社会活动的积极型国家（positivist state）。其管理职能体现在对市场及其相关规则、标准的制定与实施，因而，其内部市场政策的外部化是实施对外行为的主要方式。[③]

纵观欧洲一体化的历史演进，除借助一体化实现地区和平与稳定这一主线外，市场逻辑一直是认识一体化发展的重要线索。就力量资源而言，欧盟目前仍是由 27 个成员国组成的世界最大经济体之一，基于欧盟规则、标准的市场准入是欧盟发挥国际影响力的重要条件。因而，达莫罗认为，作为市场性力量的欧洲具有三个基本特征：（1）欧盟的物质存在形态从根本上说是一个统一大市场，其

[①] 该文 2011 年即在波士顿欧盟研究协会大会上被评为最佳论文，2014 年入选《欧洲公共政策杂志》创刊 20 周年最有影响力文章专辑。

[②] Chad Damro, "Market Power Europe", *Journal of European Public Policy*, Vol. 19, No. 5, 2012, pp. 682–699.

[③] 参见 Giandomenico Majone, "From the Positive to the Regulatory State: Causes and Consequences of Changes in the Mode of Government", *Journal of Public Policy*, Vol. 17, No. 2, 1997, pp. 139–167。

规模效应是欧盟力量最重要的资源,也深刻影响着欧盟力量的内外部认知;(2)欧盟的制度特征是一个管理机构。作为"规制性国家"(regulatory state)的欧盟是规则、标准的"发生器";(3)欧盟内部不同国家、地区、阶层层面存在着利益竞争。①

如同曼纳斯所说,欧盟的规范性身份决定了欧盟在国际体系中必然以规范的方式行事,达莫罗认为欧盟的上述三个特征决定了欧盟必将以市场性力量的面目出现。市场性力量并不否定欧盟通过国际规则、规范的塑造发挥影响力,但欧盟实现目标的方式则更多借助互惠协议、市场准入甚至贸易制裁等经济手段,而非榜样的力量或者劝说、说服机制。"市场性力量欧洲"与"规范性力量欧洲"的一个重要分野在于规范是否是欧盟的本质性特质,从而也对主流规范性力量理论所秉持的欧洲例外论持怀疑态度。在这些讨论背后,一个同样无法回避的问题是欧盟市场性力量的功利性,即利用市场规模和准入输出规则规范实现对外政策为欧盟经济和政治利益服务的目标。

近年来,运用"市场性力量欧洲"模式分析欧盟贸易政策的实证研究不断涌现。马丁·斯塔尼兰(Martin Staniland)的研究提出,航空碳税是欧盟内部政策——碳排放交易机制外部化的结果。这一主动管理全球化的努力实质上是欧盟以市场准入为手段要求贸易伙伴接受欧盟标准、规范的尝试;从动机上看反映了欧盟实施严格的碳排放标准后对自身航空企业在国际竞争中处于不利地位的担忧,尽管最终因遭大多数国家反对不得不暂时中止这一计划。② 而布里尔·赛尔斯 – 布吕格(Gabriel Siles-Brügge)的《建构欧盟贸易政

---

① Chad Damro, "Market Power Europe", *Journal of European Public Policy*, Vol. 19, No. 5, 2012, pp. 686–689.
② Martin Staniland, "Regulating Aircraft Emissions: Leadership and Market Power", *Journal of European Public Policy*, Vol. 19, No. 7, 2012, pp. 1006–1009.

策：欧洲的全球观念》(Constructing European Union Trade Policy: A Global Idea of Europe)则以建构主义视角分析了 2006 年彼得·曼德尔森（Peter Mandelson）推出"全球欧洲"贸易战略以来，特别是欧债危机以来，欧盟委员会及历任贸易委员在欧盟贸易政策新自由主义转向中的作用，并通过话语分析讨论了欧盟贸易政策加强全球竞争力和减少单方面优惠的新取向。[①]

二 "市场性力量欧洲"与"规范性力量欧洲"的融合

随着这一讨论的深入，一些欧洲一体化理论学者将欧洲的新现实和更多市场性力量的逻辑融入规范性力量的框架内，寻求融通二者的道路。本·罗萨蒙德（Ben Rosamond）和欧文·帕克（Owen Parker）等学者从欧盟力量的资源、认知和呈现形式等层面分析了规范性力量代表的世界主义传统与市场性力量背后的经济自由主义之间（亦即在规范动机和利益动机之间）融合对话的可能性。[②]

在他们看来，规范性力量的概念仍是理解欧盟本质特征及其对外政策的最佳范式，但这一概念需要弥补对西方自由主义传统的核心规范——经济自由主义关注不足的问题。这一范式对经济自由主义的忽略与欧盟内部政策和对外行为的核心内容——跨国市场管理是不相适应的。他们借用福柯对法律自由主义与经济自由主义的区分进一步指出，以权利为基础的法律自由主义和以利益为基础的经济自由主义都是欧盟的本体性规范，而且二者是可以相互补充、相

[①] Gabriel Siles-Brügge, *Constructing European Union Trade Policy: A Global Idea of Europe*, Basingstoke: Palgrave Macmillan, 2014.
[②] 参见 Owen Parker and Ben Rosamond, "'Normative Power Europe' Meets Economic Liberalism: Complicating Cosmopolitanism inside/outside the EU", *Cooperation and Conflict*, Vol. 48, No. 2, 2013, pp. 229-246; Ben Rosamond, "Three Ways of Speaking Europe to the World: Markets, Peace, Cosmopolitan Dutyand the EU's Normative Power", *The British Journal of Politicsand International Relations*, Vol. 16, No. 1, 2014, pp. 133-148。

互促进的。在西方资本主义的发展历程中，经济自由主义是先于西方所宣扬的民主、人权而产生的基本原则，欧洲一体化的实验并未超越这一原则。因而，在解释欧洲一体化的现实与未来发展时无须夸大欧盟后现代、后威斯特伐利亚模式的特殊性。①他们引用欧共体执委会首任主席沃尔特·哈尔斯坦（Walter Hallstein）的说法："欧共体的基本法是自由主义。在一个统一大市场内部确立不受干扰的竞争制度是其指导原则。"②尽管《里斯本条约》将民主、法治、人权作为欧盟国际行为的指导原则，并界定了欧盟决定共同政策和采取共同行动的领域，但从《欧洲联盟运行条约》（Treaty on the Functioning of the European Union）的规定看，欧盟五个专属权能都和欧盟统一大市场紧密相关，具有明显的经济和市场属性。③

在这些学者看来，解决这一矛盾的路径并非简单地以"市场性力量欧洲"取代"规范性力量欧洲"，而是需要在关于欧盟力量本体的讨论中给予经济自由主义和市场原则应有的地位。自由市场原则与欧盟所强调的民主自由等道德性原则具有同等重要的作用："'促进市场原则可以被视为规范性议程的举足轻重的部分'，可以赋予其道德评价的规范含义。"④欧盟所代表的自由主义既包括以推进西方主导的国际秩序为最终目标的经济/市场自由主义，也有康德式

---

① Owen Parker and Ben Rosamond, "'Normative Power Europe' Meets Economic Liberalism: Complicating Cosmopolitanism Inside/Outside the EU", *Cooperation and Conflict*, Vol. 48, No. 2, 2013, p. 236; Michel Foucault, *The Birth of Biopolitics: Lectures at the Collège de France, 1978-79*, Basingstoke: Palgrave Macmillan, 2008.
② 转引自 Owen Parker and Ben Rosamond, "'Normative Power Europe' Meets Economic Liberalism: Complicating Cosmopolitanism Inside/Outside the EU", *Cooperation and Conflict*, Vol. 48, No. 2, 2013, p. 236。
③ 《欧洲联盟运行条约》第三条第一款规定，欧盟的专属权能是关税同盟、内部市场竞争规则的确立、欧元区成员国的货币政策、保护海洋生物资源、共同商业政策。
④ Owen Parker and Ben Rosamond, "'Normative mower Europe' Meets Economic Liberalism: Complicating Cosmopolitanism Inside/Outside the EU", *Cooperation and Conflict*, Vol. 48, No. 2, 2013, p. 239.

的和平共和主义传统及其自我标榜的推进普遍人权的世界主义。[①]

在新兴市场和发展中国家群体性崛起的背景下，西方学者也意识到规范性力量的身份和规范建构在很大程度上依赖于其他力量主体的承认，这与国际环境以及国际秩序建构的议程息息相关。早在2007年，迪兹等学者就提出了欧盟规范性力量的有效性取决于其他行为体对欧盟自我投射的力量角色的接受程度以及成员国不同利益动机的影响等。[②]在欧债危机的背景下，这些命题的讨论逐渐深入。与中国研究者一样，越来越多西方学者提出，欧盟规范性力量身份的获得是自我认知的过程，同时也面临着能否与中、美、俄等国际主要力量寻求共识的考验。[③]这一过程既包括西方主导的自由主义国际秩序与发展中国家主张的更加包容的国际秩序间的竞争，也面临市场经济原则在全球化时代所包含的利益最大化与互利互惠、竞争与相互依存的复杂逻辑。欧盟代表的资本主义与美国的新自由主义虽无本质区别，但就具体政策取向而言，欧盟在战后深嵌式自由主义实验方面走得更远。中国对世界文明多样性、自身发展道路与模式的认同以及积极建构互惠互利的国际经济秩序的努力都是影响当前国际规范建构与变迁的重要因素。

即便在欧盟内部规制性国家层面，世界主义的普遍性规范与社群主义规范的紧张也显而易见。欧债危机后出现了欧盟外围国家由于自身文化传统和经济结构与中心国家间的差异日益显现的现象，南北矛盾加剧，欧盟大国在经济社会治理乃至一体化道路上也出现

[①] Ben Rosamond, "Three Ways of Speaking Europe to the World: Markets, Peace, Cosmopolitan Duty and the EU's Normative Power", *The British Journal of Politics and International Relations*, Vol. 16, No. 1, 2014, p. 141.

[②] Thomas Diez and Michelle Pace, "Normative Power Europe and Conflict Transformation", Archive of European Integration, 2007, http://aei.pitt.edu/7798/.

[③] Emilian Kavalski, "The Struggle for Recognition of Normative Powers: Normative Power Europe and Normative Power China in Context", *Cooperation and Conflict*, Vol. 48, No. 2, 2013, pp. 247–249.

了分歧。德国因强调紧缩政策饱受新自由主义的批评，英国则因欧盟国际竞争力不足，要求联盟向成员国归还权力，最终走上了脱离欧盟的道路。以欧洲议会选举极右翼政党的崛起和希腊极左政党上台执政为标志的欧洲政治两极化也凸显了欧盟内部政治共识的动摇，两极化制约着欧盟内部一体化进程的发展及欧盟借助欧洲治理模式外部化塑造国际规范的能力。

从厄恩斯特·哈斯（Ernst Haas）的新功能主义到哈贝马斯的宪法爱国主义，欧盟一体化理论长期存在着理论研究和政策实践联系紧密、相互影响的传统。西方学术界就欧盟规范性力量和市场性力量之间展开的争论是在21世纪以来国际力量结构深刻变化与欧盟自身力量结构复杂性相互作用的背景下展开的。欧盟力量研究出现的以"在国际关系中塑造规范的能力"界定欧盟力量特征的规范主义转向，与21世纪初欧盟对外战略取向相契合，产生了广泛影响。欧债危机期间，"市场性力量欧洲"从本体论和认识论的层面对"规范性力量欧洲"的理论模式提出了挑战。然而，这一辩论的结果并未出现"规范性力量欧洲"研究的衰落或新模式取代旧模式的局面，而是在很大程度上实现了二者的互补与融合。

近二十年来，"规范性力量欧洲"这一源于西方非主流国际关系和社会批评理论的研究范式引发的学术辩论一直占据着欧盟力量研究话语的中心位置，市场性力量传统的复兴拓展了这一讨论的内涵。值得注意的是，尽管许多理论解释和实证研究在一定程度上误读或简单化了这些复杂理论体系的原本内涵，但其学术辩论更加开放、包容的趋势很大程度上得益于"规范"和"市场"两个关键概念在认识欧盟力量的性质及其对外政策层面的深刻的政策含义。

首先，从欧洲一体化发展的历史和逻辑看，"规范"和"市场"是欧盟对外政策的两翼，二者相互促进、相互补充，甚至相互重叠。

虽然多重危机导致欧盟整体力量收缩，但塑造国际规则、规范和标准仍是欧盟发挥其国际影响力的主要手段。在这一阶段，欧盟重心回归经济领域，更加关注自身利益和战略考虑，表现出更大的灵活性，呈现出规范、利益与市场逻辑紧密结合的新特点。尽管规范性力量和市场性力量在规范与市场的关系上的争论从一开始就有着"道器之辨、体用之争"的色彩，但最终呈现的二者融合互补的态势反映了欧盟对外政策借助输出规范实现自身战略目标的常态。

其次，经济自由主义与市场原则，包括新自由主义在欧盟规范体系中地位上升，影响着欧盟对外政策走向。罗萨蒙德认为，维护自由主义的国际秩序是欧盟对外政策的前提，那么经济自由主义必然成为欧盟塑造国际规范的重要目标。如同美国一样，欧盟对外战略的目标是维护西方自由主义的世界秩序的常态。为实现这一目标，欧盟在自身经济困境下更多地将利益和战略考虑纳入其塑造国际规范的努力之中。特别是在国际经济体系中，欧盟不仅将继续扮演对其自身有利规则维护者的角色，而且试图有选择地修改国际规则，将汇率、知识产权、环境、劳工标准，甚至民主、人权问题与贸易、投资挂钩，加强国际法在这些领域刚性的法律规定，服务于其延缓自身衰落的需求和应对新兴市场崛起的战略。

再次，这一新发展在一定程度上弱化了欧盟力量的自我和外在认知中的道德优越感。欧盟规范性力量的"山巅之城"受到质疑。曼纳斯也承认当前欧盟和其他力量共同建构的国际环境已发生根本变化，变化深度和广度堪比16世纪国际体系的大变局。[1]英国皇家国际问题研究所发布的一份研究报告认为，为应对国际战略格局的变化，欧盟的选项首先是改变争当超级大国的思维模式，转而充当

---

[1] Emilian Kavalski, "The Struggle for Recognition of Normative Powers: Normative Power Europe and Normative Power China in Context", *Cooperation and Conflict*, Vol. 48, No. 2, 2013, p. 311.

主要力量的超级伙伴；其次是促进世界市场的发展。① 欧盟内部治理、贸易政策、环境气候政策的调整表明，欧盟的规范本身并不一定是道德、正义与利他的同义语，而应回归规范一词的"规则、标准"的中性含义。规范性力量不是国际行为体的本质或先在属性，与其本身的对外战略目标和所在的国际环境息息相关。从当前国际政治经济的现实看，欧盟所期望担当的国际规范演变议程设定者的角色已力不从心；在国际体系力量多极化背景下，欧盟、美国和新兴市场国家间的竞争与相互依赖都在加强，国际规范的形成更多表现为国际主要力量主体间相互作用、寻求共识的过程。国际规范、规则体系面临统一性和多样性并存的局面，除联合国宪章和国际法准则普遍确立的主权平等、互不干涉内政等基本规范外，在不同区域、不同类型的国家之间有着建构不同规范的现实需求。通过对话、寻求共识，对于建构公正、合理的国际新秩序、新规范显得尤为重要。②

最后，在关于欧盟规范性力量和市场性力量的辩论中，仍无法回避欧盟军事力量不足的问题。曼纳斯强调欧盟规范性力量可超越长期以来军事和民事力量的简单二分法。虽然他并不排斥"出于规范目的使用军事力量"，但仍认为欧盟发展军事力量增强其干预能力将使之偏离长期坚持的"可持续和平的规范路径"。③ 然而，批评者则认为，欧盟规范性力量依赖于以经济和军事力量为代表的传统力量形式。从历史维度看，西方价值观的传播并非由于具有普世吸

---

① Giovanni Grevi et al., "Empowering Europe's Future: Governance, Power and Options for the EU in a Changing World", Chatham House and FRIDE, 2013, https://espas.secure.europarl.europa.eu/orbis/sites/default/files/generated/document/en/Empowering_Europe_Future.pdf.
② Emilian Kavalski, "The Struggle for Recognition of Normative Powers: Normative Power Europe and Normative Power China in Context", *Cooperation and Conflict*, Vol. 48, No. 2, 2013, pp. 247–251.
③ Ian Manners, "Normative Power Europe Reconsidered: Beyond the Crossroads", *Journal of European Public Policy*, Vol. 13, No. 2, 2006, p. 189.

引力，而在于西方有物质力量上的优势。[①] 欧盟在传播规范方面的相对成功也有赖于美国和北约为其承担了大部分防务责任。[②] 欧债危机以来，欧盟政策重心转向经贸领域，在共同安全与防务政策方面取得的进展乏善可陈。特别是特朗普执政期间，美欧分歧加大，跨大西洋关系面临挑战，欧盟战略自主问题提上议事日程。欧盟在自身经济利益与维持西方主导的国际和欧洲地区秩序方面处于两难境地。

可以说，21世纪以来国际力量的消长使欧盟在参与国际规范建构进程中的观念和行为都发生了微妙变化。从实践层面看，尤其需要关注欧盟规范性力量和市场性力量共生互补的新特点，以应对西方国家主导国际规范、规则演变的挑战。对于中欧关系的发展而言，欧盟力量变化能够在一定程度上抑制欧盟对外输出自身模式、将西方价值观强加于人的冲动，在双边经贸合作、人文交流、国际气候变化、全球和地区金融秩序发展等领域，通过对话增进理解，构建公正合理、互惠互利的国际规则规范的空间依然存在。

[①] Charles A. Kupchan, *No One's World: The West, the Rising Rest and the Coming Global Turn*, Oxford: Oxford University Press, 2012, p. 6.
[②] Anand Menon, "The JCMS Annual Review Lecture: Divided and Declining? Europe in a ChangingWorld", *JCMS (Special Issue: The JCMS Annual Review of the European Union in 2013)*, Vol. 52, Issue S1, September 2014, pp. 14–17.

第二章　欧盟在全球化中的角色与贸易政策理念的发展[①]

全球化是当今世界无处不在、包罗万象的经济、社会和文化进程，从学理层面界定其概念存在诸多模糊之处。[②] 近年来，欧盟提出的"管理全球化"的理念在其全球化方案中处于突出位置，而贸易政策是欧洲地区一体化和欧盟参与经济全球化的核心领域，也是二者的主要交汇点。本章聚焦欧盟"管理全球化"[③]理念的发展及其在21世纪初以来与欧盟贸易政策演变的互动，反思欧盟在全球化中的角色问题。

第一节　欧洲一体化与全球化关系的历史逻辑

地区一体化与全球化的关系长期以来一直是学术界争论不休的

[①] 本章基于王展鹏、夏添发表的论文，但内容有更新。参见王展鹏、夏添《欧盟在全球化中的角色："管理全球化"与欧盟贸易政策演变》，《欧洲研究》2018年第1期。

[②] Helen Wallace, "Europeanisation and Globalisation", *New Political Economy*, Vol. 5, No. 3, 2000, pp. 370–372.

[③] 也称"受管理的全球化"（managed globalization）。《欧洲公共政策杂志》曾就这一问题组织专题讨论，具体参见 Wade Jacoby and Sophie Meunier, "Europe and the Management of Globalization（Special Issue）", *Journal of European Public Policy*, Vol. 17, No. 3, 2010。

话题。人们关注地区一体化是全球化的推动力量还是障碍、二者存在难以调和的矛盾还是具有互补性等问题。在西方学者眼中，人类历史上第一次全球化的"黄金时代"出现于拿破仑战争后的欧洲，英国 1846 年废除《谷物法》及随后英法签订包含最惠国条款的《科布登—切维利尔条约》（Cobden-Chevalier Treaty），标志着 19 世纪后期开放的世界经济体系的形成。凯恩斯在《和约的经济后果》一书中描绘了 1914 年 8 月之前人类经济史上空前繁荣的经济一体化的黄金时代，人们尽情享受新的商品、服务、金融资产与旅行方式。[①]他同时也预言了战后经济危机和大萧条，世界经济中开放的贸易秩序和自由化的萌芽将为国家保护主义、歧视性的地区帝国主义取代。[②] 此后，英国在英联邦内部，德国、日本在中东欧与东亚竞相建立封闭、歧视性的区域经济集团，最终导致开放的世界经济体系的终结和二战的爆发。

二战后开启的欧洲一体化进程是与战后重建全球经济一体化的努力同步展开的。欧洲一体化之初，西欧国家面临东西方对峙的安全挑战、战后经济重建的压力、资本主义的合法性危机，让·莫内等"欧洲一体化之父"选择阻力最小的深度区域经济融合作为突破口，并借助向地区超国家机构充分让渡权力的"欧共体方法"使经济一体化溢出到政治、社会、文化领域。在此阶段，欧共体成功克服了地区内部优惠贸易安排与当时全球性多边贸易体制——关税与贸易总协定之间的矛盾，为全球化进程中新型地区一体化的发展开创了先例。从欧洲煤钢联营到《罗马条约》的签订，欧洲一体化建立的区域内共同市场安排与关税与贸易总协定的非歧视、最惠国待

---

① 〔英〕约翰·梅纳德·凯恩斯：《和约的经济后果》，张军、贾晓屹译，华夏出版社，2008，第 9~10 页。
② Mario Telò, "Introduction: Globalization, New Regionalism and the Role of the European Union", in Mario Telò ed., *European Union and New Regionalism: Competing Regionalism and Global Governance in a Post-Hegemonic Era*, London: Routledge, 2014, p. 2.

遇等原则发生了直接碰撞，欧洲共同农业政策也被视为与该协定消除贸易壁垒的目标难以兼容。按照关税与贸易总协定总干事温德姆·怀特（Wyndham White）的观点，欧共体的做法已对关税与贸易总协定的生存构成威胁。而美国出于地缘政治考虑，支持通过灵活解释关税与贸易总协定第24条接纳欧共体的贸易安排。[1]

欧共体国家通过地区层面的政策协调，引入凯恩斯主义的经济社会政策，建立福利国家，应对资本主义的合法性危机，欧洲一体化由此成为以超越民族国家的路径"挽救民族国家"[2]的成功实验。自建立布雷顿森林体系起，西欧国家与美国在建立国际贸易、金融体系的过程中，积极寻求自由放任资本主义与凯恩斯主义间的中间道路，形成了嵌入式的自由主义妥协，为在相对开放和管理有序的国际秩序下建立更广泛的联盟奠定了基础。[3]自由市场经济与社会民主主义间的中间道路成为欧盟内部政策和参与国际经济一体化过程中的身份标签。

欧洲一体化推进社会进步目标的实践与20世纪70年代后新自由主义的兴起形成了鲜明的对照。由于布雷顿森林体系解体、美国霸权相对衰落，战后资本主义国家间达成的嵌入式自由主义妥协面临结构性危机，英美两国借助西方市场原教旨主义取向的"里根—撒切尔革命"应对危机。20世纪80年代中期之后，随着法国社会党人德洛尔出任欧共体委员会主席、实现了欧洲一体化的复兴，《马斯特里赫特条约》在建立欧元区的同时，强化了注重社会公平与福

---

[1] Francine McKenzie, "The GATT-EEC Collision: The Challenge of Regional Trade Blocs to the General Agreement on Tariffs and Trade, 1950-67", *The International History Review*, Vol. 32, No. 2, 2010.
[2] 参见 Alan S. Milward, *The European Rescue of the Nation State*, 2nd Edition, Oxford: Routledge, 2002。
[3] 〔美〕约瑟夫·格里科、约翰·伊肯伯里：《国家权力与世界市场：国际政治经济学》，王展鹏译，北京大学出版社，2008，第123~125页。

利的经济社会模式的共识。欧盟自身实践的相对成功使其对克服弗雷德曼所说的全球化"黄金紧身衣"①的束缚充满乐观的估计。

冷战结束后，欧盟认为世界已进入后霸权模式，欧盟可以将自身的规范性力量与市场性力量有机结合起来，与美国优势互补，共同引领全球化发展。②与此相呼应，欧盟决策者和学术界在这一阶段提出了"管理全球化"的政策理念，积极推进传统贸易政策与社会、气候环境等议程的融合，拓展了经济全球化的内涵。③

然而，"使世界变得平坦"的新一轮全球化的红利和风险并存，欧盟内部发展和对外政策面临一系列挑战。首先，欧盟经济增长和国际竞争力停滞不前的问题在21世纪初进一步加剧，经济增长不仅低于新兴市场国家，也低于美国。④"里斯本战略"旨在回归欧盟社会政策的嵌入式自由主义传统，提高其在全球化进程中的国际竞争力。然而促进经济增长的成效有限，却更多地导致欧盟社会政策纳入市场的逻辑，即深嵌式自由主义所包含的社会福利制度更加空洞化。⑤

---

① 按照弗雷德曼的说法，全球化限制了各国政府运用社会、财政、货币政策实现社会公正的目标的能力，使其为提高竞争力而被迫降低福利水平。参见 Thomas L. Friedman, "The Golden Straitjacket", *The Lexus and the Olive Tree*, New York: Anchor Books, 2000, pp. 101–111.

② Mario Telò, "Introduction: The EU as a Model, a Global Actor and an Unprecedented Power", in Mario Telò ed., *The European Union and Global Governance*, London: Routledge, 2009, pp. 21–28.

③ Wade Jacoby and Sophie Meunier, "Europe and the Management of Globalization", *Journal of European Public Policy*, Vol. 17, No. 3, 2010.

④ European Commission, "Facing the Challenge: The Lisbon Strategy for Growth and Employment", November 2004, https://ec.europa.eu/research/evaluations/pdf/archive/fp6-evidence-base/evaluation_studies_and_reports/evaluation_studies_and_reports_2004/the_lisbon_strategy_for_growth_and_employment__report_from_the_high_level_group.pdf.

⑤ Bastiaan van Apeldoorn, "The Contradictions of 'Embedded Neoliberalism' and Europe's Multi-Level Legitimacy Crisis: The European Project and its Limits", in Bastiaan van Apeldoorn et al. eds., *Contradictions and Limits of Neoliberal European Governance: From Lisbon to Lisbon*, New York: Palgrave, 2008, pp. 28–41.

其次，21世纪初欧盟深化一体化的努力受挫。以哈贝马斯为代表的左翼知识分子提出，超越民族国家的民主政治，通过进步的欧洲国家之间的联合，形成后民族国家结构，将国际关系转变为世界内政，[①]使欧盟成为"经济全球化不断加剧背景下欧洲人民实践其社会公正和团结的价值观的实验室"。[②]但这一阶段欧盟通过制宪深化一体化实践宪法爱国主义的努力在法国、荷兰公投中遭遇选民否决。《里斯本条约》后主动深化一体化的努力更多让位于针对诸多危机做出的被动回应。

再次，欧盟大规模东扩后，其经济社会模式的差异日益扩大。事实上，欧盟内部经济社会模式长期存在莱茵模式、英爱模式、北欧模式和南欧模式的分野。有学者认为，欧盟内部经济社会模式间的分歧甚至大于欧美资本主义模式间的差别。[③]英法德在欧债危机后在金融监管上的争论、欧盟南北方国家在贸易自由化上的分歧制约了欧盟的行动能力。东扩虽被视为欧盟输出民主、扩大市场的成功实践，但新老成员国在文化传统、经济社会发展水平、地缘政治战略方面的鸿沟迄今未能有效弥合，近年来反而有扩大的趋势。

国际金融危机、欧债危机爆发后，欧盟疲于应对、左右失据，内外政策上急于求成，希望借助新自由主义的速成药方尽快走出危机，反而导致经济危机向社会危机、政治危机蔓延，三者相互叠加，助长了民粹主义，致使欧盟面临生存困境。[④]欧洲经济社会模式同时遭遇左翼和右翼的批评。新自由主义者认为，欧盟过度干预经济活

---

① 〔德〕尤尔根·哈贝马斯：《后民族结构》，曹卫东译，上海人民出版社，2008，第92~101页。
② Jürgen Habermas, "Why Europe Needs a Constitution", *New Left Review*, Vol.11, No. 1, 2001, p. 12.
③ Jens Alber, "The European Social Model and the United States", *European Union Politics*, Vol. 7, No. 3, 2006, pp. 393-419.
④ 林德山：《新自由主义的政治渗透与欧洲危机》，《欧洲研究》2016年第6期。

动,人为地给成员国对外经济活动设置障碍,不能引领全球治理的新现实,注定是旧时代的产物。而左翼批评者则认为,欧盟在政策层面出现了新自由主义转向,实行紧缩政策、加大竞争、削减福利,欧洲模式逐渐变为失去管理的资本主义。[①]

2016年英国全民公投脱欧和特朗普当选从内部和外部降低了欧盟引领全球化进程的合法性,制约了其行动能力。英国脱欧公投是欧洲一体化历史上首次有成员国退出的情况,欧盟合法性面临的挑战从过去的技术、治理层面转向欧洲一体化实验的本体层面。欧盟超越民族国家的经济、社会、政治层面的地区一体化安排成为民粹主义攻击的目标,也使欧盟代表的全球化进程面临再平衡的挑战。

特朗普执政后,在全球化和贸易自由化问题上秉持守旧的重商主义观念,将全球化和国际经济关系视为一种零和博弈,强调美国优先,优先商业利益,对跨太平洋伙伴关系协定(Trans-Pacific Partnership Agreement,TPP)、TTIP、北美自贸协定等区域性贸易安排采取退出、冻结或重新谈判等立场,威胁退出或大幅改变WTO的多边机制。此外,特朗普政府也将税收手段作为获取贸易利益的工具,先后提出征收边境调节税、降低公司税等税制改革方案。欧盟希望与美国共同维护西方主导的"基于规则"的国际体系的战略面临巨大挑战,如何顺应发展中国家在全球治理中影响力上升的新局面,促进均衡、包容发展成为全球化未来难以回避的问题。

综上所述,二战后欧洲一体化和全球化间的关系大体经历了三个阶段:(1)20世纪50~90年代,欧洲一体化成功融入全球化进程并扮演了全球化发展的实验室角色;(2)在冷战结束后新一轮全球化的"黄金时代",欧盟试图管理全球化,引领全球化的发展;(3)

[①] Dalibor Rohac, *Towards an Imperfect Union: A Conservative Case for the EU*, Lanham: Rowman & Littlefield, 2016, pp. 64-73.

以英国脱欧和特朗普当选为标志，全球化遭遇挫折，欧盟面临重新确定自身在全球化进程中的角色定位的问题。总体来看，欧洲一体化的发展与全球化进程相互促进、相互补充，其深度地区一体化的实践，为其他地区提供了经验和借鉴。在各国、各地区多样性仍是当今世界基本特征的背景下，地区一体化具有成为全球化发展阶梯的潜力，其积极意义毋庸置疑。但欧盟希望借助输出自身规则、规范、模式以达到管理全球化的目标也受到国际政治经济现实及欧盟自身行为能力的制约。近年来，欧盟一体化制度安排上的缺陷和政策失误在一定程度上放大了全球化的弊端，为反全球化、去全球化思潮提供了滋生的土壤，其面临着通过进一步融入全球化进程塑造新一轮全球化的共识，还是回归欧洲例外、强调地区特殊利益的艰难选择。

第二节　欧盟"管理全球化"政策理念的发展及其面临的挑战

20世纪90年代末拉美和东南亚相继爆发金融危机，全球化的合法性遭遇越来越多的批评与质疑。1999年9月，新任欧盟贸易委员帕斯卡尔·拉米在欧洲议会正式提出其任期的主要目标之一是确保全球化"得到管理"（maîtrisée）。① 此后，这一措辞开始频繁出现在欧盟的政治话语中。在一系列演讲中，拉米承认全球化加强了市场资本主义的力量，但也带来了世界经济的不稳定和不平等问题。他表示："欧盟贸易政策比以往任何时候都需要控制全球化带来的负面影响。欧盟在市场融合、共同规则、社会安全等方面创设的复合

---

① Maîtrisée，法语，有"驾驭、被控制、被管理"之意。参见 Pascal Lamy, "Hearings of Commi-ssioners-Designate", European Parliament, Brussels, 1999, http://www.europarl.europa.eu/hearings/commission/1999_comm/pdf/lamy_en.pdf。

机制可以为其他国家应对全球化提供参照和经验。欧盟希望推进受管理的全球化，以确保与其他国家和社会共享全球化的潜在利益与欧盟的社会价值观。"①

与英美所主张的市场自由主义不同，"管理全球化"这一理念带有鲜明的法国左翼政治色彩，诞生并发展于欧盟内部。拉米认为："想要自由，必须管理。"②他本人曾担任德洛尔的顾问，与20世纪80年代密特朗政府不成功的"社会主义"实验有着千丝万缕的联系。法兰西民族的优越感及其在欧洲一体化中长期扮演的领导角色使他们倾向于按照法国的模式来塑造欧洲一体化和全球化进程。③

这一理念随后也得到欧盟成员国领导人的积极回应。布朗在担任英国财政大臣期间曾表示："总有人质疑我们是否应该拥有全球化，实际上现在的问题是我们能否管理好全球化。"④德国总理默克尔也曾多次提及需要"塑造全球化"，"为全球化设立更完善的规则"，以实现"开放市场、公平竞争、可持续发展和社会平等"等目标。⑤

"管理全球化"理念认为，全球化不仅仅是消除规制的过程，更需要建立规制，需要技术型官僚、政治家和商业管理人员共同创建机构、设立规则。商品和资本的自由流动需要建立在更为完善的制度基础之上，确保各国遵守规则、履行义务，在扩大全球化利益的

---

① Pascal Lamy, "Malta and the EU-How to Make Globalization Work for the Small?", Speech to the Malta Business Community, Malta, 31 May 2002, http://ec.europa.eu/archives/commission_1999_2004/lamy/speeches_articles/spla107_en.htm.
② Interview with Pascal Lamy; quoted from Rawi Abdelal, *Capital Rules: The Construction of Global Finance*, Cambridge, MA: Harvard University Press, 2007, p.14.
③ Hubert Védrine, "France and Globalization", *The Globalist,* 9 February 2002, https://www.theglobalist.com/france-and-globalization/.
④ 转引自 Wade Jacoby and Sophie Meunier, "Europe and the Management of Globalization", *Journal of European Public Policy,* Vol. 17, No. 3, 2010, p. 301。
⑤ "Merkel Calls for Ground Rules for Globalization", *Deutsche Welle,* 20 December 2007, https://www.dw.com/en/merkel-calls-for-ground-rules-for-globalization/a-3013668.

同时限制其带来的负面影响,所有全球化的参与者通过协商、对话和辩论来实现更为公正的全球化。欧洲联合既经历了以市场自由主义为基础的一体化,也较为成功地实践了嵌入式自由主义模式,乃至进步的后民族国家实验,从某种意义上说,欧盟就是为了尝试应对全球化的探索而诞生的。拉米认为:"欧盟是驾驭全球化与我们现有社会模式相容的唯一工具。"①

结合欧盟决策者和学术界的观点,"管理全球化"在政策层面主要体现在以下几个方面②:第一,强化全球性国际制度(特别是 WTO、国际货币基金组织等贸易、金融领域的国际组织)在管理全球化中的核心地位。欧盟认为,应对贸易和资本全球化的迅速发展,管理全球化的手段需要制度化,即确定明晰的政策和规则,并通过机构与制度来落实与监管。③拉米声称,WTO 等全球性国际组织的发展远远落后于全球化发展的步伐,而欧盟将"市场经济、福利国家和民主制度有机融合的模式"使其可以在解决这一问题的过程中扮演领导者角色。④为此,欧盟全力支持扩大 WTO 的规模,以 WTO 作为输出自身政策的平台,增强自己制定规则与解决贸易争端的能力。按照欧盟的逻辑,WTO 规模越大,在规则下运作的国家越多,欧盟管理全球化的能力就越强。⑤欧盟在中国与俄罗斯加入世界贸易

---

① Philip Gordon and Sophie Meunier, *The French Challenge: Adapting to Globalization*, Washington, DC: The Brookings Institution Press, 2001, p. 102; quoted from Rawi Abdelal and Sophie Meunier, "Managed Globalization: Doctrine, Practice and Promise", *Journal of European Public Policy*, Vol. 17, No. 3, 2010, p. 355.
② 参见 Wade Jacoby and Sophie Meunier, "Europe and the Management of Globalization", *Journal of European Public Policy*, Vol. 17, No. 3, 2010, pp. 304-311。
③ Rawi Abdelal and Sophie Meunier, "Managed Globalization: Doctrine, Practice and Promise", *Journal of European Public Policy*, Vol. 17, No. 3, 2010, pp. 350-367.
④ Pascal Lamy, "Europe and the Future of Economic Governance", *Journal of Common Market Studies*, Vol. 42, No. 1, 2004, pp. 18-20.
⑤ European Commission, "Trade Policy in the Prodi Commission 1999-2004: An Assessment", November 2004, https://pascallamyeu.files.wordpress.com/2016/11/1999_2004_pl_legacy_e.pdf.

组织问题上采取了积极立场，也希望推动柬埔寨、沙特阿拉伯和越南等国入世。①除WTO外，欧盟在这一时期也努力加强经济合作与发展组织（OECD）和国际货币基金组织等国际组织的影响力，以推进多边主义，获取更大的规则制定与输出的能力。

第二，扩大政策涵盖的范围，以贸易政策为基础推动贸易与非贸易目标，为全球化书写规则。2002年欧元的流通与欧洲中央银行的建立为欧盟管理贸易和金融资本活动提供了更多的政策工具；21世纪初一体化的深化使得欧盟将更多的规范性议程纳入自身权能领域，欧盟在这一时期也积极尝试将更多事务纳入WTO的政策制定范围。对欧盟来说，在扩大的WTO中，越多的事务纳入规则框架，全球化就越能得到管理。欧盟可以借此推进贸易之外的目标，从而把自由贸易和规范目标结合起来。②拉米声称："最重要的是，政府需要确保全球化不是一场零和博弈。向前的正确之路是循序渐进地消除贸易壁垒，和平解决争端，建立规则体系以确保竞争的透明和公平，并通过我们的政策来帮助那些受到全球化影响的劳动者。"③这突出体现在欧盟参与多哈回合的立场。

第三，扩大欧盟影响的地域范围，输出欧盟模式。欧盟输出自身模式不仅需要借助WTO等国际组织的政策、标准和规则，还需要将其他国家直接纳入欧盟的入盟政策和邻国战略。拉米在2004年离任时表示："推动区域一体化可以扩大市场，实现良性竞争……区域一体化并不是要替代多边主义自由化，而是为其提供补充。在很

---

① European Commission, "Trade Policy in the Prodi Commission 1999–2004: An Assessment", November 2004, https://pascallamyeu.files.wordpress.com/2016/11/1999_2004_pl_legacy_e.pdf.
② Dirk De Bièvre, "The EU Regulatory Trade Agenda and the Quest for WTO Trade Enforcement", *Journal of European Public Policy*, Vol. 13, No. 6, 2006.
③ European Commission, "Trade Policy in the Prodi Commission 1999–2004: An Assessment", November 2006, p. 3, https://pascallamyeu.files.wordpress.com/2016/11/1999_2004_pl_legacy_e.pdf.

多领域，区域可以为我们的创新提供实验机会，如果这样的创新是成功的，我们可以将其运用到多边的框架体制中。"①2004年以来，欧盟新增13个成员国。为此，欧盟制定了严格的入盟标准，对新成员国提出民主改造要求，确保其接受欧盟模式。2003年中东欧国家签署入盟协议之际，欧盟积极宣扬欧洲重新统一的成就。欧委会主席普罗迪称："我们已团结在一起，欧洲大陆已经做好准备，与世界上的其他国家一起为受管理的全球化制定规则，造福全人类。"②对短期难以入盟的周边国家，欧盟于2004年推出"欧洲睦邻政策"（European Neighbourhood Policy，ENP），该政策涵盖北非地中海沿岸地区、高加索地区、巴勒斯坦地区和东欧地区的国家。欧盟承诺如果上述国家推进政治与经济转型，达到欧盟标准，欧盟将为它们提供财政支持。此外，欧盟启动与南方共同市场的双边区域贸易谈判，随后又启动了与东盟、加勒比海地区和海湾合作委员会的谈判，拟通过向上述地区提供市场准入权换取这些地区接受欧盟在劳工权利、知识产权和环境等方面设定的标准。③

第四，重新分配全球化的利益与成本。在全球化面对的深层次问题上，欧盟主要借助上述机制在成员国、地区和超国家层面，通过欧盟社会政策以及"欧洲全球化调整基金"等安排协调应对。欧盟历史上曾通过《洛美协定》等机制对发展中国家实行单方面贸易优惠安排，但这些做法曾被质疑违反了非歧视自由贸易原则，目前主要借助普惠制向欠发达国家提供优惠，但欧盟公平分配全球化利

---

① European Commission, "Trade Policy in the Prodi Commission 1999–2004: An Assessment", November 2004, p. 12, https://pascallamyeu.files.wordpress.com/2016/11/1999_2004_pl_legacy_e.pdf.
② Romano Prodi's Speech at the Ceremony of the Signing of the Treaty of Accession, Athens, 16 April 2003, http://europa.eu/rapid/press-release_SPEECH-03-203_en.htm.
③ Sophie Meunier and Kalypso Nicolaïdis, "The European Union as a Conflicted Trade Power", *Journal of European Public Policy*, Vol. 13, No. 6, 2006, pp. 912–915.

益的主张也因多哈回合谈判搁浅而受阻。总体来看，欧盟更多的是通过强调自身规范性力量的定位力图将欧洲标准、规范植入全球化进程，在环境保护、劳工标准、食品安全、消费者权益等领域让全球都使用欧洲标准。

"管理全球化"在拉米任期内成为欧盟贸易政策的中心原则。在该原则指导下，欧盟试图以贸易政策为主要手段来达成各种贸易和非贸易目标。但在多哈回合谈判过程中，欧盟并没有成功主导贸易谈判议程。拉米2004年转任WTO总干事，继任者英国工党政治家彼得·曼德尔森于2006年出台《全球欧洲：在世界范围内竞争》这一贸易战略文件，对拉米的贸易政策做了大幅修正，提高欧盟在全球化进程中的竞争力成为该文件的核心目标，因此加大了拓展欧洲商品和服务的市场准入与改进欧盟贸易防御工具的力度。[1]

2008年后，"管理全球化"这一理念再次回到欧盟的主流政治话语中，但理念内涵发生了微妙变化。雷曼兄弟公司破产之际，欧盟曾短暂地宣称欧洲资本主义模式与美国相比更具优越性。曾任欧盟反垄断委员的马里奥·蒙蒂强调，"未加管理的全球化是危险的"。[2] 法国保守派领导人萨科奇也开始批判全球化自由竞争和市场资本主义。[3]

然而，随着欧盟自身诸多危机的相继爆发，欧盟内部对危机的反思从批判失控的金融资本主义危机，转向追究福利政策在主权债务危机中的责任，进而将自身危机归咎于全球化带来的不平等、不公正的外部经济环境。在欧盟为自身危机寻找替罪羊的过程

---

[1] European Commission, "Global Europe: Competing in the World", November 2006, http://trade.ec.europa.eu/doclib/docs/2006/october/tradoc_130376.pdf.
[2] Mario Monti, "How to Save the Market Economy in Europe", *Financial Times*, 6 April 2009.
[3] Ferdi De Ville and Jan Orbie, "The European Commission's Neoliberal Trade Discourse Since the Crisis: Legitimizing Continuity Through Subtle Discursive Change", *The British Journal of Politics and International Relations*, Vol. 16, No. 1, 2014, p. 150.

中，新兴市场国家的市场开放问题成为欧盟所批评的主要目标。管理全球化的目标和手段由此发生了变化。欧盟委员会对外关系委员贝妮塔·费雷罗-瓦尔德纳称："为了捍卫内部民众的利益，今天的欧盟需要'管理全球化'，这对维系欧洲计划的遗产至关重要……需要依靠我们与中国、俄罗斯，中东、拉美和东南亚国家的关系。"[①]

在英国脱欧和特朗普当选美国总统的背景下，欧盟委员会于2017年5月发布了《驾驭全球化反思报告》。[②] 根据欧盟2016年的民调，55%的欧洲人倾向于将全球化视为机遇，45%将全球化视为威胁。该报告对欧盟此前全球化观的继承和发展主要体现在以下四个方面。

第一，欧盟重申将继续扮演驾驭全球化的领导者角色的意愿和决心。面临美国背离多边主义的风险，欧盟强调价值标准、多边机制和规则对于驾驭全球化至关重要。不论是既有问题还是近年来出现的新问题，解决它们都需要更为明确的规则和能够实施这些规则的机构，因此，驾驭全球化需要全球治理和共同规则。欧盟将通过推进"2030可持续发展议程"和积极参与《巴黎协定》，占领道德制高点。同时，欧盟将积极开展经济外交、文化外交推广欧盟价值观和身份认同。报告强调，从总体上看，欧盟依然是世界上规模最大的单一市场、最大的贸易体和投资方，依然有能力制定全球化的规则。然而，到2050年，任何一个欧盟国家都无法单独跻身世界八大经济体，在人口、经济和政治都面临变局的情况下，要驾驭全球

---

① Benita Ferrero-Waldner, "Global Europe: What Next for EU Foreign Policy?", 11 July 2008, http://europa.eu/rapid/press-release_http://europa.eu/rapid/press-release_SPEECH-08-387_en.htm?locale=enSPEECH-08-387_en.htm?locale=en.

② European Commission, "Reflection Paper on Harnessing Globalisation", May 2017, p. 9, https://ec.europa.eu/commission/sites/beta-political/files/reflection-paper-globalisation_en.pdf.

化，欧盟需要团结起来，在世界上以统一的姿态发声。①

第二，欧盟强调继续推进更为平衡且以规则为基础的贸易与投资议程，在市场开放和贸易互惠的同时加强全球治理，关注人权、劳工标准、食品安全、公共健康、环境保护等议题；同时提出建立更为有效的全球性机制来监管全球化发展面临的新问题，如调控宏观经济政策，打击避税，确保金融稳定，消除过剩产能，促进电子商务并推进共同技术标准以消除不必要的贸易壁垒。

第三，欧盟特别提出要利用现有规则塑造公平、平等的竞争环境这个问题。报告强调，民众对这个问题表示关心并有不满，因而欧盟需要立即采取行动。驾驭全球化是一个强化机制、推广规则的过程，当下的现实是，在很多情况下并未完全遵守既有规则；一些国家和跨国公司忽视规则或利用规则漏洞进行不正当操控，加剧了全球化的不公平。因而需要确保各国遵守了贸易、税收、劳工标准、气候变化和环境保护方面的规则和协议。此外，欧盟委员会提出建立多边投资法庭的建议，旨在取代现有的投资争端解决机制。

第四，报告指出欧盟自身的实践对驾驭全球化的重要性，这是欧盟发挥引导作用、驾驭全球化的基础，需要欧盟层面、成员国层面、地区层面和地方层面的分工、协调与合作。欧盟层面的职责主要包括确保公平的竞争环境、缔结开放市场的贸易协定、推动欧盟标准成为全球规则、制定贸易防御机制和对外投资计划、对外发展援助等；成员国层面的职责包括教育与劳动力培训，完善劳动力市场政策，协助欧盟确保税收公平，开展国家投资计划，加强基础设施建设、科研与新技术发展；地区层面的职责包括提供现代化区域

---

① European Commission, "Reflection Paper on Harnessing Globalisation", May 2017, p. 14, https://ec.europa.eu/commission/sites/beta-political/files/reflection-paper-globalisation_en.pdf.

性基础设施、协调落实集群政策、协同管理海陆空物流网络、更有效地利用区域基金；地方层面的职责包括维持城市运作、促进移民融入当地社会、建设创新中心和创业园等。

第三节　21世纪初以来欧盟贸易政策理念的变化

欧盟共同商业政策中的贸易政策是欧洲一体化超国家治理程度最高的领域之一。与环境、气候、劳工等政策领域相比，与经济全球化关系最为直接和紧密的贸易政策在更大程度上是"欧盟管理全球化"理念的现实基础，也是这一理念取向的政策落脚点。欧盟借整合传统贸易政策与非传统贸易议题，将利益与规范目标融入贸易政策实践，这是欧盟影响全球化进程的重要手段。

一　欧盟贸易政策理念的延续与变革

贸易政策是欧盟层面的专属权能，21世纪初以来欧盟贸易政策总体稳定，但来自成员国保护主义的压力有增无减，在自由贸易与保护主义之间艰难平衡。从这一阶段的贸易政策文件看，尽管欧盟一直强调维持贸易自由化与社会公正间的平衡，但在频繁宣示的鼓励竞争、促进就业与增长、互惠性等话语背后，反映出欧盟贸易政策的重心向商业利益倾斜，为一些带有保护主义色彩的新政策开辟了空间。

2006年欧盟"全球欧洲"贸易战略更多回归自由主义传统，明确提出欧盟贸易政策的目标是效率优先，旨在提高欧盟企业在国际市场上的竞争力，并进一步将欧盟企业遭受的不公正待遇归咎于新兴市场国家设置的贸易壁垒。此外，该战略改变了欧盟维护WTO在国际贸易体系中至高无上的地位的立场，要求加大力度开展双边、区域自贸协定谈判。①

2010年后上任的欧盟贸易委员卡洛·德古赫特（Karel De Gucht）发布的《贸易、增长与世界事务》新战略文件则有两个突出特点。其一，强调对外贸易对欧盟应对危机、实现增长至关重要，而新兴市场是欧盟贸易增长的主要来源。在卡洛·德古赫特看来，"外源性增长对欧盟经济复苏至关重要……应将目标指向近来快速增长的新兴市场国家"。② 其二，在处理与新兴市场国家的贸易关系时，这一阶段的贸易政策更多地强调互惠性，而非促进全球可持续发展的社会、环境目标。该报告明确提出："欧盟贸易开放政策在政治上获得成功的前提是，发达国家和新兴市场的贸易伙伴要与我们以互惠互利的精神共同努力……欧盟将保持开放，但我们不能过于天真。欧盟委员会将特别关注保护欧盟的利益与就业机会。"③ 面对新兴市场崛起带来的竞争，欧盟一方面敦促贸易伙伴在传统贸易政策领域开放市场，另一方面在服务贸易、政府采购、投资政策等领域加大了外化自身内部规则、标准、规范的力度，力求实现欧盟成员国、企业利益的最大化。

在全球再分配问题上，欧盟开始对发展中国家采取区别对待的政策。欧盟委员会发布《贸易、增长与发展：调整贸易与投资政策，支持最需要帮助的国家》的沟通文件，提出改革普惠制的建议，并于2012年10月通过了新的普惠制方案。根据该方案，普惠制的受益国数量明显缩减。中国等新兴市场国家虽保留了一般普惠制受益

---

① European Commission, "Global Europe: Competing in the World", November 2006, http://trade.ec.europa.eu/doclib/docs/2006/october/tradoc_130376.pdf.

② Ferdi De Ville and Jan Orbie, "The European Commission's Neoliberal Trade Discourse since the Crisis: Legitimizing Continuity Through Subtle Discursive Change", *The British Journal of Politics and International Relations*, Vol. 16, No. 1, 2014, p. 157.

③ European Commission, "Trade, Growth and World Affairs", November 2010, p. 4, http://trade.ec.europa.eu/doclib/docs/2010/november/tradoc_146955.pdf.

国的身份,但受惠产品的种类、数量、关税优惠等都明显减少。①

2015年欧盟委员会的贸易战略文件《惠及所有人的贸易:迈向更负责任的贸易与投资政策》②是在欧盟经济逐步走出危机的积极态势下发布的。欧盟重申贸易、投资是欧盟经济增长与就业的重要工具,强调"贸易和投资政策必须共同负责支持和推广欧盟的价值观和标准。欧盟必须与贸易伙伴一道共同推进保护人权、劳工权利、环境、医疗和消费者权利,打击腐败"。③在坚持振兴多边贸易体制的同时,通过诸边和双边贸易协定积极塑造全球化进程。

然而,欧盟的这一乐观情绪很快被2016年的英美变局打破。2017年欧盟委员会相继发表关于欧盟未来的《罗马宣言》与《驾驭全球化反思报告》,强调欧盟将团结一致应对孤立主义和贸易保护主义的挑战,承担起领导国际贸易和全球化发展的责任:"坚定支持自由和进步的贸易,塑造全球化进程,使全球化惠及所有人。"④贸易委员马尔姆斯特伦也多次强调,特朗普反对自由贸易的政策注定失败,这将加大世界其他国家与欧盟开展自贸区谈判的吸引力。⑤但毋庸讳言,欧盟贸易政策面对的内外部不确定性明显增加。

---

① European Commission, "Trade, Growth and Development: Tailoring Trade and Investment Policy for Those Countries Most in Need", January 2012, http://trade.ec.europa.eu/doclib/docs/2012/january/tradoc_148992.EN.pdf. 另参见曾令良《欧债危机背景下欧盟普惠制改革及其对中国的影响》,《法学评论》2013年第3期,第7~8页。

② European Commission, "Trade for All: Towards a More Responsible Trade and Investment Policy", October 2015, http://trade.ec.europa.eu/doclib/docs/2015/october/tradoc_153846.pdf; 陈新:《欧盟2015年贸易政策及对中国的影响》,《欧洲研究》2016年第1期。

③ European Commission, "Trade for All: Towards a More Responsible Trade and Investment Policy", October 2015, p. 26, http://trade.ec.europa.eu/doclib/docs/2015/october/tradoc_153846.pdf.

④ European Commission, "Reflection Paper on Harnessing Globalisation", May 2017, p. 9, https://ec.europa.eu/commission/sites/beta-political/files/reflection-paper-globalisation_en.pdf.

⑤ Sam Morgan, "Europe Moves to Pick up Free Trade Scraps as Trump Ditches TPP", EURACTIV.com with Reuters, 24 January 2017, https://www.euractiv.com/section/trade-society/news/europe-moves-to-pick-up-free-trade-scraps-as-trump-ditches-tpp/.

第二章 欧盟在全球化中的角色与贸易政策理念的发展

2021年2月，欧盟委员会向欧洲议会、欧洲理事会等机构提交了新版贸易政策报告，[①]它将是未来五年欧盟贸易政策战略框架。欧盟致力于开放、可持续、坚定自信的贸易政策（Open, Sustainable and Assertive Trade Policy）。根据新版的贸易政策报告，欧盟贸易政策的三大核心目标是支持欧盟经济复苏与转型、塑造全球贸易规则、增强欧盟维护自身利益和权利的能力。欧盟聚焦六项关键领域，分别为WTO改革、绿色转型、数字转型、欧盟规制影响力（regulatory impact）、改善伙伴关系、强化贸易协定的执行机制。

继2015年欧盟委员会出台贸易战略文件《惠及所有人的贸易：迈向更负责任的贸易与投资政策》之后，欧盟出台新的贸易政策，是欧盟经济转型与地缘政治竞争加剧的产物：一是全球化在质疑声中缓慢发展，加上技术升级、数字转型和气候变化等因素的影响；二是中国的快速发展以及中美之间的战略竞争；三是新冠肺炎疫情。这些因素导致欧盟在内的全球行为体对全球合作的迟疑，各国开始考虑产业链和供应链的多样化，提高政府对经济发展的影响程度，加强战略性物资的储备能力。

值得注意的是，欧盟强调开放式战略自主。此前，欧盟贸易委员霍根强调欧盟应推行"开放式战略自主"（Open Strategic Autonomy）贸易政策，[②]即欧盟要在商业开放与保护欧洲企业之间寻求适当的平衡。"开放式战略自主"反映了欧盟希望在全球舞台上制定独立自主的战略，通过领导者身份和接触来塑造世界贸易格局，继而维护欧

[①] European Commission, "Trade Policy Review–An Open, Sustainable and Assertive Trade Policy", 18 February 2021, https://trade.ec.europa.eu/doclib/docs/2021/february/tradoc_159438.pdf.

[②] European Commission, "Speech by Commissioner Phil Hogan at Launch of Public Consultation for EU Trade Policy Review–Hosted by EUI Florence", 16 June 2020, https://ec.europa.eu/commission/commissioners/2019-2024/hogan/announcements/speech-commissioner-phil-hogan-launch-public-consultation-eu-trade-policy-review-hosted-eui-florence_en.

盟的利益和价值观念。"开放式战略自主"首先是"开放",只有加大与贸易伙伴的合作,才能确保欧盟经济繁荣。欧盟希望使用贸易"政策工具",促进供应链的韧性,保护欧盟企业免受国际及欧盟内部不公平贸易的影响。

此外,欧盟首次将可持续发展确立为"贸易政策明确的、中心的支柱"。欧盟支持更加可持续和公平的贸易,增强贸易伙伴应对气候变化等全球挑战的雄心。欧盟将在 WTO、二十国集团(G20)等框架内呼吁贸易伙伴做出碳中和承诺,推动实现欧盟在气候变化、生物多样性、减少污染、循环经济等方面的目标,并将《巴黎协定》纳入未来所有贸易协定中,以推动应对气候变化的努力。[①]

传统上,欧盟的贸易政策战略主要强调通过消除关税和配额等贸易壁垒来保证其出口市场的公平竞争,并促进欧洲企业的贸易机会。除了这些目标,欧盟还希望实现其他战略目标,例如人权、社会和安全标准、环境和可持续发展。然而,欧盟新贸易战略强调了欧盟人权、可持续发展等政策目标的重要性,并将欧盟贸易政策视为支持"欧盟开放式战略自主权"的主要工具。[②] 尽管欧盟强调"开放式战略自主"和贸易政策的可持续发展维度,欧盟贸易政策仍将受到地缘政治目标的显著影响,并且准备对不符合欧盟标准的贸易行为采取更加强硬的态度,认为中欧贸易和投资关系重要且具有挑战性。

二 维护 WTO 核心地位与优惠贸易协定谈判的平衡

维护以 WTO 为核心的国际贸易体制是欧盟管理全球化理念的基

[①] 《欧盟发布新版贸易政策报告》,人民网,2021 年 2 月 25 日,http://world.people.com.cn/n1/2021/0225/c1002-32036159.html。

[②] Poul Skytte Christoffersen, "The EU's New Trade Strategy", Teneo, 19 February 2021, https://www.teneo.com/the-eus-new-trade-strategy/.

石。多哈回合谈判在联合国新千年发展目标推动下，史无前例地冠以"发展回合"之名。广大发展中国家希望通过谈判消除发达国家长期设置的农产品补贴等贸易壁垒；而西方发达国家则更加关注服务贸易、知识产权等问题，旨在进一步打开发展中国家的非农产品市场。因此，欧盟共同农业政策成为谈判博弈的最大焦点之一。虽然 2003 年欧盟对农业政策进行了大幅度改革，但保留的部分农业补贴仍为各方所诟病，这也是谈判未能取得突破的主要障碍之一。在多哈回合谈判的议程设置上，欧盟委员会最初坚持将竞争政策、政府采购透明化、贸易便利化和投资保护等影响贸易的非贸易事项纳入谈判进程，同时希望迫使中国、印度等新兴经济体接受其所谓"公平贸易"规则。然而，新加坡议题更有利于发达国家的海外投资，大多数发展中国家难以承受其对国内产业带来的不利影响，这也明显有悖于多哈回合谈判促进发展的初衷。欧盟还提出了社会、环境议题与贸易政策对接问题，但在发展中国家的强烈反对下，欧盟在谈判中被迫放弃了将劳工标准、环境保护等纳入正式谈判的想法，改由借助双边/诸边贸易协定、普惠制改革等路径逐步推动上述目标的实现。[1]

到 2016 年，欧盟和美国表态考虑终结久拖不决的多哈回合谈判，以其他方式推动 WTO 进入新的发展阶段。[2] 欧盟在声明中称，当前全球贸易面临如何解决电子商务、数字贸易等新问题，通过诸边谈判等方式更易于取得进展。[3] 特朗普当选后，多哈回合谈判已名存实亡。以欧盟为代表的发达国家在设置谈判议程时偏离了"发展"

---

[1] Alasdair R. Young, "Trade Politics Ain't What It Used to Be: The European Union in the Doha Round", *Journal of Common Market Studies*, Vol. 45, No. 4, 2007, pp. 789–811.

[2] Simon Lester, "Is the Doha Over? The WTO's Negotiating Agenda for 2016 and Beyond", *Free Trade Bulletin*, No. 64, 11 February 2016.

[3] European Commission, "Joint Statement by Commission Malmstrom and Hogan", 14 December 2015, http://europa.eu/rapid/press-release_STATEMENT-15-6302_en.htm.

这一核心问题，过度追求自身贸易和投资的利益，既未能达到预期目的，也在一定程度上损害了WTO作为世界多边贸易体系核心机制的合法性和权威性。

在多哈回合谈判陷入僵局的背景下，欧盟贸易政策的一个新取向是逐步推进双边和诸边贸易协定谈判，以期在世界范围内取得更大限度的市场准入，并实现推广自身规则、规范的目标。在政府采购领域，欧盟积极推进《国际政府采购协定》，要求贸易伙伴对等开放各自市场。各缔约方在2012年达成了新的《国际政府采购协定》，但欧盟并未感到满足，在协定缔约方数量不足和新兴市场国家开放度不够的情况下，提出启动制定欧盟《国际政府采购工具》法规的工作，建立争端解决机制，使欧盟委员会有权展开相关调查，并有权对贸易伙伴采取制裁。2014年，因部分成员国反对这一建议而陷入僵局。2016年，欧盟委员会再次提出动议推进这一工作。欧盟希望通过诸边和双边合作框架，扩大政府采购市场准入，并推动《国际政府采购协定》由诸边协定转变为对所有WTO成员具有约束力的多边协定。此外，欧盟在2013年后与美国、澳大利亚等23个WTO成员开启了《服务贸易协定》的谈判。

在双边与区域贸易协定层面，欧盟此前缔结的自贸协定主要针对前殖民地国家和邻国，而2006年后则开启了与更多发达国家及主要新兴市场国家（如印度）的谈判。2009年达成的欧盟—韩国自贸协定成为欧盟历史上第一个与发达国家签订的此类协定。2008年后，欧盟开启了与美国、加拿大、日本等主要发达经济体的谈判。同时，欧盟与东盟和南方共同市场等区域贸易经济集团的自贸协定谈判进程不断加快，被视为借助区域间合作推进经济全球化发展的新手段。

虽然2013年初TTIP谈判的启动引发了关于欧美战略接近对全球力量格局、多边主义发展影响的讨论，但该谈判由于双方在利益和规范层面的分歧迟迟未能达成协定而搁浅。2016年后，欧盟通过优惠贸易协定推进市场开放的态度更加明确，与加拿大、日本自贸协定谈判取得突破。尽管遭到民众关于跨国公司获利过多、服务业开放度过高的质疑，欧盟—加拿大《综合经济与贸易协定》于2017年9月临时生效：该协议预计每年将降低关税5亿欧元以上，在政府采购准入优惠、统一检测标准、建立投资法院体系、推进可持续发展等议题上也取得了进展。2017年12月，欧盟宣布已完成与日本的自贸协定谈判。协定内容几乎覆盖双方所有贸易货物类别，亮点在于日本对欧盟汽车出口和欧盟对日本食品出口的便利化安排。除了贸易，双方承诺在气候和网络治理方面开展更多合作，但协议未涉及捕鲸和伐木业等争议内容。[①] 该自贸协定成为欧盟历史上规模最大的双边贸易协定，涵盖全球经济的四分之一左右，规模堪比北美自贸区。欧盟贸易委员马尔姆斯特伦认为，欧盟加快自贸协定谈判步伐释放出捍卫建立在全球规则基础上的开放贸易的强烈信号，[②] 在当前WTO成员很难达成共识的情况下，采取诸边或双边贸易优惠协定的方式，更有利于欧盟发挥优势，先行取得突破，成为最终走向统一的全球多边体系的阶梯。但这也面临诸多挑战，如英国脱欧就削弱了欧盟未来推行贸易政策的力量资源。

阿拉斯戴尔·杨（Alasdair Young）等学者研究了近年来欧盟与中美洲国家、韩国、新加坡、加拿大签订的自贸协定，通过对商品、金融服务、竞争政策、数据保护、环境与劳工市场监管领域的相关谈判内容的分析发现，除韩国在汽车业接受了欧盟所设置的部分规则与标准外，其他协定在纳入欧盟所主张的具有约束力的规则、规

[①] James Kanter, "The E.U.-Japan Trade Deal: What's in It and Why It Matters", *The New York Times*, 6 July 2017, https://www.nytimes.com/2017/07/06/business/economy/japan-eu-trade-agreement.html.

[②] Philip Blenkinsop, "EU, Japan Conclude World's Largest Free Trade Agreement", *Reuters*, 8 December 2017, https://www.reuters.com/article/us-japan-eu-trade/eu-japan-conclude-worlds-largest-free-trade-agreement-idUSKBN1E21BT.

范协调方面乏善可陈。事实上，由于贸易伙伴的反对或内部分歧等，欧盟为避免出现协定无法达成的结果，往往做出妥协。在谈判过程中，并未将重心置于规则输出方面，即便协定最终纳入劳工标准、环境保护等条款，也多借助已有的国际标准（如国际劳工组织标准、气候协议等），而非欧盟自身的规则、规范。①

此外，《里斯本条约》将投资政策纳入贸易政策范畴，使之成为欧盟专属权能后，欧盟与贸易伙伴缔结双边投资协定，逐步取代成员国的原有协定，并积极推进建立统一的多边国际投资法庭。欧盟目前已与美国、日本、新加坡、印度、马来西亚、约旦和墨西哥等多个发达或发展中经济体达成了投资协定。

新冠肺炎疫情打断了欧盟经济复苏的进程，特朗普政府后期中美战略竞争加深，国际贸易体制面临更大挑战，欧盟贸易政策调整的态势呈现更加错综复杂的局面。首先，对贸易自由化与贸易公平的关系的辩论进一步加剧，欧盟对成员国工人的保护和企业针对中国等新兴市场国家的贸易防御措施呈增强的趋势。其次，在贸易政策框架下，欧盟将自身规制性法规拓展到对外贸易活动中，金融、投资、政府采购、技术标准、环境、劳工权利等涉及领域有增无减。最后，欧盟将继续努力用双边和诸边贸易优惠协定谈判将己方规则、规范迂回纳入多边贸易体制。欧盟以此实现发挥市场性力量资源的优势，市场性和规范性手段并用，扮演"贸易超级力量"（trade superpower）的角色。②

---

① Alasdair R. Young, "Liberalizing Trade, Not Exporting Rules: The Limits to Regulatory Coordination in the EU's 'New Generation' Preferential Trade Agreements", *Journal of European Public Policy*, Vol. 22, No. 9, 2015.
② Donald Tusk, "'United We Stand, Divided We Fall': Letter by President Donald Tusk to the 27 EU Heads of State or Government on the Future of the EU before the Malta Summit", Press Release, 31 January 2017, http://www.consilium.europa.eu/en/press/press-releases/2017/01/31/tusk-letter-future-europe/.

第三章　欧盟贸易政策机制发展中的多重博弈

长期以来，贸易政策被视为欧洲一体化最为成功的政策领域。自建立欧洲煤钢联营起，成员国将国家贸易政策的决策权让渡给一体化的超国家机构，在奠定欧盟治理基础的自贸区、关税同盟和内部市场架构中，贸易政策居于核心地位，一直呈现稳定的发展态势。然而，随着21世纪以来欧盟面临多重危机的挑战，国际力量对比和国际体系深刻调整，欧盟贸易政策也表现出国内政治化和地缘政治化加强的新特点。[1]

第一节　欧盟机构层面的贸易政策机制与权能发展

欧盟贸易政策属欧盟专属权能，随着一体化的深化，内涵不断拓展，欧盟机构是其最重要的决策主体。欧盟贸易政策由欧盟各机

---

[1] Sophie Meunier and Kalypso Nicolaidis, "The Geopoliticization of European Trade and Investment Policy", *Journal of Common Market Studies*, Vol. 57, Issue S1, 2019, pp. 103-104.

构依照决策程序，使用政策工具相互协调制定。总体来说，制定欧盟贸易政策由欧盟委员会负责提出法案，欧洲议会和理事会共同行使立法机构的职能通过法案。此外，在多重危机背景下，欧盟内部政府间主义加强，欧洲理事会和欧盟理事会在贸易政策制定和对外贸易协定谈判中的影响日益扩大。本节简要介绍参与欧盟贸易政策制定的各机构的角色、工作机制及各机构间的关系。

一 欧盟委员会

欧盟委员会作为欧盟的行政机构，对欧洲议会负责，负责欧盟日常运作。2020年英国脱欧后，欧盟委员会由来自27个成员国的27名委员组成，任期五年，其中主席1人，副主席8人。欧盟委员会脱胎于1967年依据《建立欧洲各共同体统一理事会和统一委员会的条约》形成的"欧共体委员会"。《里斯本条约》将这一机构更名为"欧盟委员会"。《里斯本条约》规定，联盟的普通立法程序是由委员会提议，由委员会和议会共同通过。特定情况下，由成员国或欧洲议会或其他欧盟机构提议，也可通过立法性法令立法。在大多数情况下，欧盟委员会是欧盟立法的"唯一发起者"。[1] 就贸易政策而言，欧盟委员会代表欧盟与第三国或国际组织进行谈判、提出相关法律法规，并代表欧盟成员国进行贸易协定谈判。因而，一般认为欧盟委员会是欧盟对外贸易政策制定的"核心行为者"和"内部市场的守护者"。[2]

《里斯本条约》通过后，欧盟的贸易政策关注货物与服务、知识

---

[1] 《欧洲联盟基础条约：经〈里斯本条约〉修订》，程卫东、李靖堃译，社会科学文献出版社，2010，第149页。

[2] Ferdi De Ville and Jan Orbie, "The European Commission's Neoliberal Trade Discourse since the Crisis: Legitimizing Continuity Through Subtle Discursive Change", *The British Journal of Politics and International Relations*, Vol. 16, Issue 1, 2014, pp.149-167.

产权的商业因素、公共采购和外国直接投资。贸易政策的制定是欧盟三个主要机构之间有组织的相互作用的结果。在国际谈判前，欧盟委员会需要制定议程，取得欧盟理事会的授权。欧盟理事会设定欧盟委员会应达成的协议目标，并给予授权。欧盟委员会在进行贸易谈判时，与欧盟理事会的贸易政策委员会合作，发布文件表明立场、汇报谈判效果、评估影响和公布有关协议，并向欧洲议会汇报。最后，欧盟委员会将协议提交给欧盟理事会和欧洲议会，由二者决定是否通过。

欧盟的立法，例如将贸易协定转换为欧盟法规或单边贸易政策，其程序与国际谈判相似，也是由欧盟委员会提出法案、欧盟理事会和欧洲议会做出决定。欧盟委员会可以自发提出立法法案，也可以应欧洲理事会、欧盟理事会、欧洲议会甚至欧洲公民的要求提出法案。欧盟委员会在年度工作计划中确定未来12个月的优先事项，在这些事项立法前进行影响评估，并征求公众意见。委员会在每周一次的会议上确定法案文本，并将法案定稿提交给欧盟理事会和欧洲议会。

无论是谈判还是立法，欧盟委员会在贸易政策制定过程中都具有相对的自主性。欧盟委员会是欧盟与第三方国家谈判的直接参与者，因而具有信息优势。另外，欧盟委员会作为欧盟法案的"唯一发起者"，能通过设立立法议程制衡成员国利益。[1]但同时在一定程度上受到欧盟理事会的制约，在近年来欧盟运作政府间主义加强的情况下尤其如此。

此外，欧盟委员会负责监督成员国实施欧盟法律的情况，如果成员国存在违规行为，委员会将介入。委员会还有权调查、惩处不

---

[1] Andreas Dür and Hubert Zimmermann, "Introduction: The EU in International Trade Negotiations", *Journal of Common Market Studies*, Vol. 45, Issue 4, 2007, pp. 771-787.

遵循欧盟竞争法（如形成卡特尔）的企业。在实施政策的过程中，委员会有评估政策效果、改进政策的职能。

当前，欧盟委员会下设 55 个负责不同领域的总司级别的部门，其中负责贸易政策的是贸易总司（Directorate-General for Trade）。贸易总司代表欧盟委员会制定欧盟在国际贸易事务中的政策，负责起草法案，听取相关部门和成员国的利益诉求。贸易总司不负责农产品和渔业贸易的相关事项，但在贸易政策制定和谈判过程中需要与负责这些领域政策的农业和农村发展总司、渔业总司协调。贸易总司当前分为 8 个司，大约有 550 名工作人员，在欧盟委员会各部门中规模较大。[1]

欧盟委员会基本以技术性官僚主导的方式做决策，在很大程度上依靠私人行为者收集必要的信息来起草法案。[2]因此，欧盟委员会的决策过程容易受到社会行为者（如利益集团和非政府组织）的影响；相反，欧盟理事会的压力更多来自各成员国政府。游说团体确实已成为基层信息的重要来源，并开始在立法过程中发挥非常积极的作用：他们能够提出议题、提供信息，还可以参与贸易总司的决策过程。[3]20 世纪 90 年代末，欧盟委员会发起"公民社会对话"（Civil Society Dialogue）项目，使贸易总司能就公众感兴趣的贸易政策问题定期举行会议，以便向公民社会组织提供信息、听取意见并与之交流。[4]另外，生产者也有权向贸易总司的专门部门提出申请，

---

[1] European Commission, "Trade-Organisation Chart", https://ec.europa.eu/info/departments/trade_en.
[2] Marianna Belloc and Paolo Guerrieri, "Special Interest Groups and Trade Policy in the EU", *Open Economies Review*, Vol. 19, No. 4, 2008, pp. 457-478.
[3] Andreas Broscheid and David Coen, "Insider and Outsider Lobbying of the European Commission: An Informational Model of Forum Politics", *European Union Politics*, Vol. 4, Issue 2, 2003, pp. 165-189.
[4] Andreas Dür and Dirk De Bièvre, "Inclusion Without Influence? NGOs in European Trade Policy", *Journal of Public Policy*, Vol. 27, No. 1, 2007, pp. 79-101.

对第三国采取反倾销措施或开展市场准入调查。

20世纪末以来，贸易委员会的政策更加自由化，欧盟成员国在这一问题上也出现分化。有人认为贸易委员会并不完全支持自由化，而是寻求泛欧解决方案，以避免政策制定受到阻碍。[1] 也有人认为委员会在一些贸易问题上表现出自由主义倾向，而在另一些贸易问题上持保护主义立场，这可能源于不同总司的不同倾向：如贸易总司在贸易问题上一般支持自由化，而农业总司和环境总司对贸易问题则较为保守谨慎。[2]

二 欧洲议会

欧洲议会是欧盟主要的立法机关之一，在一定程度上相当于欧盟的下议院。议会每5年选举一次，目前有705个席位，是世界上唯一一个直选跨国议会。欧洲议会在贸易政策领域的工作主要由2004年成立的国际贸易委员会负责，在政策制定中的作用因立法过程而不同。一般的贸易政策问题由全体议员投票决定，特别是贸易协定的批准，国际贸易委员会向全体议员大会出具的建议对议员态度起引导作用，在复杂、技术性强的立法过程中尤其如此。

1957年的《罗马条约》仅赋予欧洲议会咨询性角色，欧洲议会无法在程序上影响政策制定。《单一欧洲法令》《马斯特里赫特条约》《阿姆斯特丹条约》《尼斯条约》和《里斯本条约》相继扩大了议会的立法权，尤其是《里斯本条约》将欧洲议会由单纯的政治"清谈俱乐部"变成"拥有否决权和修改权的、更积极的立法机

---

[1] Eugénia da Conceição-Heldt, "Variation in EU Member States' Preferences and the Commission's Discretion in the Doha Round", *Journal of European Public Policy*, Vol. 18, Issue 3, 2011, pp. 403-419.

[2] Charlotte Bretherton and John Vogler, *The European Union as a Global Actor*, East Sussex: Psychology Press, 1999, p. 64.

构"。① 当前，欧盟有多种立法程序，其中较有代表性的是"普通立法程序"（也称"共同决策"）、"协商程序"和"合作程序"等。

"普通立法程序"是欧盟在《里斯本条约》生效后的主要立法程序。欧盟称在"普通立法程序"中，欧洲议会与欧盟理事会的影响力在形式上是等同的，二者在某种程度上合作立法，尽管理事会更多扮演积极的立法者角色。欧盟在绝大多数领域采用该立法程序，如经济治理、移民、能源、交通、环境和消费者保护。"普通立法程序"至多涉及"三读"。

一读：欧洲议会审阅欧盟委员会提交的法案，形成立场文件提交给欧盟理事会。欧盟理事会审阅议会立场，如接受议会立场则通过立法；如对议会立场进行补充，发回议会进入二读。

二读：欧洲议会审阅欧盟理事会的立场，可能会接受理事会立场，通过立法；或驳回理事会立场，停止立法程序；或对理事会立场进行补充，发回理事会。欧盟理事会审阅欧洲议会的二读立场，接受议会立场则通过立法，不接受议会立场则召开调解委员会。

调解：调解委员会由相同人数的欧洲议会议员和欧洲理事会代表构成，磋商达成共识。结果可能成功，形成对法案文本的共识，立场文件进入议会和理事会三读程序；若失败，则停止立法程序。

三读：欧洲议会针对调解后的法案文本投票，如达到简单多数，在理事会也通过法案的条件下通过立法；或不足简单多数，停止立法程序。欧盟理事会针对调解后的法案文本投票，如达到绝对多数，议会也通过法案，则通过立法；如不足绝对多数，则停止立

---

① M. Shawn Reichert and Bernadette M. E. Jungblut, "European Union External Trade Policy: Multilevel Principal–Agent Relationships", *Policy Studies Journal*, Vol. 35, Issue 3, 2007, pp. 395–418.

法程序。①

在少数政策领域采用"协商程序",如税收、共同市场和竞争法,仅给予欧洲议会建议者的角色。在这种情况下,理事会听取议会立场是立法生效的必要过程,但议会意见并不一定会被理事会采纳。

"同意程序"适用于"联系协议"(Association Agreement),包括政治、商贸、社会、文化与安全合作、接受新成员国等议题。在这种立法程序中,欧洲议会只能同意或反对提案,不能提出自己的修订意见,但此时议会的立场也是有约束力的,拥有一票否决权。与第三方国家或国际组织进行贸易谈判就属于形成"联系协议"范畴,因此,欧洲议会在该问题上是通过"同意程序"参与政策制定的。具体而言,在委员会获得欧盟理事会授权代表欧盟举行谈判、达成协议后,欧洲议会和欧洲理事会均需就达成的协议做出表决。

就形成贸易协定而言,欧洲议会的影响力不仅仅体现在立法程序中的这种一票否决权。②实际上,议会有权在贸易谈判和缔结过程的各个阶段获得充分、实时的信息,欧盟委员会须定期向其报告谈判进展情况。议会的国际贸易委员会还可以代表议会通过各种其他方式表达立场、施加影响,包括不具约束力的议会决议、听证会和意见等。因为谈判达成的协议只有得到欧盟理事会和欧洲议会批准才能生效,所以欧盟委员会非常希望从一开始就确定会获得欧洲议会的支持。③议会也可以在贸易谈判开始前通过一项不具约束力的决议,这类决议可被视为"战略上的最后通牒,为议会通过某一

---

① European Parliament, "Ordinary Legislative Procedure", https://www.europarl.europa.eu/infographic/legislative-procedure/index_en.html#step7-votes.

② European Parliament, "International Agreements-Review and Monitoring Clauses: A Rolling Check-List", October 2019, https://www.europarl.europa.eu/RegData/etudes/STUD/2019/631768/EPRS_STU(2019)631768(ANN1)_EN.pdf.

③ Sieglinde Gstöhl and Dirk De Bièvre, *The Trade Policy of the European Union*, London: Macmillan Education UK, 2017.

特定自贸协定设'条件'"。① 与国家议会相比，欧洲议会在贸易谈判中的参与程度更深。②

欧洲议会与一般的国家立法机关不同，本身并不具备提出法案的职能，但能在一定程度上影响联盟立法的议程。虽然一般认为欧盟委员会是立法的唯一发起者，但根据《马斯特里赫特条约》和《里斯本条约》的规定，欧洲议会可以参与制定委员会关于欧盟年度及多年度的工作计划，委员会也会优先考虑议会提出的议题。根据《欧洲联盟运行条约》第225条，若欧洲议会多数成员认为需要制定法律，则可以要求欧盟委员会提交适当的议案，并设定最后期限。但委员会也可拒绝议会的提案要求。③ 此外，欧洲议会在某些领域也被授予起草报告、提出动议的权力。议会下辖的各委员会可以在获得各议会党团主席联席会议授权后起草报告。

三 欧洲理事会与欧盟理事会

《里斯本条约》将欧盟成员首脑峰会机制——欧洲理事会正式纳入欧盟机构范畴，与欧盟理事会共同代表成员发挥欧盟政府间主义传统的作用。欧洲理事会也称欧盟首脑会议或欧盟峰会。1975年欧洲理事会作为非正式峰会召开，2009年《里斯本条约》生效后成为正式组织。欧洲理事会由各成员国国家元首或政府首脑及欧洲理事会主席、欧盟委员会主席组成，每年至少召开4次会议：6月底和

---

① Laura Richardson, "The Post-Lisbon Role of the European Parliament in the EU's Common Commercial Policy: Implications for Bilateral Trade Negotiations", College of Europe, July 2012, p. 5, https://www.coleurope.eu/research-paper/post-lisbon-role-european-parliament-eus-common-commercial-policy-implications.
② European Commission, "What did the Lisbon Treaty Change?", 14 June 2011, https://trade.ec.europa.eu/doclib/docs/2011/june/tradoc_147977.pdf.
③ 《欧洲联盟基础条约：经〈里斯本条约〉修订》，程卫东、李靖堃译，社会科学文献出版社，2010，第132~133页。

12月底举行正式首脑会议，3月和10月举行特别首脑会议，也可在其他时间举行额外的首脑会议。欧洲理事会主席由选举产生，任期为2.5年。欧洲理事会把控欧盟的整体政治方向和讨论的重要议题，虽没有立法权，但可以推进特定政策议题，实现方式与欧盟理事会相似——根据每次峰会后达成的结论性文件，多以达成共识为决定方式，少数情况需要进行投票，如《里斯本条约》所说，该机构"为联盟的发展提供必要的推动力"。[①] 此外，欧洲理事会还负责提名欧盟委员会主席人选（由欧洲议会投票表决任命），任命欧盟外交事务与安全政策高级代表、欧盟委员会全体成员和欧洲央行执行董事会全体成员（包括行长）。

欧盟理事会（旧称部长理事会）由半年轮值的主席国外交部长和每个欧盟成员国派出的一名部长级代表组成，主要为外交部长或欧洲事务部长。欧洲理事会确定政策和立法的方向，欧盟理事会负责具体实施。如上文所述，欧盟理事会多数情况下与欧洲议会共同协商，通过"普通立法程序"立法。一些情况下，理事会也可以经特殊的立法程序——"同意程序"和"协商程序"——进行决策，这时议会的作用会受到限制。在"普通立法程序"的拉锯中，欧盟理事会和欧洲议会一样可能经历至多"三读"。而每一"读"对欧盟理事会而言又意味着三道程序：工作组、常驻代表委员会（Coreper）和组成结构（Council configurations）。

提交欧盟理事会的法案首先送至工作组。工作组由欧盟理事会主席国在总秘书处的协助下召集，以审阅、处理不同领域的提案。工作组首先大致浏览法案，后逐行细读。工作组不必就法案达成一致意见，但其讨论结果会提交给常驻代表委员会。欧盟理事会下设

---

① 《欧洲联盟基础条约：经〈里斯本条约〉修订》，程卫东、李靖堃译，社会科学文献出版社，2010，第38页。

150多个委员会和工作组（称为筹备机构）协助各部长代表审阅提案，这些委员会和工作组由来自欧盟成员国的官员组成。与贸易政策有关的工作组包括贸易问题工作组、商品工作组、竞争工作组、关税同盟工作组等。

常驻代表委员会对法案的处理取决于工作组对法案的讨论程度：如果工作组能够就法案达成一致意见，法案将被归为委员会的一类议程；如果在委员会阶段还需要讨论，法案将被归为委员会的二类议程。对于被归为二类议程的法案，常驻代表委员会可以选择在内部达成一致意见，或发回工作组提出委员会意见，或把有争议的法案提交给组成结构。常驻代表委员会实际上包括两个委员会，一号委员会（Coreper I）由欧盟成员国使团的副团长组成，主要负责农业/渔业、竞争、教育/文化/体育、就业、环境、交通/通信/能源领域。二号委员会（Coreper II）由欧盟成员国使团的团长组成，主要关注经济与金融、外交、一般性事务、司法和内务。

欧盟理事会有10个组成结构，分别负责处理10个不同领域的法案。这些组成结构由欧盟各成员国的部长级官员组成，会议则由时任理事会的主席国部长召集，在收到常驻代表委员会的意见后，对法案的处理也取决于后者对法案的讨论程度。如果常驻代表委员会对法案意见一致，法案将被归为A类理事会议程。一般有约三分之二的法案被归为这一类。如果法案在常驻代表委员会阶段仍有争议，则将被归为B类理事会议程。B类理事会议程还包括往届理事会会议的遗留问题和前面两阶段不便处理的政治敏感议题。在组成结构层面，理事会的工作是投票决定法案是否通过。

从与第三国的贸易关系的角度看，欧盟理事会参与从谈判到立法的各个阶段。理事会授权欧盟委员会开始贸易谈判，并确定谈判目标。在谈判过程中，理事会设立特别委员会跟进欧盟委员会的谈判进度，并获得实时报告，还可随时变更谈判目标。协定条款确定后，欧盟理事会和欧盟委员会共同负责检查协定条款是否与欧盟法规一致，并在欧盟委员会的提议下代表欧盟签署协定。协定达成后需由欧洲议会批准。

贸易政策委员会是欧盟理事会设立的欧盟贸易政策重要机构之一，负责在贸易谈判过程中跟进谈判进度，向欧盟委员会提供协助和指导。有研究者认为，贸易政策委员会是欧盟贸易的核心决策机构，因为欧盟委员会达成的谈判结果受制于欧盟理事会的批准权。[1]贸易政策委员会由三个层次的人员组成：正式成员、代表、专家。正式成员包括来自欧盟成员国负责对外贸易的部委高级官员，他们每月与欧盟委员会贸易总司负责人举行一次会议。代表是成员国驻布鲁塞尔的级别较低的官员，每周一次会议，更详细、深入地处理贸易政策问题。对于专家，贸易政策委员会以不同领域专家组的形式召开会议，相关领域包括服务和投资、贸易互认以及钢铁、纺织等产业部门。

除立法外，欧盟理事会还可以通过发表结论性文件的方式影响政策议程。这些不具约束力的结论、声明是欧盟理事会表明政治立场和观点的手段。在理事会会议讨论后，理事会可以针对某一事项形成自己的立场。一般是由主席国形成一份讨论文件交给工作组，然后主席国在总秘书处的协助下拟写结论草案。工作组此时用一到两周的时间审阅结论，然后提交给常驻代表委员会，后者用两周左右的时间审核结论。最后，理事会召开会议解决遗留问题，所有成员国代表一致同意后发表结论性文件。欧盟理事会的结论性文件可以呼吁欧盟成员国或欧盟机构针对特定事务采取行动，要求欧盟委员会针对特定议题提交立法动议，或统筹协调成员国的政策。欧盟

---

[1] Sieglinde Gstöhl and Dirk De Bièvre, *The Trade Policy of the European Union*, London: Macmillan Education UK, 2017.

的一系列条约并未对此类结论性文件做出规定，因而这些结论性文件均无约束力。

欧盟理事会是欧盟各成员国代表各自国家利益的平台。相比更关注缔结协议的欧盟委员会，理事会更关心政策的具体影响，因此易于表现出保护主义倾向。[①] 但同时欧盟理事会也并非简单的政府间平台，它也会"让国家利益受制于一个集体的合法化过程，从中决定在欧盟背景下什么是可接受的利益"，从而也有了欧盟超国家机构的特征。[②]

综上所述，《里斯本条约》对欧洲一体化实践过程中机构层面贸易政策的制定、立法、实施的发展做了更为明确的规定。而此后出现的欧盟内外部的深刻变化，特别是国际金融危机、欧债危机以及欧美民粹主义带来的挑战，使贸易政策在欧盟内外力量角色发展中的作用进一步上升，并不断调整理念和实践，表现出以下特点。首先，贸易政策与欧盟内部市场治理和成员国间贸易的分野更加明确，成为欧盟对外行动的重要组成部分。除贸易自由化等经济原则的考量外，欧盟内外政策的规范性原则，如民主、法治、人权、可持续发展都被纳入其中。欧盟机构还进一步提出了对外输出欧盟在工人权利、环境、食品等方面高标准的目标。[③] 其次，由于贸易政策的对外政策属性加强，传统的贸易政策主要由欧盟委员会主导的认知面临挑战，欧盟理事会在贸易政策决策中的地位上升。特别是随着欧

[①] Eugénia da Conceição-Heldt, "Who Controls Whom? Dynamics of Power Delegation and Agency Losses in EU Trade Politics", *Journal of Common Market Studies*, Vol. 48, No. 4, 2010, pp. 1107-1126.

[②] Jeffrey Lewis, "Council of Ministers and European Council", in Erik Jones, Anand Menon and Stephen Weatherill, eds., *The Oxford handbook of the European Union*, Oxford: Oxford University Press, 2012, pp. 321-335.

[③] European Commission, "State of the Union 2018 by President Juncker at the European Parliament", 12 September 2018, https://ec.europa.eu/info/priorities/state-union-speeches/state-union-2018_en.

盟对外贸易协定谈判增加，委员会在对外谈判的授权、谈判进程的监督和结果的批准等方面都面临理事会的制约。[①] 再次，《里斯本条约》共同商业政策的条款明确规定，不仅传统的货物贸易和贸易协定的缔结，服务业、知识产权、外国直接投资涉及共同商业政策范畴的问题都属于欧盟的专属权能，需要欧盟理事会以有效多数票批准，必要时需采取一致同意的方式表决。[②] 由于此前外国直接投资并未被纳入专属权能，欧盟在明确投资政策从属贸易政策并逐步推动欧盟统一立法的前提下，采取承认成员国现有双边投资协定有效性的方式逐步实现过渡。[③] 最后，欧洲议会在对外政策中的地位上升，其在欧盟贸易政策制定和对外贸易协定谈判中的立法权和监督权明显加大。

第二节　欧盟成员国与欧盟贸易政策政治化

21世纪初以来，欧盟一体化的深化与欧盟国家间主义加强、民粹主义上升之间的矛盾日益显著，成为制约欧盟贸易政策发展的重要因素，也使欧盟贸易政策呈现出政治化的趋势。

一　贸易政策视角下欧盟成员国的多样性

《里斯本条约》将共同商业政策的制定确定为欧盟的"专属权

[①] Jan Orbie, "The European Union's Role in World Trade", in Jan Orbie ed., *Europe's Global Role: External Policies of the European Union*, Surrey: Ashgate, 2008, pp. 39-41.

[②] 《欧洲联盟基础条约：经〈里斯本条约〉修订》，程卫东、李靖堃译，社会科学文献出版社，2010，第125页。

[③] Publications Office of the EU, "Regulation (EU) No 1219/2012 of the European Parliament and of the Council of 12 December 2012 Establishing Transitional Arrangements for Bilateral Investment Agreements Between Member States and Third Countries", 12 December 2012, https://op.europa.eu/en/publication-detail/-/publication/b2d7ace6-4aae-11e2-9294-01aa75ed71a1/language-en.

能"。这意味着各成员国无法单独制定与贸易政策相关的法律法规——这一立法权只属于欧盟。各成员国只能在欧盟机构决策的各阶段间接发挥影响力。然而，随着贸易政策内涵的扩大，欧盟内部市场与贸易政策的关联性增强，欧盟及其成员国在WTO下的混合协议地位，以及贸易政策越来越多地涉及属于共享权能的领域，如欧加《综合经济与贸易协定》、TTIP等涉及共享权能领域的协定需要各成员国最终签署才能生效。这些都加大了成员国贸易政策的能力，而欧盟成员国经济社会发展水平、贸易政策传统，乃至政治文化和现实政治的多样性，都对欧盟贸易政策的发展构成了巨大的制约。具体而言，欧盟的大国与中小成员国、新老成员国的经济贸易理念和发展水平不同，也受到不同利益集团或非政府组织的影响。在国家利益诉求不一致时，对让渡到欧盟层面的贸易政策制定权的保留增加。这种制约至少可以从以国家为中心和以社会为中心的两个维度加以解释。前者关注国家机构的立场，而后者则假设有组织的社会利益（如利益集团）影响着欧盟层面决策者的立场，选民的民意对公共政策的影响也不容忽视。[1]

欧债危机以来，欧盟成员国间错综复杂的利益、观念和偏好差异日益凸显，欧盟非但未成为一个"超级国家"，而且再国家化的压力增加：从历史渊源和地缘政治看，存在"老欧洲"与"新欧洲"的差异；从经济利益看，存在英、德等净出资国与南欧国家、中东欧新成员国的矛盾；从机构安排看，有大国与小国的差别。此外，奉行市场自由主义的国家与奉行干预主义的国家间的矛盾、强调超国家主义与政府间主义的国家间的矛盾、在某些领域（如欧元、《申根协定》、安全防务）进展较快的国家和置身其外的国家间的矛盾

---

[1] Aukje van Loon, "The Political Economy of EU Trade Policy: What Do We (Not) Know?", *Zeitschrift für Politikwissenschaft*, Vol. 28, No. 1, 2018, pp. 97–110.

都阻碍了欧洲一体化的进一步发展。学术界也长期存在资本主义经济社会模式竞争的争论，例如英美模式和莱茵模式、自由市场经济和社会市场经济的区分等说法。但近年来，一些学者提出，这一观点存在过于简单化的误区，事实上，欧盟内部各成员国经济社会模式的差异甚至大于欧盟和美国的不同。[①]在欧盟内部至少存在以德法为代表的莱茵模式、更接近自由市场经济的英爱模式和北欧各国的斯堪的纳维亚模式三种不同的模式。

（一）欧盟贸易政策的南北差异

一种颇有影响力但存在争议的观点是欧盟成员国对贸易问题的态度呈现出南北差异：北方成员国支持贸易自由化，南方成员国则倾向保护主义。[②]北方成员国主要包括西欧、北欧国家，如英国、德国、荷兰和斯堪的纳维亚半岛国家，而南方国家则包括西班牙、意大利、葡萄牙等南欧国家，甚至包括法国这一欧盟大国。当然，各成员国在欧盟理事会决策时的表现并不总是符合这一特点，因具体议题而异。[③]例如西班牙是欧盟与智利、墨西哥签订自贸协定的主要推动者，但在与南非的贸易谈判问题上则比较保守。[④]

从历史维度看，欧盟1994年降低了反倾销措施的门槛，从绝对多数改为简单多数。这一加强欧盟贸易保护能力的动议是由以法国为代表的成员国发起的，还有比利时、西班牙、希腊、爱尔兰、意

[①] Jens Alber, "The European Social Model and the United States", *European Union Politics*, Vol. 7, Issue 3, September 2006, pp. 393-419.

[②] Andreas Dür and Hubert Zimmermann, "Introduction: The EU in International Trade Negotiations", *Journal of Common Market Studies*, Vol. 45, Issue 4, 2007, pp. 771-787.

[③] Matthew Baldwin, "EU Trade Politics-Heaven or Hell?", *Journal of European Public Policy*, Vol. 13, No. 6, 2006, pp. 926-942.

[④] M. F. Larsén, "Trade Negotiations Between the EU and South Africa: A Three-Level Game", *Journal of Common Market Studies*, Vol. 45, Issue 4, 2007, pp. 857-881.

大利和葡萄牙，反对者则包括德国、丹麦、英国、卢森堡和荷兰。[①]其目的是对冲 WTO 成立后贸易自由化的扩大，以及平衡奥地利、芬兰和瑞典等自由主义新成员国加入欧盟的影响。

在是否支持跨大西洋贸易谈判问题的分歧上，则既可看到成员国对贸易自由主义的立场差异，也可看到对维护 WTO 的世界贸易体系核心地位的分歧。欧盟委员会在 1998 年曾提议与美国展开自贸协定谈判。法国强烈反对这一提案，这既有自身保护主义的考虑，也有维护欧盟支持 WTO 立场的因素。荷兰、德国、比利时、西班牙和意大利等国出于不同原因也持保留态度。支持者有丹麦、芬兰、卢森堡、瑞典、葡萄牙等国。该动议在欧盟理事会没有通过，谈判未能启动。直到 2013 年 6 月，在面临发展中国家崛起、欧美在国际经济中的主导地位受到削弱的背景下，欧盟与美国终于开启了关于 TTIP 的谈判。虽然欧盟各成员国政府均未明确提出反对意见，但一些成员国受到的来自内部社会的压力不断增加。例如，即便在德国、奥地利、英国等国关于贸易开放还是保护的分歧并不显著，国家主权、管理范式和食品安全、环境保护等问题仍引发了激烈争论，这成为 TTIP 迟迟无法通过并因特朗普上台而最终搁浅的重要原因。

2012 年前后，欧盟委员会启动所谓贸易防御工具现代化改革，如认定出口国存在国家干预导致的原材料和能源成本的扭曲，将改变反倾销税从低征收的规则，根据倾销幅度征税。[②]此外，欧盟委员会还希望在未得到企业正式请求的情况下获得自主开展反倾销调查的权限。这些保护主义的措施被认为与针对中国的太阳能电池

[①] Candido Garcia Molyneux, *Domestic Structure and International Trade-the Unfair Trade Instruments of the United States and EU*, Oxford/Portland: Hart Publishing, 2001.
[②] 在 WTO 成员中，征收反倾销税有根据倾销幅度确定税率和从低征收两种。后者是指在损害幅度和倾销幅度二者间选择低者作为确定反倾销税的依据。

板反倾销调查有关。这些提案在欧盟委员会内部引起很大争议，几近两极分化：希腊、波兰、匈牙利、斯洛伐克、立陶宛、法国、葡萄牙、克罗地亚、罗马尼亚和意大利支持实行新的反倾销税征收办法，甚至把这一问题上升到保护欧盟产业基础的高度；捷克、芬兰、瑞典、奥地利、塞浦路斯、马耳他、爱尔兰、爱沙尼亚、拉脱维亚、荷兰、英国、德国、保加利亚、丹麦和西班牙认为不能接受反倾销税；比利时没有明确立场。同样的分歧也见于次年欧盟委员会应生产商组织呼吁向中国太阳能企业征收反倾销税。法国、意大利和西班牙支持这一政策，而德国、英国和斯堪的纳维亚半岛国家则持反对意见。

为拓展国外政府采购市场，欧盟委员会于 2012 年提出关于国际政府采购机制的法案。该法案规定，如第三国市场不开放准入政府采购市场，欧盟的政府采购市场也将对其关闭。该政策旨在通过确保相互开放，扩大欧盟的海外政府采购市场，增加就业，促进经济增长。然而，法案在委员会内部也饱受争议。英国、瑞典、荷兰和捷克认为该法案过于保护主义，法国、西班牙等国则看好法案扩大海外市场的作用。[①] 该法案在理事会审议阶段陷入停滞。直到 2016 年，欧盟委员会才再次修改该法案期望能通过，但遭到 17 个成员国反对。这些国家是德国、英国、荷兰、瑞典、丹麦、芬兰、爱沙尼亚、拉脱维亚、爱尔兰、西班牙、捷克、奥地利、塞浦路斯、斯洛伐克、比利时、克罗地亚和马耳他。一些成员国，如德国愿意讨论国际政府采购机制，但现有的法案不能令人满意；另一些成员国，

---

① Agence Europe, "Encouraging Even Playing Field in International Procurement", 21 March 2012, https://agenceurope.eu/en/bulletin/article/10579/1; Alex Barker and Joshua Chaffin, "Brussels Eyes Tit-for-Tat Trade Plan", *Financial Times*, 21 March 2012, https://www.ft.com/content/b6618edc-72ae-11e1-ae73-00144feab49a.

例如芬兰，则并不愿推进针对该法案的讨论。①

特朗普上台后，在美欧为结束贸易摩擦举行的谈判中，欧盟成员国也表现出类似的分歧。首先，法国和德国对美国对钢铝加征的关税态度差异明显：作为依赖出口的国家，德国更愿意与美国尽快达成协议，以避免美国对德国汽车及零部件加征关税；而法国立场较为强硬，认为欧盟除与美国进行贸易战外别无选择。②其次，意大利政府中的民粹主义政党同样可能破坏欧盟在贸易谈判中的统一战线。基于对地理标识的保护，意大利曾威胁阻止欧加《综合经济与贸易协定》的通过，希腊、西班牙和葡萄牙在此前的 TTIP 谈判中同样表达过对"地理标识"的担忧，因此这也会影响拜登上台后的美欧贸易谈判。③再次，英国脱欧意味着欧盟主张自贸的阵营失去了重要成员，且脱离欧盟后的英国能在多大程度上为美国敞开进入 27 国单一市场的大门也将面临更多不确定性。④

（二）欧盟内部的东西分野

中东欧国家加入欧盟后，对于欧盟贸易政策总体持支持态度，但出于自身经济利益考虑也发出了不同声音。以 2006 年后欧盟签署的自贸协定为例，一些中东欧国家考虑到自身产业结构和主要出口行业对一些协定采取了不同立场。例如，捷克、斯洛伐克、匈牙利的主要出口产品为机动车、计算机及电子产品。这些国家对欧盟同

---

① Jorge Valero, "EU's Procurement Reform Faces Uphill Struggle", *EURACTIV*, 3 April 2019, https://www.euractiv.com/section/economy-jobs/news/eus-procurement-reform-faces-uphill-struggle/.
② Shawn Donnan, "US Fires First Shot in Trade War with Allies", *Financial Times*, 31 May 2018, https://www.ft.com/content/7ba37aa2-64ac-11e8-a39d-4df188287fff.
③ Francesco Guarascio and Philip Blenkinsop, "Italy in No Rush to Reject EU-Canada TradeDeal-Farm Minister", *Reuters*, 16 July 2018, https://uk.reuters.com/article/uk-eu-canada-italy/italy-in-no-rush-to-reject-eu-canada-trade-deal-farm-minister-idUKKBN1K61IX.
④ Marianne Schneider-Petsinger, "US‐EU Trade Relations in the Trump Era: Which Way Forward?", Chatham House, 20 March 2019, https://www.chathamhouse.org/publication/us-eu-trade-relations-trump-era-which-way-forward.

第三章　欧盟贸易政策机制发展中的多重博弈 | 71

日本达成的自贸协定持欢迎态度。汽车是斯洛伐克向日本市场出口最多的产品，占对日出口总额的 60%。时任斯洛伐克经济部长的佩特尔·日佳（Peter Žiga）认为该协议表明，两个重要的世界经济体在发展双边贸易关系而非在保护主义中找到了未来。消除贸易壁垒意味着在欧盟生产的汽车将不需要日本再次测试或认证，反之亦然，这将节省大量时间并实现汽车的无障碍出口。① 而在欧盟同阿根廷、巴西、乌拉圭和巴拉圭的南方共同市场达成自贸协定时，部分中东欧农业大国则表示反对。波兰和罗马尼亚爆发了反对协定签署的示威活动，认为巴西破坏亚马孙雨林的行为难以满足欧盟环保政策的要求。② 波兰总理莫拉维茨基表示波兰坚定支持自由贸易，但也会坚定保护本国农业。他同时对南美农产品的质量提出异议。③ 匈牙利农业部部长法泽考什·山多尔 (Fazekas Sándor) 在协议签署前就声称该协定将导致劣质食品进入欧洲市场，欧洲的农民和食品生产商也将面临更多来自南美的竞争。④ 时任斯洛伐克农业与乡村发展部部长的加布里埃拉·玛杰奇娜 (Gabriela Matečná) 也反对该协议，理由包括南美国家存在食品安全问题和食品安全标准不一致，以及可能给亚马孙雨林带来破坏。⑤ 不可否认，中东欧国家反对欧盟与南

---

① "Obchodná dohoda Únia–Japonsko:Vzniká najväčší voľný trh na svete", *EURACTIVE*, 1 February 2019, https://euractiv.sk/section/ekonomika-a-euro/news/obchodna-dohoda-unia-japonsko-vznika-najvacsi-volny-trh-na-svete/.
② Evi Kiorri, "Climate Protest Against the EU-Mercosur Trade Deal", *EURACTIVE*, 31 August 2020, https://www.euractiv.com/section/economy-jobs/video/climate-protest-against-the-eu-mercosur-trade-deal/.
③ "Poland Opposes EU- South America Free Trade Deal", *Polandin*,18 June 2019, https://polandin.com/43133895/poland-opposes-eu-south-america-free-trade-deal.
④ "Hungary Withholds Support for EU-Mercosur Trade Deal", *Budapest Business Journal*, 15 February 2018, https://bbj.hu/economy/hungary-withholds-support-for-eu-mercosur-trade-deal_145489.
⑤ Tlačové Správy, "Matečná: Sme pripravení blokovať obchodnú dohodu s krajinami Južnej Ameriky", *MPSR*, 28 August 2019, https://www.mpsr.sk/matecna-sme-pripraveni-blokovat-obchodnu-dohodu-s-krajinami-juznej-ameriky/59—14642/.

方共同市场签署自贸协定有保护自身农业的动机。

2012年以来，中国与中东欧国家的"16+1合作"也引发了欧盟国家的警惕，尤其是视中东欧为经济腹地的德国，欧盟认为中国此举有分裂欧盟的嫌疑。针对欧盟加强第三国投资审查的建议，大多数中东欧国家并未明确表示反对，同意外国投资必须符合欧盟法律法规。在"16+1合作"进入深水区以及美国频繁施压的情况下，多数中东欧国家一直避免在中美间选边站队，在对华政策上犹疑摇摆。2019年5月，布拉格5G会议召开，美国等32个西方国家参加，中国的华为等全球重要供应商则未被邀请参会。会议提出的《布拉格提案》强调对供应商产品风险评估的重要性，特别是要考虑供应链安全和规则透明度等因素，目标明显指向中国。[①]2020年8月，捷克总理巴比什改变立场，拒绝将华为公司排除在5G建设的潜在合作伙伴之外。[②]斯洛伐克总理彼得·佩列格里尼（Peter Pellegrini）在2019年参加第八次中国—中东欧领导人会晤时表示，斯洛伐克属于没有明确反对与中国公司合作的国家之一，因为至今没有可以证明华为的设备存在安全风险的证据。在没有具体证据的情况下，斯洛伐克不希望被卷入中美贸争端。[③]匈牙利是中国在中东欧的最大投资目的国。在中东欧国家中，只有匈牙利外长西亚尔托曾公开抨击西方国家"虚伪"，称西欧大国对华贸易更多，而"11个中东欧国家的对华贸易额加起来仅占欧盟对华贸易总额的9.9%"。[④]由于许

[①] 安迪：《32国合推5G安全"布拉格提案"：称风险来自跨境复杂性》，移动通信网，2019年5月5日，https://www.mscbsc.com/viewnews-2275795.html。

[②] Lenka Zlámalová, "Dvojí tlak na Česko: Nepusťte Huawei do 5G sítí", *Echo 24.cz*, 5 August 2020, https://echo24.cz/a/SPJ5p/dvoji-tlak-na-cesko-nepustte-huawei-do-5g-siti.

[③] "Pellegrini nechce obchodnú vojnu s Čínou pre Huawei", *SME*, 11 April 2019, https://ekonomika.sme.sk/c/22097537/pellegrini-nechce-obchodnu-vojnu-s-cinou-pre-huawei.html.

[④] John Irish, "Hungary Criticizes Western Europe's 'Hypocrisy' on China Trade", *Reuters*, 24 May 2019, https://www.reuters.com/article/us-china-europe-hungary/hungary-criticizes-western-europes-hypocrisy-on-china-trade-idUSKCN1ST24C.

多中东欧国家的第一大贸易国为德国，进出口目的地以及投资来源国也主要是邻国或其他欧洲国家，中东欧国家对于欧盟的对外投资贸易政策总体上持支持态度，否定声音总体较少且是否持否定态度主要受各国国内产业结构和地缘政治因素影响。

二 成员国内部因素与欧盟贸易政策政治化的趋势

一体化之初，民众往往并不关心政治精英制定的一体化计划，但一般能给予充分支持，因而一体化的发展方向主要由政治精英设计，有所谓"宽容共识"之说。[①] 然而，20世纪80年代中期以后，随着欧洲一体化的深化和扩大，欧盟的政策对成员国内部经济社会发展影响上升，民众、社会组织、政党在欧盟政策发展中的参与度上升，增加了对欧盟决策的影响力，也凸显了成员国的多样性。

贸易政策自欧洲一体化启动之初就是欧共体/欧盟权能的专属领域，一般由技术官僚主导，是"宽容共识"表现较为突出的一个领域。面对民粹主义的崛起，欧盟及其成员国在贸易政策领域保护主义诉求增加，这也导致了贸易政策的政治化倾向加深。全球化冲击了欧洲高税收、高福利的社会模式，部分民众出于自身经济利益的考虑，对内反对在欧盟内部实施能促进市场竞争的措施，对外反对全球化带来的进一步的贸易、投资自由化。一些政治领导人出于选举利益和政党政治利益迎合民粹主义立场，采取了一系列贸易保护主义政策，主流政党也出现了"极化"和"民粹化"的倾向，英国脱欧变局和法国大选中右翼民粹政党候选人连续进入第二轮也能体现这一倾向。法国总统马克龙多次主张在贸易领域要"保护/防御欧洲"。法、意等国多次批评欧盟委员会的自由贸易政策。他们

---

① Leon N. Lindberg and Stuart A. Scheingold, *Europe's Would-be Polity: Patterns of Change in the European Community*, NJ: Prentice-Hall, 1970.

以保护本国工人就业为由要求将贸易自由化与一些规范因素（如最低社会福利标准、环境标准）联系起来。其直接结果是，欧盟的贸易壁垒和严格的移民限制措施都有逐步增强的趋势，在WTO的农业谈判和与发展中国家的贸易谈判中，欧盟更难做出实质性让步。这些结果都会对开放的世界经济的发展带来不利影响。英国脱欧也在一定程度上是英国国内反对全球化和欧洲一体化的民粹主义势力的胜利，英国最终未能采取留在欧盟统一大市场的软脱欧方式，这也反映了英国对欧盟贸易模式的疑虑。

成员国国内的社会行为者是该国贸易政策偏好的来源之一。如成员国众多的专业组织、非政府组织、雇主组织和工会、商会、智库等都积极发声，这些意见都会影响欧盟贸易政策制定的过程和结果，"至少能够非直接地影响欧委会政策提案的准备，并影响欧盟决策时政府间框架下的成员国立场"。[1]当贸易竞争改变了成员国内部经济利益时，后者会影响政府的贸易政策立场。[2]这在近年来欧盟对外缔结贸易协定的谈判中表现得尤为明显。早在20世纪后期《北美自贸协定》签署时，欧盟15国出口到墨西哥的总贸易额在墨西哥进口总额中的占比明显下降。[3]墨西哥提高对非《北美自贸协定》国家征收的关税，北美自由贸易区明显强化了针对欧盟的贸易歧视。由于欧盟对制成品出口依赖较强，特别是钢铁和汽车产业，所以德国受影响较大。德国国内的利益集团积极呼吁改变欧洲与墨西哥的

---

[1] 李计广：《欧盟贸易政策体系与互利共赢的中欧经贸关系》，对外经济贸易大学出版社，2009，第162~163页。

[2] Aukje van Loon, "Domestic Politics in EU External Economic Relations: US-EU Competition in Trade", *Global Power Europe*, Vol. 1, 2013, pp. 219-234.

[3] Inter-American Development Bank, "Integration and Trade in the Americas: 3rd EU-LAC Summit: Special Issue on Latin American and Caribbean Economic Relations with the European Union", May 2004, https://publications.iadb.org/publications/english/document/Integration-and-Trade-in-the-Americas-3rd-EU-LAC-Summit-Special-Issue-on-Latin-American-and-Caribbean-Economic-Relations-with-the-European-Union.pdf.

贸易关系，几个主要商业协会（德国工业联合会、德国工商会协会和拉丁美洲商业协会）于 1994 年组织了"德国商业的拉美倡议"（Latin America Initiative of German Business），并针对德国政府进行了密集游说。1995 年 5 月，欧盟和墨西哥签署了《联合庄严声明》，为未来两阶段贸易谈判奠定了基础。2000 年，欧盟和墨西哥正式达成《全球协定》（EU-Mexico Global Agreement）。

而在 2013 年后欧盟开展的 TTIP 和欧加《综合经济与贸易协定》谈判则受欧盟成员国——特别是其内部利益集团——的影响更为显著，成为谈判久拖不决并导致 TTIP 谈判终止的重要因素。欧美开启 TTIP 谈判之初，欧盟委员会雄心勃勃地宣称将用 2 年左右的时间完成欧美自贸协定谈判，然而，欧美市场管理规制协调、农业政策、文化自主性等方面存在的分歧之多仍超出双方预期。特别是欧盟民众、众多利益集团、公民社会组织都公开反对该协议，贸易协定谈判前所未有地成为国内政治议题。以 TTIP 为例，公民社会组织反对的理由是协议有利于推动贸易自由化，虽然企业（特别是跨国公司）能从中获利，但贸易自由化损害了国家的自主性；严格的消除非关税壁垒的条款限制了国家调整全球化过度竞争、保护弱势群体利益的能力。[1] 在欧加《综合经济与贸易协定》谈判过程中，欧盟面临同样的反对声音。2014 年 10 月 7 日到 2016 年，反对 TTIP 和欧加《综合经济与贸易协定》的公民非正式提案超过 300 万份。2015 年 4 月，欧洲爆发了数百起反对政府贸易政策的"全球行动日游行"。[2] 欧洲议会也注意到"这些正在进行的贸易谈判使欧盟的贸易政策引起了

---

[1] Ferdi De Ville, "Understanding EU Trade Politics After TTIP, Trump and Brexit", *Comparative European Politics*, Vol. 17, 2018, pp. 447–459.
[2] Alasdair R. Yang, "Two Wrongs Make a Right? The Politicazation of Trade Policy and European Trade Strategy", *Journal of European Public Policy*, Vol. 26, Issue 12, 2019, p. 2.

民众的关注"。① 在全球金融危机蔓延、欧洲经济发展面临困难的背景下，发达国家民众更加怀疑全球化带来的竞争，质疑欧盟超国家贸易政策保护成员国公民的能力，使欧盟贸易政策出现了政治化的趋势。

---

① Alasdair R. Yang, "Two Wrongs Make a Right? The Politicazation of Trade Policy and European Trade Strategy", *Journal of European Public Policy*, Vol. 26, Issue 12, 2019, p. 2.

第四章　欧盟在 WTO 多边贸易体制中的角色演变

维护以 WTO 为核心的国际贸易体制是欧盟贸易政策的基石，欧盟也一直将 WTO 视为自己实现管理全球化目标和扮演多边主义领导者角色的场所。21 世纪以来，随着欧盟自身实力和目标、宣传辞令和现实政策之间的距离加大。在 WTO 的多哈回合谈判中，欧盟非但未能有效发挥领导作用、破解谈判难题，反而因部分保留的农业补贴、坚持推动服务业开放和高标准的议程而被各方诟病，这也是谈判未能取得突破的主要原因之一。欧盟在传统贸易措施、投资、政府采购等领域推进多边或诸边国际协定的同时，还加快了自身贸易与投资法规和贸易防御工具修改的步伐，事实上助长了"爬行贸易保护主义"的发展。此外，WTO 在全球贸易体制中的核心地位受到了挑战，世界主要力量围绕 WTO 改革方向的博弈加剧，欧盟在 WTO 改革问题中扮演的角色值得关注。

第一节　欧盟与 WTO 多哈回合谈判

2001 年 11 月，WTO 第四届部长级会议召开标志着多哈回合谈判的正式开启。①多哈回合谈判的目标是通过减少贸易壁垒和修订贸易规则在全球化背景下改革国际贸易体系。②长期以来，欧盟对建设多边贸易体系持积极和支持态度。本节主要梳理欧盟在多哈回合谈判中的角色演变及其在关键领域（农业、非农市场准入、服务业和新加坡议题）问题上的立场。

一 欧盟在多哈回合谈判中的角色演变

WTO 建立后，欧盟认为原有的多边贸易程序主要涵盖货物贸易，在服务贸易、知识产权等诸多领域无法适应全球化进程对国际贸易体系的要求。③在 1996 年的新加坡 WTO 部长级会议上，欧盟首次提出了"新千年回合"的概念，旨在提升多边贸易谈判的广度和深度。④在 1999 年的西雅图 WTO 部长级会议上，欧盟支持的"千年回合"贸易谈判启动失败，此后作为 WTO 发达成员代表的欧盟一直致力于推动包含贸易相关综合性议题的多哈回合谈判。⑤作为 WTO 的塑造者之一，欧盟一直视 WTO 为实现贸易自由化和输出自身规范的主要平台，强调 WTO 多边贸易体系的制度化，注重扩大 WTO 的政策涵盖范围和成员规模。欧盟贸易专员帕斯卡尔·拉米（Pascal Lamy）曾在 2004 年致 WTO 成员的信中提到，"多哈回合谈判是欧盟贸易政策的核心"。⑥

---

① WTO, "The Doha Round", https://www.wto.org/english/tratop_e/dda_e/dda_e.htm.
② WTO, "The Doha Round", https://www.wto.org/english/tratop_e/dda_e/dda_e.htm.
③〔法〕帕斯卡尔·拉米:《以欧洲的名义》，苗建敏译，中信出版社，2004，第 49 页。
④ Megan Dee, "The EU's Changing Role Performance in the WTO's Doha Round", *The European Union in a Multipolar World: World Trade, Global Governance and the Case of the WTO*, Basingstoke: Palgrave Macmillan, 2015, p. 72.
⑤ Wolfgang Igler, "The European Union and the World Trade Organization", European Parliament, October 2020, p. 3, https://www.europarl.europa.eu/ftu/pdf/en/FTU_5.2.2.pdf.
⑥ European Commission, "WTO-DDA: EU Ready to Go the Extra Mile in Three Key Areas of the Talks", 10 May 2004, https://ec.europa.eu/commission/presscorner/detail/en/IP_04_622.

然而，世界政治经济格局向多极化发展，金融危机和欧债危机后的欧洲经济增长乏力、对自身利益的关注增加，美国单边主义、欧洲民粹主义、英国脱欧倾向等逆全球化思潮兴起。在此背景下，多哈回合谈判也逐渐陷入僵局，欧盟开始在重振自身经济和维护多边贸易体制间寻找破局之路，在对外政策战略理念、谈判成果和全球再分配等方面均面临调整。欧盟在 WTO 谈判中扮演的角色也逐渐从积极主动的改革者转为被动防御的回应者，[1] 开始出现了由规制主导向功能性实用主义转型的趋势。[2]

欧盟在多哈回合谈判之初，希望推动一个大规模、平衡、综合的多边谈判，并在其中发挥领导作用。为保证谈判的整体平衡性，欧盟在多哈回合谈判初期坚持"单一承诺"的成果形式，只接受达成包括传统贸易议题（如农业、非农和服务业的市场准入）和非贸易议题（如新加坡议题、劳工标准、环境和贸易相关的知识产权等）在内的一揽子协议。在此前提下，欧盟坚持将农业谈判与非农市场准入、服务贸易挂钩。欧盟希望在敏感的农业问题上让步能换取其他领域的利益谈判空间。[3]

然而，随着多边贸易体系中的参与者越来越多，谈判各方利益纠缠复杂且不易妥协，而欧盟和美国已丧失了把控多边贸易谈判的能力。在多哈回合谈判久拖不决的情况下，欧盟逐渐放弃坚持"单一承诺"，开始使用"聚焦式"的问题导向谈判方式。这一转变凸显了欧盟追求自身经济利益的实用主义倾向。在 2013 年巴厘岛 WTO

---

[1] Megan Dee, "The EU's Changing Role Performance in the WTO's Doha Round", *The European Union in a Multipolar World: World Trade, Global Governance and the Case of the WTO*, Basingstoke: Palgrave Macmillan, 2015, pp. 63–89.

[2] 任琳、程然然：《欧盟全球治理观的实用主义转型》，《国际展望》2015 年第 6 期，第 149 页。

[3] Anders Ahnlid, "Setting the Global Trade Agenda: The European Union and the Launch of the Doha Round", in O. Elgström and C. Jönsson eds., *European Union Negotiations: Processes, Networks and Institutions*, London: Routledge, 2005, pp. 130–147.

第九届部长级会议取得相对成功后,欧盟承认面对一个具有广泛和复杂议程的谈判回合时,基于问题的"聚焦式"谈判比"单一承诺"更为有效。[1]在多哈回合谈判陷入僵局的情况下,无论是欧盟贸易战略转变、重启双边/诸边自贸谈判,还是放弃"单一承诺"成果模式,都反映出欧盟在多哈回合谈判中希望通过灵活、务实的策略取得突破的意图。[2]

以"发展"为主题的多哈回合谈判,在谈判过程中如何协调南北国家在不同领域的利益和观念分歧是一个重大挑战。欧盟希望在这一问题上发挥作用。拉米的回忆录中写道,"对发展中国家来说,欧洲是建立一个更平衡的世界的希望,是建立更公正的国际关系的希望"。[3]

"千年回合"启动失败后,为获得发展中国家对新回合的支持,欧盟开始重视发展中国家融入多边贸易体制,接受特殊与差别待遇原则,愿意为发展中国家提供技术援助。欧盟2004年5月就曾提议在农业和非农市场准入问题上对最不发达国家(主要是非洲、加勒比海和太平洋国家)提供一个"无负担的谈判回合"(Round for Free),不要求这些国家进一步开放市场,保留其现有的开放市场承诺即可。[4]在发展中国家比较敏感的劳工标准和环境标准等领域,欧盟承诺与发展相关的社会问题(如劳工标准)不会成为发达国家对发展中国家进行经济制裁和实行保护主义的借口,不会使用贸易制

---

[1] European Commission, *Trade for All: Towards a More Responsible Trade and Investment Policy*, 2015, p. 28, https://trade.ec.europa.eu/doclib/docs/2015/october/tradoc_153846.pdf.
[2] Sieglinde Gstöhl and Dirk De Bièvre, *The Trade Policy of the European Union*, London: Palgrave, 2018, p. 133.
[3] 〔法〕帕斯卡尔·拉米:《以欧洲的名义》,苗建敏译,中信出版社,2004,第21页。
[4] European Commission, "WTO-DDA: EU Ready to Go the Extra Mile in Three Key Areas of the Talks", 10 May 2004, https://ec.europa.eu/commission/presscorner/detail/en/IP_04_622.

裁手段。① 然而，欧盟此举背后有更多自身经济利益和政治方面的考量，希望借此减少其他 WTO 成员要求欧盟在农业问题上做出让步的压力，进一步扩大欧盟需要的市场准入。

由于新加坡议题和劳工标准、环境保护等敏感领域在多边平台难以达成共识，欧盟开始转向双边/诸边贸易协定和自愿性贸易政策以实现目标，对最不发达国家开放市场、提供优惠和贸易援助等，且要求中国等新兴市场国家也达到这些高标准要求。由于多哈回合谈判最终议程设置没有将新加坡议题中的三项（投资、竞争、政府采购透明化）和其他贸易相关的劳工标准、环境保护等非贸易事项纳入谈判进程，欧盟改由借助双边/诸边贸易协定、普惠制改革等路径逐步推动上述目标的实现。②

二 欧盟在多哈回合谈判中的立场

多哈回合谈判在一定程度上反映了欧盟对多边贸易体制未来的设想。③ 欧盟希望在多哈回合谈判中能够实现以下目标：④

—— 降低发达国家和新兴经济体（如中国、巴西和印度等）的工业产品关税；

—— 针对造成市场扭曲的工业产品补贴修改 WTO 相关规则；

—— 开拓服务业市场；

---

① 〔法〕帕斯卡尔·拉米：《以欧洲的名义》，苗建敏译，中信出版社，2004，第 93 页。WTO Trade Policy Review Body, *Trade Policy Review: European Union (Reported by the Government)*, WT/TPR/G/102, 26 June 2002, p. 14.

② Alasdair R. Young, "Trade Politics Ain't What it Used to Be: The European Union in the Doha Round", *Journal of Common Market Studies*, Vol. 45, No. 4, 2007, pp. 789–811.

③ Megan Dee, "The EU's Changing Role Performance in the WTO's Doha Round", *The European Union in a Multipolar World: World Trade, Global Governance and the Case of the WTO*, Basingstoke: Palgrave Macmillan, 2015, p. 70.

④ Sieglinde Gstöhl and Dirk De Bièvre, *The Trade Policy of the European Union*, London: Palgrave, 2018, p. 130.

——达成与发展相关的一揽子措施的共识；

——针对贸易防御工具和贸易便利化创建一套新的 WTO 规则；

——在知识产权方面提升对地理标识的保护。

（一）农业贸易问题

多哈回合谈判涉及贸易相关的二十多个领域，包括农业、服务业、制造业、贸易规则、发展、知识产权、贸易与环境等。[①] 具有较高政治敏感度的农业贸易的自由化远低于制造业，农业谈判一直是国际贸易体系谈判的焦点和难点，其中包含农业市场准入、农产品出口补贴与农产品国内支持三个部分。依据《马拉喀什农业协定》第 20 条，全体 WTO 成员承认减少对农业的支持和保护是一个持续渐进的过程。[②]

多哈回合谈判开启后，农业谈判的重点落在成员之间在自由主义和保护主义的分歧上。美国等农产品出口大国指责欧盟共同农业政策扭曲了世界农产品市场的价格，阻碍世界贸易自由化进程。[③] 发展中国家也批评欧盟具有保护主义色彩的农业政策。美国和凯恩斯集团要求在 WTO 框架下削减对发达成员国所有农产品的关税，大幅削减国内农业补贴，取消所有农产品出口补贴。[④]

然而，在农业问题上持保守立场的欧盟反对以上述安排为谈判基础。在 2002 年 12 月 16 日欧盟委员会提交的一份有关农业谈判的

[①] WTO, "The Doha Round", https://www.wto.org/english/tratop_e/dda_e/dda_e.htm.

[②] WTO, Uruguay Round Agreement: Agreement on Agriculture, https://www.wto.org/english/docs_e/legal_e/14-ag_02_e.htm#articleXX.

[③] 中华人民共和国驻希腊共和国大使馆经济商务处：《欧盟共同农业政策改革与希腊农业（续）》，2003 年 7 月 11 日，http://gr.mofcom.gov.cn/article/ztdy/200307/20030700108352.shtml。

[④] 简军波：《全球治理与区域一体化：世界贸易组织框架下欧盟共同农业政策分析》，《欧洲一体化研究》2007 年第 4 卷，第 4 页，http://www.cesfd.org.cn/magzine/ch/%E4%B8%96%E8%B4%B8%E7%BB%84%E7%BB%87%E4%B8%8E%E6%AC%A7%E7%9B%9F%E5%85%B1%E5%90%8C%E5%86%9C%E4%B8%9A%E6%94%BF%E7%AD%96 (jian).pdf。

提案中，欧盟建议将农产品进口关税平均降低36%，削减45%的农业出口补贴，减少55%的导致市场扭曲的农产品国内支持。①此外，欧盟的农业谈判立场是基于贸易因素和非贸易因素（环境保护、农村可持续发展、食品安全等）的综合考量，非贸易因素在农业问题上的影响力不可忽视。②

农业谈判进展缓慢，欧美双方作为农业谈判的主要矛盾方担负着打破农业谈判僵局的责任，于2003年8月13日发布了关于在WTO框架下农业问题的联合公报。③然而，由于此文本具有模糊性，未能解决发展中国家和最不发达国家的特殊与差别对待问题，一些成员国（如凯恩斯集团中的发展中九国和中国、印度、墨西哥、秘鲁）对该文本提交了反对意见。④有南方国家的官员认为，此联合公报表现出欧美两大经济体合流操纵多哈回合谈判农业谈判的态势，意在强迫发展中成员降低贸易壁垒，同时最大程度地保留对自身的补贴。⑤有评论称，欧美的这份联合公报只是在一定程度上消除了欧美在农业问题上的分歧，没有考虑到发展中成员国的利益。⑥

欧盟由于成员国间的差异，很难在内部达成一致，做出理性选

---

① EU Commission, "WTO and Agriculture: European Commission Proposes More Market Opening, Less Trade Distorting Support and a Radically Better Deal for Developing Countries", IP/02/1892, 16 December 2002.

② WTO Trade Policy Review Body, *Trade Policy Review: European Union (Reported by the Government)*, WT/TPR/G/102, 26 June 2002, p. 11.

③ "Agriculture: Real Negotiations Start as EC, US Table Joint Modalities Text", *Bridges*, Vol. 7, No. 28, 21 August 2003, https://ictsd.iisd.org/bridges-news/bridges/news/agriculture-real-negotiations-start-as-ec-us-table-joint-modalities-text.

④ "Agriculture: Real Negotiations Start as EC, US Table Joint Modalities Text", *Bridges*, Vol. 7, No. 28, 21 August 2003, https://ictsd.iisd.org/bridges-news/bridges/news/agriculture-real-negotiations-start-as-ec-us-table-joint-modalities-text.

⑤ Paul Blustein, *Misadventures of the Most Favored Nations: Clashing Egos, Inflated Ambitions, and the Great Shambles of the World Trade System*, NY: Public Affairs, 2009, pp. 141-142.

⑥ Martin Khor, "Comment on the EC-US Joint Paper on Agriculture in WTO", *Third World Network*, 14 August 2003, https://www.networkideas.org/feathm/aug2003/Martin_Khor_WTO.pdf.

择。在农业经贸问题上，欧盟成员国间存在利益分歧。法国、西班牙、葡萄牙等农业大国是共同农业政策的受益人，对欧盟农业贸易政策持保守态度；而英国、荷兰等国则赞成削减农业补贴，长期公开批评共同农业政策花费在欧盟预算中占比过高。欧盟委员会贸易委员曼德尔森在2005年曾提出考虑削减70%农产品补贴的建议，法国认为该建议严重侵害本国利益，拒绝接受与本国利益相悖的谈判结果。① 欧盟东扩后，欧盟内部成员的异质化增强。② 波兰、匈牙利、斯洛伐克和立陶宛加入以法国为首的十四国集团（G14），反对在农业问题上做出让步；捷克、爱沙尼亚和拉脱维亚则与英国和瑞典一样支持农业贸易自由化。然而，有学者指出参与WTO谈判对欧盟贸易政策制定带来双重影响：一方面暴露了成员国在贸易问题上存在巨大分歧，另一方面为政策制定者解决内部分歧提供了契机。③

全球金融危机和欧债危机后，世界力量格局进一步演变。虽然欧盟农产品进出口量在全球农产品进出口总量中的占比一直居首位，但其进口占比从2000年的45.3%下降至2016年的39.1%，出口占比则从2000年的46.9%下降至2016年的41.1%。④ 与此同时，新兴经济体在全球农产品贸易中的参与程度不断提高。俄罗斯、印度、

---

① 简军波：《全球治理与区域一体化：世界贸易组织框架下欧盟共同农业政策分析》，《欧洲一体化研究》2007年第4卷，第16页，http://www.cesfd.org.cn/magzine/ch/%E4%B8%96%E8%B4%B8%E7%BB%84%E7%BB%87%E4%B8%8E%E6%AC%A7%E7%9B%9F%E5%85%B1%E5%90%8C%E5%86%9C%E4%B8%9A%E6%94%BF%E7%AD%96 (jian).pdf。

② Manfred Elsig, "European Union Trade Policy After Enlargement: Larger Crowds Shifting Priorities and Informal Decision-Making", *Journal of European Public Policy*, Vol. 17, No. 6, 2010, p. 786.

③ Bart Kerremans, "What Went Wrong in Cancun? A Principal-Agent View on the EU's Rationale Towards the Doha Development Round", *European Foreign Affairs Review*, Vol. 9, No. 3, 2004, p. 364.

④ 联合国粮食及农业组织：《2018年农产品市场状况：农产品贸易、气候变化和粮食安全》，2018，第5页，http://www.fao.org/3/i9542zh/I9542ZH.pdf。

印度尼西亚等新兴经济体的农产品进口量在全球农产品进口总量的占比从 2000 年的 3.4% 上升至 2016 年的 5.2%；而同期中国、巴西、印度、印度尼西亚的农产品出口量在全球农产品出口总量的占比也从 8.5% 上升至 14.5%。[1]

由此，乌拉圭回合谈判中欧美垄断的农业谈判模式逐渐消失，G20 中的发展中成员国在国际农业贸易谈判中的地位开始上升。[2] 新兴经济体的崛起使全球贸易规则的传统制定者——发达国家感倍感压力。原本在农业问题上相对强硬的欧盟一方面开始改革内部共同农业政策，另一方面在农业谈判中展现出有限的灵活性。

首先，为应对来自 WTO 和内部财政的双重压力，欧盟对其共同农业政策进行了改革，注重在农业国内支持、农村发展、绿色农业等方面发挥作用。欧盟在《2000 年议程》中提出分步骤、分阶段对主要农产品的价格补贴进行削减，同时强调农业的多功能性和可持续性，新建农村发展计划为共同农业政策的第二支柱。[3] 2003 年，欧盟在 1992 年改革的基础上再次对共同农业政策的农业补贴政策做出改革，削减大部分产量挂钩支持政策（黄箱政策），转换成脱钩直接支付政策（绿箱政策）。[4] 经过两轮改革，市场化的农业政策所需预算在欧盟共同农业政策预算中的占比下降至 5%。[5] 同时，欧盟

---

[1] 联合国粮食及农业组织：《2018 年农产品市场状况：农产品贸易、气候变化和粮食安全》，2018，第 5 页，http://www.fao.org/3/i9542zh/I9542ZH.pdf。
[2] Wyn Grant, "Why It Won't Be Like This All the Time: The Shift from Duopoly to Oligopoly in Agricultural Trade", CSGR Working Paper, No. 191/06, January 2006, http://wrap.warwick.ac.uk/1912/1/WRAP_Grant_wp19106.pdf.
[3] 《欧洲共同农业政策中期评估报告要点及其分析》，中华人民共和国农业农村部网，2002 年 12 月 25 日，http://www.moa.gov.cn/ztzl/nygnzczcyj/200212/t20021225_39170.htm。
[4] Ian F. Fergusson, "World Trade Organization Negotiations: The Doha Development Agenda", Congressional Research Service, 12 December 2011, p. 10, https://fas.org/sgp/crs/misc/RL32060.pdf.
[5] 吕建兴、曾寅初：《欧盟 CAP 改革中农业市场政策的调整与启示》，《农业经济问题》2017 年第 7 期，第 89 页。

确立交叉遵从原则，重视与农业贸易相关的环境保护、食品安全和动植物保护等原则。①2013 年，欧盟结合绿色直接补贴整合以土地为基础的农业生产者支持计划。

其次，为推动多哈回合谈判的进程，谈判过程中欧盟在农业问题上展现出有限的灵活性。欧盟委员会于 2002 年 12 月 16 日向 WTO 递交了一份农业谈判提案，建议对世界最贫困国家出口的农产品完全免关税和免配额；应有不少于一半的富裕国家对发展中国家出口农产品提供零关税；建立"食品安全箱"的特殊保障措施，保障粮食安全；强调包括环境、农业发展和动物福利等非贸易问题的重要性。②为实现在 2004 年完成多哈回合谈判 50% 的目标，2004 年 5 月，欧盟贸易委员拉米和农业委员菲施乐致函 WTO 成员，提出在欧盟获得平衡的农业总体方案的前提下，首次表达了完全取消农业出口补贴的意向。③在 2005 年召开的香港 WTO 部长级会议上，欧盟承诺到 2013 年取消农业出口补贴。④但也有分析认为，欧盟此举对南方国家农产品进入欧洲市场不会有太大帮助，因为农业出口补贴在欧盟总体农业支持中仅占 3.5%。⑤

值得注意的是，欧盟在农业谈判上可展现的灵活度是有限的。2005 年香港 WTO 部长级会议期间，美国和 G20 就在 2004 年框

---

① 张云华、赵俊超、殷浩栋：《欧盟农业政策转型趋势与启示》，《世界农业》2020 年第 5 期，第 8 页。
② EU Commission, "WTO and Agriculture: European Commission Proposes More Market Opening, Less Trade Distorting Support and a Radically Better Deal for Developing Countries", IP/02/1892, 16 December 2002.
③ European Commission, "WTO-DDA: EU Ready to Go the Extra Mile in Three Key Areas of the Talks", 10 May 2004, https://ec.europa.eu/commission/presscorner/detail/en/IP_04_622.
④ Anup Shah, "WTO Meeting in Hong Kong, 2005", *Global Issues*, 26 December 2005, https://www.globalissues.org/article/570/wto-meeting-in-hong-kong-2005.
⑤ "The WTO's Sixth Ministerial Conference", Global Policy Forum, https://www.globalpolicy.org/social-and-economic-policy/the-three-sisters-and-other-institutions/the-world-trade-organization/43844-the-wtos-sixth-ministerial-conference.html.

第四章　欧盟在 WTO 多边贸易体制中的角色演变 | 87

架协议的基础上进一步就减少农产品关税等问题向欧盟施压。[①]但欧盟表示在农业谈判中已触及自身底线。在 2005 年香港 WTO 部长级会议召开期间，欧盟贸易委员曼德尔森称欧盟已承诺将农产品进口关税平均削减 46%，除非发展中国家承诺开放更大的工业品和服务市场，否则欧盟拒绝在农产品关税上做出让步。[②]多哈回合谈判于 2007 年重启后，欧盟再次做出一定程度的妥协，承诺农产品关税平均减幅达到 56%，同时减少至少 75% 导致市场扭曲的补贴。[③]

自 2008 年后，受全球金融危机和欧债危机的影响，欧盟整体经济开始衰退，欧盟在多边农业贸易谈判中的领导地位受到影响，开始希望借助美国的力量调解分歧以实现自身诉求。在 2008 年的日内瓦会议上，面对美国与印度、中国关于特殊保护机制的争论，欧盟扮演了中间调停者的角色，组织技术专家研究处理好印、中、美不同利益的妥协解决方案。[④]在 2013 年巴厘岛 WTO 部长级会议谈判过程中，美印关于公共粮食储备的分歧成为谈判焦点。而欧盟追随美国提出巴厘一揽子协定中应明确粮食补贴"和平条款"的终止日期，但同时可以按照印度要求设置过渡方案，为成员留出达成永久性解

[①] Megan Dee, "The EU's Changing Role Performance in the WTO's Doha Round", *The European Union in a Multipolar World: World Trade, Global Governance and the Case of the WTO*, Basingstoke: Palgrave Macmillan, 2015, p. 79.
[②] 《世贸部长级会议今晚闭幕，2013 年前取消农业补贴》，新浪网，2005 年 12 月 18 日，http://news.sina.com.cn/w/2005-12-18/17337738620s.shtml。
[③] House of Lords, "Developments in EU Trade Policy", *35th Report of Session 2007-08*, 5 December 2008, p. 22, https://publications.parliament.uk/pa/ld200708/ldselect/ldeucom/200/200.pdf.
[④] Mandelson, "Geneva Blog: 21-29 July 2008", 2008, http://trade.ec.europa.eu/doclib/docs/2008/august/tradoc_140024.pdf; Interview, Senior Official, EU Delegation to the WTO, Geneva, May 2011; quoted from Megan Dee, "The EU's Changing Role Performance in the WTO's Doha Round", *The European Union in a Multipolar World: World Trade, Global Governance and the Case of the WTO*, Basingstoke: Palgrave Macmillan, 2015, p. 82.

决方案的时间。①此外，在农产品出口补贴问题上，欧盟坚称此前几年已经在该问题上做出巨大让步，而其他成员在出口竞争方面并未做出相应的贡献。②

在2015年内罗毕WTO部长级会议上，WTO成员商定取消农业出口补贴，同时引入有关其他类型农业出口支持（包括出口信贷）的新规则。作为此项改革的积极响应者和最早执行者，欧盟于2017年10月6日向WTO提交了修订过的优惠附表，重申取消农业出口补贴的承诺。③

（二）非农市场准入（NAMA）

多哈回合谈判中非农市场准入是以欧美为代表的发达国家与以中国、印度和巴西为代表的发展中国家的又一矛盾焦点。多哈回合谈判中的非农市场准入谈判旨在减少或消除各类关税，包括关税峰值、高关税、关税升级以及非农产品的非关税壁垒。④为打开新兴经济体广阔的非农市场，欧美等发达国家热衷于推动非农市场准入谈判。欧盟认为，从整体而言，涉及内容广泛的多哈回合谈判有利于打造一个更加透明、更易预测的多边贸易规则体系。⑤

---

① 《粮食库存补贴成为确定性因素》，《桥-巴厘每日快报》，2013年12月，https://ictsd.iisd.org/sites/default/files/news/chinese-daily-update-3.pdf。
② Council of European Union, "Council Conclusions on the 9th World Trade Organization Ministerial Conference", Foreign Affairs (Trade) Council Meeting, Bali-Indonesia, 3 December 2013; quoted from Megan Dee, "The EU's Changing Role Performance in the WTO's Doha Round", *The European Union in a Multipolar World: World Trade, Global Governance and the Case of the WTO*, Basingstoke: Palgrave Macmillan, 2015, p. 86.
③ European Commission, "EU Leads the Way by Eliminating Export Subsidies Ahead of WTO Conference in Buenos Airesb", 6 October 2017, http://trade.ec.europa.eu/doclib/press/index.cfm?id=1738.
④ WTO, "Non-Agricultural Market Access Negotiations", https://www.wto.org/english/tratop_e/markacc_e/markacc_negoti_e.htm.
⑤ WTO Trade Policy Review Body, *Trade Policy Review: European Union (Reported by the Government)*, WT/TPR/G/102, 26 June 2002, p. 12.

"千年回合"开启失败后,欧盟认识到将发展中国家纳入多边贸易体系的重要性。2001年多哈回合谈判正式开启前,欧盟在其普惠制下与非洲、加勒比和太平洋(非加太)地区签订了"除武器之外一切产品"(Everything But Arms,EBA)倡议,允许最不发达国家的产品免关税、免配额进入欧盟市场。欧盟此举向发展中成员国释放出积极信号,期望能获取发展中成员国对开启更深、更广的多哈回合谈判的支持。欧盟于2006年建议按照多系数的瑞士公式削减非农产品关税,发达国家适用系数10,发展中国家适用系数15。[1]同时,欧盟还关注环境产品的关税削减和非关税壁垒的取消问题。

由于欧盟在谈判初期一直坚持多哈回合谈判应采用"单一承诺"谈判方式,非农市场准入谈判与农业议题谈判之间存在一定程度的联系。欧盟采用了双层谈判策略,即以自身传统优势领域的最小让步为杠杆撬动新领域的最大目标达成。[2]然而,由于农业问题高度敏感,多哈回合谈判因各成员国在农业问题上的分歧屡屡陷入僵局。欧盟在谈判策略上开始有所转变,不再强硬地在农业问题上坚持不妥协立场,而是将新兴经济体的非农市场开放要求与自身必要的农业补贴减让承诺挂钩。但阿根廷与印度等发展中国家表示无法接受有关农业补贴和工业品市场准入谈判平行进行的解决方案,认为工业品市场准入草案中要求发展中成员做出的关税削减幅度与要求发达成员削减农业补贴的幅度相差过大。[3]

---

[1] Ian F. Fergusson, "World Trade Organization Negotiations: The Doha Development Agenda", Congressional Research Service, 12 December 2011, p. 16.
[2] Megan Dee, "The EU's Changing Role Performance in the WTO's Doha Round", *The European Union in a Multipolar World: World Trade, Global Governance and the Case of the WTO*, Basingstoke: Palgrave Macmillan, 2015, p. 70.
[3] 《世贸组织工业品市场准入谈判进展甚微》,中华人民共和国商务部WTO/FTA资讯网,2008年6月13日,http://chinawto.mofcom.gov.cn/article/ap/m/201411/20141100792211.shtml。

然而，随着世界经济力量多极化格局的出现，传统发达国家对待多哈回合谈判的心态和立场也逐渐发生改变。在经济全球化背景下，迅速崛起的新兴经济体开始融入国际贸易体系，获取发展红利，对发展中的国际贸易体系影响增大。美国和欧盟作为原有的国际贸易体系规则制定者受到挑战，担心开放程度较高的本国国内市场受到冲击。因此，欧盟开始要求新兴经济体承担更多的"责任"，强调贸易过程中的"互惠性"和"对等"，要求发展中国家更高程度地打开本国非农市场，降低对非农产品的约束性关税和实际税率，逐渐实现贸易自由化。在多哈回合谈判的香港会议过程中，欧盟贸易谈判代表曼德尔森就曾将谈判失败的风险归咎于发展中国家"不愿往锅里放东西"，指责发展中国家没有对开放非农产品和服务市场做出积极贡献。[①] 欧盟的这一主张也获得了美国的支持。以欧美为代表的发达国家支持反集中化条款（anti-concentration provision），避免发展中国家利用灵活性规则将统一分类税则表的整个章节排除在统一削减之外（即豁免整个产品部门）。[②]

而发展中国家则希望，先在农业问题上达成共识，在此基础上进一步就非农市场开放进行谈判，在农业问题未达成共识前只能接受在已实现自由化的贸易领域降低约束性关税。对发展中国家而言，过分强调贸易的"互惠性"是对 WTO 核心原则之一的"特殊和差别对待"的破坏。其次，欧盟积极推进的环境产品谈判也受到发展中国家的质疑——发达国家可能利用环境产品标准设置非贸易壁垒。[③] 此外，阿根廷、巴西和印度等发展中国家原则上反对反集中化条款，认为基于不完全互惠承诺自己有权决定哪些敏感产品适用

---

① 《破解 WTO 僵局》，新浪财经，2005 年 12 月 12 日，http://finance.sina.com.cn/j/20051212/10502190829.shtml。
② Ian F. Fergusson, "World Trade Organization Negotiations: The Doha Development Agenda", Congressional Research Service, 12 December 2011, p. 17.
③ 付丽：《WTO 非农产品市场准入谈判的现状与难点》，《外贸调研》，2006 年 7 月 23 日。

特殊保护。[1]

非农市场准入谈判的复杂性还存在于发达国家之间及国家内部不同利益集团对于谈判模式与内容的分歧上。美国希望依照亚太经合组织（APEC）部门自由化的方式逐步确定和扩大非农产品范围、税率和实施时间等；而欧盟和日本主张"一揽子"的谈判（即包含所有部门），同时注意对发展中国家适用非完全互惠原则。[2] 此外有报道称，在印度投资的欧盟汽车企业在反集中化条款上与欧盟官方的意见不一致，外资企业不希望印度接受该条款，因为担心面对来自其他发达国家和中国的竞争。[3]

各方的巨大分歧使涉及不同产业部门的非农产品市场准入谈判更加复杂和艰难，最终未能在规定的时间内（2006年5月31日前）就谈判小组主席吉拉德提交的谈判模式草案达成一致。[4] 为推动多哈回合谈判尽快完成，欧盟开始采取行动弥合各方分歧。2011年5月，为解决中美在工业品关税减让互惠性上的分歧，欧盟提出了一个谅解提案。[5] 该谅解提案被欧盟视为推动谈判的关键一步，[6] 表明

---

[1] 上海WTO事务咨询中心（SCCWTO）：《NAMA反集中化条款谈判仍然受阻，但谈判还在继续》，中华人民共和国商务部WTO/FTA资讯网，2008年7月1日，http://chinawto.mofcom.gov.cn/article/ap/q/200807/20080705637985.shtml。

[2] 付丽：《WTO非农产品市场准入谈判展望》，《世贸周刊》2003年9月11日，第7版。

[3] 国际贸易和可持续发展中心：《WTO小型部长会议第三天：七国集团》，《桥－每日快报》，2008年7月24日，https://ictsd.iisd.org/sites/default/files/news/issue-china-4.pdf。

[4] 该草案主要采纳了美国和欧盟的建议，参见《WTO非农产品市场准入谈判的现状与难点》。

[5] WTO, "WTO Trade Negotiations: Doha Development Agenda", 31 October 2011, https://ec.europa.eu/commission/presscorner/detail/en/MEMO_11_751.

[6] Interview, Senior Official, DG Trade, Brussels, May 2011; quoted from Megan Dee, "The EU's Changing Role Performance in the WTO's Doha Round", *The European Union in a Multipolar World: World Trade, Global Governance and the Case of the WTO*, Basingstoke: Palgrave Macmillan, 2015, p. 83.

欧盟依旧能够在谈判中有所作为。^①然而，其他成员国对该提案看法不一。

值得注意的是，非农市场准入中有关渔业补贴谈判是当前 WTO 正在进行的唯一的多边谈判。欧盟重视渔业贸易和渔业资源的可持续开发，2002 年就曾对共同渔业政策进行改革，同时关注边远地区的渔业保护，采取措施以抵消边远地区的渔业产品运输所产生的额外费用。^②欧盟在 2019 年递交的贸易政策审查报告中提到，欧盟在规范渔业补贴的谈判中处于领导地位，配合联合国可持续发展目标，致力于推动相关谈判完成。^③

（三）服务业问题

作为乌拉圭回合谈判成果之一的《服务贸易总协定》（General Agreement on Trade in Service，GATS）第 XIX 条的规定，WTO 成员应继续推进谈判，以实现更高水平的服务业市场开放。^④相关讨论于 2000 年授权开始，并在 2001 年多哈部长级会议上成为多哈回合谈判的一部分。

考虑到服务贸易对 GDP 和就业的贡献，欧盟认为促进服务贸易自由化对发展中国家和发达国家都有好处。^⑤因此，服务业市场准入和国民待遇是欧盟关注的重点。同时，欧盟关注服务业竞争的制度

---

① Interview, Deputy Permanent Representative to the WTO, EU Member State, Geneva, May 2011; quoted from Megan Dee, "The EU's Changing Role Performance in the WTO's Doha Round", *The European Union in a Multipolar World: World Trade, Global Governance and the Case of the WTO*, Basingstoke: Palgrave Macmillan, 2015, p. 83.

② WTO Trade Policy Review Body, *Trade Policy Review: European Union (Reported by the Government)*. WT/TPR/G/136, 1 October 2004, p. 7.

③ WTO Trade Policy Review Body, *Trade Policy Review: European Union (Reported by the Government)*, WT/TPR/G/395, 10 December 2019, p. 18.

④ WTO, General Agreement on Trade in Serviecs, https://www.wto.org/english/docs_e/legal_e/26-gats_01_e.htm#articleXIX.

⑤ WTO, "World Trade Organisation: Doha Development Agenda-WTO Negotiations on Trade in Services", MEMO/03/92, 29 April 2003, https://ec.europa.eu/commission/presscorner/detail/en/MEMO_03_92.

和规则框架,支持政府在制度框架下拥有实现非经济目标的能力。①尊重国内公共政策(如公共服务和文化多样性)的优先地位。②欧盟积极推动服务贸易相关的国内规制和政府采购等平行话题谈判。③欧盟积极参与和推动在 WTO 框架下的服务业谈判。

在多哈回合谈判起步时,欧盟希望 WTO 成员能在服务贸易方面做出承诺,尤其是在国民待遇原则和服务业市场准入方面。欧盟官方文件中曾对其谈判目标做出如下表述:④

——积极争取欧盟经济利益;

——保护欧洲模式,尤其是在公共服务方面;

——使发展中国家有机会根据选择的发展模式更好地融入世界经济。

在应对发展中成员国的要求方面,欧盟是为数不多的、做出"有意义"承诺的回应者。⑤依据巴厘岛部长级会议上关于最不发达国家的服务豁免决议,为落实服务贸易领域的最惠国待遇,帮助最不发达国家融入多边贸易体制,欧盟于 2015 年 2 月和 11 月向 WTO 服务贸易理事会通报欧盟对最不发达国家服务出口的优惠待遇。其中 2 月份的通报中承诺主要涉及《服务贸易总协定》中的传统领域(包括最不发达国家在谈判中的关注点)及其在自贸协定中与第三方

---

① WTO Trade Policy Review Body, *Trade Policy Review: European Union (Reported by the Government)*, WT/TPR/G/102, 26 June 2002, p. 12.

② WTO Trade Policy Review Body, *Trade Policy Review: European Union (Reported by the Government)*, WT/TPR/G/214, 2 March 2009, p. 12.

③ WTO Trade Policy Review Body, *Trade Policy Review: European Union (Reported by the Government)*, WT/TPR/G/177, 22 January 2007, p. 14.

④ WTO, "World Trade Organisation: Doha Development Agenda – WTO Negotiations on Trade in Services", MEMO/03/92, 29 April 2003, https://ec.europa.eu/commission/presscorner/detail/en/MEMO_03_92.

⑤ Commission of the European Communities, "Reviving the DDA Negotiations–the EU Perspective", COM(2003)734 final, 26 November 2003, p. 10, https://eur-lex.europa.eu/legal-content/EN/TXT/PDF/?uri=CELEX:52003DC0734&from=GA.

达成的市场开放措施；①11月份的通报中有行业优惠待遇的确切范围和程度。②

然而，与对待非农市场准入问题的谈判策略相似，欧盟同样以自身在农业问题上的必要妥协为砝码，要求其他成员在服务业市场准入问题上做出让步。2005年10月，欧盟提出发展中成员应当将其自由贸易承诺提升到适用于57%服务业领域。③在2015年提交的贸易政策审查报告中，欧盟表示服务业相关谈判应当提升WTO所有成员的"雄心"，所有成员在服务业市场准入和国民待遇方面的承诺应当一视同仁。④

但在"单一承诺"谈判目标下，服务业谈判受农业、非农市场准入等核心议题的影响进展缓慢。由于美国、欧盟、巴西、印度和澳大利亚等主要谈判方在农业谈判上僵持不下，非农产品和服务业的市场准入谈判难以进入实质性阶段。⑤服务贸易谈判小组主席费

---

① 《WTO成员表示将扩展优惠待遇，执行给最不发达国家的服务贸易豁免》，《桥》第5卷第5期，2015年2月13日，https://ictsd.iisd.org/bridges-news/%E6%A1%A5/news/wto%E6%88%90%E5%91%98%E8%A1%A8%E7%A4%BA%E5%B0%86%E6%89%A9%E5%B1%95%E4%BC%98%E6%83%A0%E5%BE%85%E9%81%87%EF%BC%8C%E6%89%A7%E8%A1%8C%E7%BB%99%E6%9C%80%E4%B8%8D%E5%8F%91%E8%BE%BE%E5%9B%BD%E5%AE%B6%E7%9A%84%E6%9C%8D%E5%8A%A1%E8%B4%B8%E6%98%93%E8%B1%81%E5%85%8D。

② 欧盟通报其对最不发达国家服务业出口的优惠待遇》，《桥》第5卷第40期，2015年11月27日，https://ictsd.iisd.org/bridges-news/%E6%A1%A5/news/%E6%AC%A7%E7%9B%9F%E9%80%9A%E6%8A%A5%E5%85%B6%E5%AF%B9%E6%9C%80%E4%B8%8D%E5%8F%91%E8%BE%BE%E5%9B%BD%E5%AE%B6%E6%9C%8D%E5%8A%A1%E4%B8%9A%E5%87%BA%E5%8F%A3%E7%9A%84%E4%BC%98%E6%83%A0%E5%BE%85%E9%81%87。

③ Martin Khor, "Comment on the EC-US Joint Paper on Agriculture in WTO", *Third World Network*, 14 August 2003, p. 35, https://www.networkideas.org/feathm/aug2003/Martin_Khor_WTO.pdf.

④ WTO Trade Policy Review Body, *Trade Policy Review: European Union (Reported by the Government)*, WT/TPR/G/317, 18 May 2015, p. 4.

⑤ 《破解WTO僵局》，新浪财经网，2005年12月12日，http://finance.sina.com.cn/j/20051212/10502190829.shtml。

尔南多·德·马提奥（Fernando de Mateo）曾表示，"自 2008 年 7 月以来，关于市场准入的谈判几乎没有重大进展……为了弥补部门覆盖面和承诺水平间的差距，服务业谈判中的规则制定需要与市场准入同步进行。只有当其他领域的问题达成政治共识后，成员国在服务业市场准入的谈判才能取得进展"。①

考虑到以上情况，欧盟转向寻求加强诸边谈判、巩固国内服务业规章等其他方式。自 2006 年以来，欧盟开始积极参与由香港部长级会议授权开展的服务业诸边谈判。2013 年 3 月，欧盟正式加入《国际服务贸易协定》（Trade in Service Agreement, TISA）谈判。欧盟认为诸边协议是对《服务贸易总协定》的有效补充，可与多边贸易体系进行对接。② 在 2019 年提交的贸易政策审查报告中，欧盟认为清晰可执行的国内服务贸易规则是对《服务贸易总协定》框架下已实现贸易自由化的有力补充。③

（四）新加坡议题

新加坡议题是在 1996 年新加坡 WTO 部长级会议上提出，包括投资、竞争政策、政府采购透明度和贸易便利化四个部分的内容。欧盟一直是呼吁将新加坡议题完全纳入 WTO 新回合谈判的主要推动者。欧盟起初期望在新加坡议题的谈判中能够采取类似服务业谈

---

① WTO, "NEGOTIATIONS ON TRADE IN SERVICES: Report by the Chairman, Ambassador Fernando de Mateo, to the Trade Negotiations Committee for the Purpose of the TNC Stocktaking Exercise", Special Session of Council for Trade in Services, TN/S/35, 22 March 2010, https://docs.wto.org/dol2fe/Pages/FE_Search/FE_S_S009-DP.aspx?language=E&CatalogueIdList=240452,225482,133638,123438,123375,123294,95994,95880,107934,79258&CurrentCatalogueIdIndex=8&FullTextHash=&HasEnglishRecord=True&HasFrenchRecord=True&HasSpanishRecord=True.
② WTO Trade Policy Review Body, *Trade Policy Review: European Union (Reported by the Government)*, WT/TPR/G/284, 28 May 2013, p. 12.
③ WTO Trade Policy Review Body, *Trade Policy Review: European Union (Reported by the Government)*, WT/TPR/G/395, 10 December 2019, p. 18.

判中的"自下而上模式",即成员各自提出有意开放的领域。①

然而,WTO其他成员和欧盟成员国内部对新加坡议题的优先级均有异议。将谈判重心放在市场准入上的美国表示有意愿将新加坡议题中后两项(即政府采购透明度和贸易便利化)纳入谈判议程。②印度和七十多个发展中国家认为将新加坡议题纳入谈判议程为时尚早,应当先解决WTO有关贸易自由化的内置议题。此外,发展中成员国也提出新加坡议题除增加了强制性义务外并未带来任何实质经济价值。③欧盟内部也存在分歧,瑞典、荷兰、比利时和爱尔兰拒绝将投资部分纳入坎昆部长级会议的主要议题,而德国对发展中国家的反对表示理解。

为了推动多哈回合谈判在原计划时间内完成,欧盟在新加坡议题是否完整纳入多哈回合谈判议程问题上立场有所软化并做出妥协。2003年11月,欧盟委员会提出在新加坡议题协商上应探寻替代方案,有可能放弃一揽子的谈判目标。④2004年5月,欧盟贸易委员拉米和农业委员菲施乐在致WTO成员的信中提及了推动新加坡议题的更简单的方式,表示有意愿分开处理新加坡议题的四个部分,即仅将在WTO内已达成共识的部分纳入多哈回合谈判的工作

---

① 《新部长级会议纲要将于今天发布》,《桥－每日快报》,2003年9月13日,https://ictsd.iisd.org/bridges-news/%E6%A1%A5/news/%E3%80%8A%E6%A1%A5%E3%80%8B%E6%AF%8F%E6%97%A5%E5%BF%AB%E6%8A%A5-4-%E6%96%B0%E9%83%A8%E9%95%BF%E7%BA%A7%E4%BC%9A%E8%AE%AE%E7%BA%B2%E8%A6%81%E5%B0%86%E4%BA%8E%E4%BB%8A%E5%A4%A9%E5%8F%91%E5%B8%83。

② Paul Blustein, *Misadventures of the Most Favored Nations: Clashing Egos, Inflated Ambitions, and the Great Shambles of the World Trade System*, NY: Public Affairs, 2009, p. 154.

③ 《棉花问题导致谈判破裂,WTO坎昆会议无果而终》,新浪财经网,2003年9月15日,http://finance.sina.com.cn/j/20030916/0732446772.shtml。

④ Commission of the European Communities, "Reviving the DDA Negotiations - the EU Perspective", COM (2003)734 final, 26 November 2003, p. 2, https://eur-lex.europa.eu/legal-content/EN/TXT/PDF/?uri=CELEX:52003DC0734&from=GA.

议程。^①最终，WTO 总理事会于 2004 年终止了新加坡议题的前三项（即投资、竞争和政府采购透明度），在多边谈判层面仅保留贸易便利化议题，而将前两项诉诸双边贸易谈判，将政府采购透明度一项纳入诸边谈判范围。^②

贸易便利化旨在通过简化和统一国际贸易程序提升国际贸易的效率，这样发达国家和发展中国家能"双赢"，因此在四部分中最容易取得共识。最终，2013 年巴厘岛 WTO 部长级会议达成了《贸易便利化协定》（Agreement On Trade Facilitation）。但也有一部分发展中国家对此表示疑虑，如实施成本和乌拉圭回合谈判内置议题尚未解决等。^③

虽然新加坡议题中除贸易便利化外的其他三部分不再构成《多哈部长宣言》中的工作计划，基于现实考虑欧盟仍热衷于通过双边和诸边自贸协定体现这三部分。有学者指出，实现这三部分有助于欧盟更大程度地打开新兴经济体市场，帮助来自发达国家的外资公司及其产品扩张在发展中国家的市场准入，减少或禁止发展中国家出台有利于当地企业和国内经济发展的政策。^④

---

① European Commission, "WTO–DDA: EU Ready to Go the Extra Mile in Three Key Areas of the Talks", 10 May 2004, https://ec.europa.eu/commission/presscorner/detail/en/IP_04_622.

② Megan Dee, "The EU's Changing Role Performance in the WTO's Doha Round", *The European Union in a Multipolar World: World Trade, Global Governance and the Case of the WTO*, Basingstoke: Palgrave Macmillan, 2015, p. 69.

③ 国际贸易中心：《WTO 贸易便利化协议：发展中国家商业指南》，BTP-13-239.E，2013，第 4 页，https://www.intracen.org/uploadedFiles/intracenorg/Content/Publications/AssetPDF/WTO%20Trade%20Facilitation%20Agreement_Chinese%20(SIMP).pdf。

④ Martin Khor, "Analysis of the Doha Negotiations and the Functioning of the World Trade Organization", *South Centre*, May 2010, p. 17, http://www.southcentre.int/wp-content/uploads/2013/05/RP30_Analysis-of-the-DOHA-negotiations-and-WTO_EN.pdf.

第二节 欧盟贸易保护主义的发展及其对 WTO 改革的主张

2008 年国际金融危机和欧债危机以来，欧盟与世界一些主要经济体表现出一定的保护主义倾向，但同时也认识到，封闭和贸易保护主义无法保障本国利益，只会重蹈上世纪大萧条的覆辙。在此背景下，如何在保护本国利益和避免开放的世界经济体系被破坏之间取得平衡成为欧盟贸易政策的基本取向。21 世纪以来，欧美贸易政策政治化不仅体现在国内政策层面，随着特朗普主义兴起和包括欧盟在内的西方国家对中国疑虑加深，也体现出日趋明显的地缘政治化特征，导致以 WTO 为核心的多边贸易体制面临前所未有的挑战。在此过程中，欧盟贸易政策与 WTO 规则、规范的互动以及在 WTO 未来改革中扮演的角色值得关注。

一 欧盟贸易防御工具的改革与"爬行保护主义"[①]

在此背景下，欧盟使用贸易防御/救济措施的频率有所增加，欧盟贸易救济的申诉更多针对中国等亚太新兴市场国家；关税、配额等传统贸易壁垒在一定程度上让位于规则、标准层面的壁垒。欧盟在包括技术、环境和社会壁垒在内的全球新型贸易壁垒的形成与发展中扮演了重要角色。特别是欧盟在修改和实施贸易防御工具时隐约体现了一些保护主义特点。

第一，在反倾销和反补贴这一传统贸易防御领域，欧盟通过降低启动调查的门槛，达到增加针对相关国家贸易调查的目的。1994 年乌拉圭回合谈判完成时，欧盟将批准反倾销措施的表决方法由有

---

① "爬行保护主义"（creeping protectionism）指不诉诸提高关税等激进手段，通过补贴、金融、投资乃至环境、劳工标准等内部规制性壁垒等隐性方式达到保护主义的目的。

效多数改为简单多数。2004年欧盟再次以理事会表决规则改变为由，将该表决机制由"简单多数同意制"修正为"简单多数否决制"，这样在有一定弃权票的情况下，支持票达不到简单多数仍有可能启动反倾销调查。2011年，根据欧盟立法程序改革新规，欧盟委员会提议的反倾销调查在理事会批准阶段只有反对票达到有效多数才能被推翻。[①]

第二，欧盟防御工具的现代化改革经过近八年的反复博弈，加大了对欧盟企业的保护力度。欧盟贸易委员卡洛·德古赫特在2010年上任之初曾明确表示，在多哈回合谈判完成前不审议修改贸易防御工具的问题。但到2011年，欧盟委员会就以谈判陷入僵局和经济下行为由启动了相关修改工作。欧盟委员会称此次贸易防御工具现代化争议的最大焦点在于，如认定出口国存在国家干预导致原材料和能源成本扭曲，将改变反倾销税从低征收的规则，变为适用以倾销幅度征税。多哈回合谈判开始以来，大多数WTO成员，特别是发展中国家主张从低征税规则体现了贸易保护和自由贸易之间的平衡，应成为各国统一执行的原则。该修改建议提出的其他实质性内容包括欧盟委员会将缩短征收临时关税的等候时间，一些特定案例欧盟可主动展开调查无须等企业提起诉讼。这一加强保护主义的做法在成员间也引发争论，德国、英国等北方国家持反对意见，而南方国家则大多表示支持。[②] 到2014年，该动议陷入僵局，暂时被搁置。然而，2016年后欧盟委员会重启了相关讨论。2018年1月，欧盟宣布已基本完成此轮贸易防御工具现代化工作，欧洲议会和理事会于2017年12月采纳了欧盟委员会的建议。该方案对欧盟反倾销、

---

① European Commission, "Modernisation of the EU's Trade Defence Instruments", 10 April 2013, http://europa.eu/rapid/press-release_MEMO-13-319_en.htm.
② Yelter Bollen, Ferdi De Ville and Jan Orbie, "EU Trade Policy: Persistent Liberalisation, Contentious Protectionism", *Journal of European Integration*, Vol. 38, No. 3, 2016, pp. 284–285.

反补贴条例的修改除涉及减少征税从低规则适用范围、缩短采取临时措施的等候时间外，还包括将社会和环境等可持续发展事项纳入调查范畴、增加透明度、支持欧盟小企业等内容。①

第三，欧盟贸易防御法规的另一个主要变化是 2017 年底欧盟通过了反倾销调查新方法修正案。虽然该修正案适用于欧盟所有的贸易伙伴，但实质上主要是针对《中国加入 WTO 议定书》第 15 条到期终止后的相关法律问题。为保护欧盟市场，欧盟委员会取消了非市场经济实体清单，转而针对 WTO 成员引入"市场扭曲"概念，即如认定出口国存在国家干预造成的重大"市场扭曲"，不适合使用正常价值衡量该国的价格和成本时，则选择与该国经济发展水平相似的国家计算或按国际标准计算正常价格。②这一提案规避了市场经济地位到期后欧盟修改反倾销法规的义务，在有关争端中，继续保留了对中国等国家的争议产品价值计算采用第三国数据的不公正做法，实际上变相延续了原反倾销调查中的"替代国"规定。此外，该修正案还规定将在就"市场扭曲"的认定、参照国家的选择时将社会保障和环境保护水平纳入其中。尽管中国、俄罗斯等国在 WTO 反倾销措施委员会会议上对欧盟的做法提出质疑，③欧盟理事会仍然于 2017 年 12 月 15 日批准该修正案正式生效。欧盟在修订内部贸易防御法规过程中，过度使用 WTO "市场扭曲"原则，规避相关国际条约义务；在缺乏充分协商与共识的情况下，将环保和劳工标准纳入反倾销调查程序。

第四，在贸易防御调查实施层面，尽管存在全球金融危机、欧

---

① European Commission, "EU Modernisesits Trade Defence Instruments", January 2018, http://europa.eu/rapid/press-release_MEMO-18-396_en.htm.
② European Commission, "The EU's New Trade Defence Rules and First Country Report", December 2017, http://europa.eu/rapid/press-release_MEMO-17-5377_en.htm.
③ 《WTO 成员对欧盟反倾销新方法提出了质疑》，中华人民共和国商务部网，2017 年 10 月 31 日，http://www.mofcom.gov.cn/article/i/jyjl/m/201711/20171102664626.shtml.

债危机的影响，2009 年后调查（反倾销、反补贴等措施）数量总体未出现上升，但相关研究表明，20 世纪末以来，欧盟针对新兴市场国家，特别是中国的调查比例显著增加。[①] 从 2005 年纺织品贸易摩擦到 2012 年针对光伏电池提起的有史以来最大规模的对华反倾销调查，欧盟对华反倾销、反补贴措施的使用从传统劳动密集产业向高技术产业扩散，规模不断扩大，双反调查增多。光伏案虽经双方努力达成和解，但此后欧盟对华贸易调查数量不断上升。

第五，欧债危机之后，欧盟的贸易保护主义加强，贸易政策也从传统的贸易救济措施逐渐转向技术性贸易壁垒。尤其是从 2010 年开始，欧盟增加了一系列范围广泛、标准高的技术性贸易措施，更加频繁地利用技术贸易壁垒来保护本国贸易。欧盟是最早使用绿色贸易壁垒的地区之一，也是使用最多最严格的地区。欧盟出台的系列绿色壁垒文件包括《报废电子电气设备指令》（WEEE 指令）、《关于在电子电气设备中限制使用某些危险物的指令》（ROHS 指令）、《用能产品生态设计框架指令》（EUP 指令）和《关于化学品注册、评估、授权和限制制度》（REACH 法规）等，涵盖了机电产品、有害物质、产品能耗、化工品、纺织品、农产品和食品等领域。

此外，欧盟和部分成员以国家安全、技术保密和投资开放度不对等为由，对投资、并购设置了诸多限制。特别是 2016 年德国政府在库卡公司等并购案中以公司掌握德国"工业 4.0"核心技术为由拒绝批准中资并购，并提议欧盟启动相关投资审查立法。2017 年 9 月，欧盟委员会在德、法、意等国推动下发布了制定欧盟外国直接投资审查框架法规的建议，明确提出欧盟建议并鼓励成员国对境内战略性技术领域的并购设立严格的审查程序，特别是投资方所在国对欧

[①] Lucy Davis, "Ten Years of Anti-dumping in the EU: Economic and Political Targeting", *ECIPE Working Paper*, No. 2, 2009, http://ecipe.org/app/uploads/2014/12/ten-years-of-anti-dumping-in-the-eu-economic-and-political-targeting.pdf.

盟企业未给予同等开放待遇的情况下。① 尽管投资政策仍处于划入欧盟权能后的过渡期，欧盟尚未完成统一成员国并购审批做法的工作，但该建议出于政治考虑加强投资保护主义的导向是显而易见的，特别是加强了欧盟之外的第三国战略部门投资的监管。2019 年 2 月，欧洲议会高票通过了《建立外国直接投资审查框架条例》，普遍认为中国是该条例的重要针对目标。

2014 年欧盟与中国开启的《中欧投资协定谈判》旨在为双方投资者提供法律保护，促进双向投资便利化，对推动中欧双向投资快速发展的良好态势、促进"一带一路"倡议与欧盟发展战略的有效对接有积极意义。在 2020 年中国与美国达成第一阶段贸易协定、拜登上台后中美贸易关系发展面临新窗口期的背景下，欧盟意识到深化与中国的贸易投资关系对欧盟经济发展和政治自主的重要性，同时感到竞争压力。经过七年多谈判，中欧双方在投资关系、服务业、货物等产业和产品市场准入、负面清单、国有企业、环境劳工标准、反歧视与改善监管环境原则等问题上达成了共识，最终于 2020 年 12 月 30 日宣布达成一项全面、平衡、高水平的投资协定。该协定将经双方立法机构批准后生效。签署此协定对深化中欧务实合作、推动多边主义发展具有重要意义。

二 欧盟在 WTO 改革中的角色

在全球经济危机后逆全球化思潮兴起的背景下，WTO 成员讨论的热点逐渐从多哈回合谈判的完结向 WTO 的改革倾斜。WTO 亟需改革以适应复杂多变的世界政治经济格局已成为 WTO 成员的共识。

---

① European Commission, "Proposal for a Regulation Establishing a Framework for Screening of Foreign Direct Investment into the European Union", 13 September 2017, http://eur-lex.europa.eu/legal-content/EN/TXT/?qid=1505303601241&uri=COM:2017:487:FIN.

为维护内部稳定与发展、应对国际单边主义和贸易保护主义兴起，欧盟积极推动新一轮 WTO 改革，发布《WTO 现代化》指导性文件，并试图通过协调各方争议引领改革方向。

（一）新一轮 WTO 改革的兴起

自 1995 年创立起，WTO 需要在货物贸易之外的领域推进贸易自由化，也面临对发展中国家在多边贸易体制中话语权、发言权不足的批评。[①]2001 年多哈回合谈判的启动实质上反映了改革 WTO 以适应深化全球化的呼声。然而，由于在农业、非农市场准入、发展等核心问题上 WTO 成员间分歧巨大，原计划五年结束的多哈回合谈判至今未能完成，陷入僵局。

全球金融危机的暴发使一些国家对贸易自由化产生了动摇，担心会导致金融服务进一步去监管化。[②]2013 年，WTO 总干事阿泽维多（Roberto Azevêdo）提出将贸易便利化、农业和发展三个议题作为"早期收获目标"。巴厘岛 WTO 部长级会议达成了多哈回合谈判启动以来的一份"缩水版"全球多边贸易协定——"巴厘一揽子协定"。虽然"巴厘一揽子协定"与多哈回合谈判的"雄心"相去甚远，但在一定程度上传递了对多哈回合谈判和 WTO 的信心。2014 年 2 月 21 日，WTO 前总干事帕斯卡尔·拉米在采访中表示 WTO 的重点工作仍应落在加速多哈回合谈判的谈判上，而并非将 WTO 改革议程列为紧急事项；此外，WTO 改革的重点不是结构性的，而是程序性的。[③]

[①] 成帅华：《G20 贸易投资部长会议可否拯救 WTO 和全球贸易？》，中华人民共和国商务部 WTO/FTA 资讯网，2018 年 9 月 14 日，http://chinawto.mofcom.gov.cn/article/ap/q/201809/20180902786876.shtml。

[②] 袁雪：《世界贸易组织会议：仅仅谈判是种浪费》，新浪财经，2009 年 12 月 2 日，http://finance.sina.com.cn/roll/20091202/00437042199.shtml。

[③] 《WTO 当前重点是加速多哈谈判》，中华人民共和国商务部 WTO/FTA 资讯网，2014 年 3 月 4 日，http://chinawto.mofcom.gov.cn/article/ap/q/201403/20140300521038.shtml。

关于多哈回合谈判是否"已死亡",各方观点迥异。有观点称多哈回合谈判实际在 2008 年"已死";[①] 也有观点提出多哈回合谈判在 2008 年后已进入"植物人"状态。[②] 美国前贸易代表苏珊·斯瓦布曾于 2011 年撰文称"多哈回合谈判注定失败",认为多哈回合谈判无法解决发达国家、新兴经济体和发展中国家在世界经济治理中所需承担的义务和相对角色定位的问题,建议成员承认多哈已死并就可谈判的部分议题进行谈判。[③] 《内罗毕部长宣言》首次明确说明了不同成员就如何继续贸易谈判持有不同的观点,"许多成员重申了对多哈发展议程、多哈部长级会议及之后通过的宣言和决定的支持,再次承诺在此基础上缔结多哈发展议程;而其他成员认为需要采用新方法以获取多边谈判有意义的成果,没有重申对多哈发展议程的坚持"。[④] 《金融时报》据此发布了一系列评论文章,称"多哈回合谈判获得死亡解脱""多哈回合谈判的死亡与新 WTO 的诞生"。[⑤]

然而,WTO 官方网站并未正式公开宣告多哈回合谈判的"死亡",大部分 WTO 成员积极寻求取得实质性协定、挽救多边贸易谈判进程

---

① Marianne Schneider-Petsinger, "The Path Forward on WTO Reform", Chatham House, 7 May 2019, https://www.chathamhouse.org/2019/05/path-forward-wto-reform.
② 卡尔·扎瓦斯基(Karl Zawadsky):《多哈回合:宣布了死亡的活得更长》,德国之声,2007 年 11 月 29 日,https://www.dw.com/zh/%E5%A4%9A%E5%93%88%E5%9B%9E%E5%90%88%E5%AE%A3%E5%B8%83%E4%BA%86%E6%AD%BB%E4%BA%A1%E7%9A%84%E6%B4%BB%E5%BE%97%E6%9B%B4%E9%95%BF/a-2977828。
③ Susan C. Schwab, "After Doha: Why the Negotiations Are Doomed and What We Should Do About It", *Foreign Affairs*, Vol. 90, No. 3, May/June 2011, pp. 104-117, https://www.jstor.org/stable/pdf/23039412.pdf?refreqid=excelsior%3A1791d92bfeb1b9b3a749307169a12892.
④ WTO, "Nairobi Ministerial Declaration", WT/MIN (15)/DEC, 19 December 2015, para. 30, https://www.wto.org/english/thewto_e/minist_e/mc10_e/mindecision_e.htm.
⑤ "The Doha Round Finally Dies a Merciful Death", *Financial Times*, 22 December 2015, https://www.ft.com/content/9cb1ab9e-a7e2-11e5-955c-1e1d6de94879; Shawn Donnan, "Trade Talks Lead to 'Death of Doha and Birth of New WTO'", *Financial Times*, 21 December 2015, https://www.ft.com/content/97e8525e-a740-11e5-9700-2b669a5aeb83.

的方式。德国发展研究所（Deutsches Institutfür Entwicklungspolitik, DIE）称，2015年召开的内罗毕部长级会议在取消农产品出口补贴等方面取得了一些实质性进展，发展中国家仍然对多哈回合谈判持有相对乐观的态度，希望谈判继续，但以美国为代表的部分工业国家期望结束多哈回合谈判。[1]欧盟在2015年的贸易战略文件中再次重申希望在内罗毕部长级会议尽快完成多哈回合谈判，实现目标。[2]中国在2019年5月提交的《中国关于世贸组织改革的建议文件》中提到中国将"根据《多哈部长宣言》要求，继续推进特殊与差别对待条款的谈判"[3]，这反映出中国希望按规则继续推进多哈回合谈判既定议程谈判的态度。

多哈回合谈判的停滞不前也反映出WTO逐渐陷入被边缘化的内在危机。随着新兴经济体崛起、数字经济繁荣和全球价值链重塑，世界经济政治格局发生复杂改变，WTO面临与现实经济发展逐渐脱节的风险，中美欧贸易关系日趋紧张，贸易摩擦不断升级，WTO面临失效威胁，改革WTO逐渐成为WTO成员的共识。面临生存危机的WTO开始了新一轮关于WTO改革核心议题的讨论。WTO总干事阿泽维多几次就改革WTO表达看法，认为获得多数成员共识的WTO改革是一项紧迫的必要任务，鼓励更多的成员参与WTO改革的讨论，以此为契机携手解决不平等问题、刺激经济增长

---

[1] Clara Brandi, "The Doha Round is Dead-Long Live the WTO?", German Development Institute/ Deutsches Institutfür Entwicklungspolitik (DIE), the Current Column of 21 December 2015, https://www.die-gdi.de/en/the-current-column/article/the-doha-round-is-dead-long-live-the-wto/.

[2] European Commission, *Trade for All: Towards a More Responsible Trade and Investment Policy*, 2015, p. 23, 27, https://trade.ec.europa.eu/doclib/docs/2015/october/tradoc_153846.pdf.

[3] 中华人民共和国商务部世界贸易组织司：《中国关于世贸组织改革的建议文件》，2019年5月13日，第12页，http://images.mofcom.gov.cn/sms/201905/20190524100740211.pdf.

和发展。①

全球范围内的新冠肺炎疫情给 WTO 改革带来了新的挑战和机遇：一方面，疫情导致全球商品贸易量下降；一些国家为了预防国内药品和食品短缺启动了暂时出口限制；疫情引发全球对知识产权（疫苗）、国内补贴、全球价值链的重新思索；部长级会议因疫情延期；疫情蔓延导致原本就处于贸易冲突中的中美关系愈加紧张。但另一方面，很多国家对防疫用品进口采取了降低关税、便利化等措施；一些国家开始推动医药物品、电子商务等新领域的诸边协议谈判。②

（二）欧盟推动 WTO 改革的动因与表现

虽然启动新一轮 WTO 改革的设想最初是由美国 2017 年 7 月在 WTO 总理事会上提出，③但欧盟在推动此轮 WTO 改革方面扮演了积极的角色，努力协调利益不同的发达国家和发展中国家成员的立场，试图在中美两国分歧加大的情况下扮演 WTO 改革领导者的角色。欧盟委员会主席乌尔苏拉·冯德莱恩（Ursula von der Leyen）在给贸易委员菲尔·霍根（Phil Hogan）的任务函中强调"欧盟处于以规则为基础的多边体系中心"，并明确了"欧盟的首要任务是引领 WTO 改革"。④

---

① WTO, "Director-General Roberto Azevêdo—Speeches, Statements and News", https://www.wto.org/english/news_e/spra_e/spra_e.htm.
② Marianne Schneider-Petsinger, "Reforming the World Trade Organization: Prospects for Transatlantic Cooperation and the Global Trade System", Chatham House, 11 September 2020, https://www.chathamhouse.org/2020/09/reforming-world-trade-organization/02-wto-reform-and-covid-19.
③ Philipp Lamprecht, "The EU's Position on the WTO Reform and What's Ongoing", ECIPE, 26 September 2019, https://ecipe.org/wp-content/uploads/2019/10/The-EUs-Position-on-the-WTO-Reform-and-whats-ongoing-Philipp-Lamprecht.pdf.
④ 中华人民共和国常驻世贸组织代表团：《张向晨大使在欧盟第十四次贸易政策审议会议上的发言》，2020 年 2 月 19 日，http://wto.mofcom.gov.cn/article/xwfb/202002/20200202937089.shtml。

按照欧盟发布的《WTO 现代化》文件的表述，积极参与 WTO 改革的动因有几点。首先，欧盟开放型经济对多边贸易体系的依赖性高。欧盟经济与全球价值链深度融合，进出口依赖于稳定的、基于规则的多边贸易体系。[①] 2019 年，欧盟 27 国对外贸易总额（不含盟内贸易）为 40643 亿欧元，其中出口贸易额为 21323 亿欧元，进口贸易额为 19320 亿欧元；欧盟内超过 3000 万个工作岗位依赖对外贸易。[②] 保证多边贸易体制与时俱进和稳定发展有利于维护欧盟内部政治秩序稳定和经济可持续发展。

其次，面对不断变化的国际经济形势，欧盟认为诞生于 1995 年的 WTO 机制本身已经表现出结构性的效能低下的问题，应适时进行改革，提高运作效率。[③] 2008 年世界经济危机后，单边主义和贸易保护主义抬头，WTO 面对的全球经济治理环境愈加复杂。尤其是自 2019 年底以来，受美国阻碍的 WTO 上诉机制陷入瘫痪，WTO 面临被边缘化的危机。

因此，在内部需求和外部危机的共同影响下，作为多边贸易体制长期以来的支持者，欧盟将自身定义为 WTO 改革的领导者，强调 WTO 现代化的必要性，致力于通过加强国际间对话维护 WTO 作为全球贸易担保人的核心身份。

2018 年 9 月，欧盟发表关于 WTO 改革的指导性文件——《WTO 现代化》，阐明了欧盟的基本立场。在该文件中，欧盟对 WTO 改革的关注领域为争端解决机制、知识产权保护、强制性技术转移、补

[①] EU Commission, *WTO Modernisation (Concept Paper)*, June 2018, p. 1, para.5, https://trade.ec.europa.eu/doclib/docs/2018/september/tradoc_157331.pdf.

[②] 中华人民共和国商务部：《欧盟统计局公布 2019 年欧盟对外贸易数据》，2020 年 2 月 24 日，http://www.mofcom.gov.cn/article/tongjiziliao/fuwzn/feihuiyuan/202002/20200202938686.shtml。European Parliament, "The European Union and Its Trade Partners", https://www.europarl.europa.eu/factsheets/en/sheet/160/the-european-union-and-its-trade-partners.

[③] EU Commission, *WTO Modernisation (Concept Paper)*, June 2018, p. 1, para. 7, https://trade.ec.europa.eu/doclib/docs/2018/september/tradoc_157331.pdf.

贴和国有企业等，并希望与立场相近的成员共同推进 WTO 改革。欧盟认为，成员间的利益分歧和过于灵活的特殊安排阻碍了 WTO 有效发挥全球经贸谈判平台的功能；冗杂而不透明的程序在一定程度上影响了 WTO 监管多边贸易规则的执行力；WTO 争端解决机制受到更广泛的地缘战略因素的影响。欧盟委员会主张，为创造开放、公平的国际贸易环境，欧盟的首要任务之一就是领导 WTO 现代化改革，而改革的重点在于补贴、强制性技术转让和争端解决等问题。[①]

同时，欧盟积极与其他成员就 WTO 改革相关问题协调立场。首先，欧盟与美国和日本协调立场，从发达国家诉求出发，以所谓"公平性"和"再平衡"为目标重构国际多边贸易体系规则。自 2017 年布宜诺斯艾利斯 WTO 部长级会议起，欧美日三方建立起贸易部长会议机制，就 WTO 改革、非市场导向政策和做法、国有企业和产业补贴规则、强制技术转让和知识产权保护、数字贸易和电子商务等议题展开深度合作与讨论，至 2020 年底，已发表七份联合声明。[②] 然而，欧美日三方谈判回避了改革中最为紧迫的上诉机构成员遴选问题。2018 年 7 月，特朗普与欧盟委员会主席容克发表联合声明，称欧美将共同致力于世贸组织改革，解决多边贸易机制中的不公平问题。[③]

---

① European Commission, "Commissioner Hogan's Mission Letter", 10 September 2019, p. 5.
② 七篇联合声明的时间及获取网址为：2017 年 12 月 12 日（https://trade.ec.europa.eu/doclib/docs/2017/december/tradoc_156458.pdf），2018 年 3 月 10 日（https://trade.ec.europa.eu/doclib/docs/2018/march/tradoc_156632.pdf），2018 年 5 月 31 日（https://trade.ec.europa.eu/doclib/docs/2018/may/tradoc_156906.pdf），2018 年 9 月 25 日（https://trade.ec.europa.eu/doclib/docs/2018/september/tradoc_157412.pdf），2019 年 1 月 9 日（https://trade.ec.europa.eu/doclib/docs/2019/january/tradoc_157623.pdf），2019 年 5 月 23 日（https://trade.ec.europa.eu/doclib/docs/2019/may/tradoc_157894.pdf），2020 年 1 月 14 日（https://trade.ec.europa.eu/doclib/docs/2020/january/tradoc_158567.pdf）。
③ European Commission, "Joint U.S.–EU Statement following President Juncker's Visit to the White House", 25 July 2018, https://ec.europa.eu/commission/presscorner/detail/en/STATEMENT_18_4687.

第四章　欧盟在 WTO 多边贸易体制中的角色演变

其次，面对特朗普单边主义的威胁，欧盟与中国在维护以 WTO 为核心的多边贸易体系、反对单边主义和贸易保护主义等方面有着诸多共同利益和合作空间，将解决争端解决机制危机作为改革优先项。欧盟与中国根据第二十次中欧领导人会晤联合声明和第七次经贸高层对话的成果建立了中欧 WTO 改革副部级联合工作组，并于 2018 年 10 月召开了第一次会议。中欧双方明确提出，面对单边主义和贸易保护主义的冲击，将共同维护以 WTO 为核心的多边贸易体系。2018 年 12 月，欧盟与中国等 WTO 成员向总理事会提交了两份关于改革争端解决上诉程序的联合提案，[①] 针对美国对 WTO 上诉机构提出的一些异议做出了回应，包括上诉机构成员离任过渡规则和提升上诉机构独立性、效率及自动启动上诉机构成员遴选等建议。欧盟贸易代表西西莉亚·马尔姆斯特伦（Cecilia Malmström）希望这份欧盟与一些 WTO 成员共同提出的详尽改革方案能有助于打破僵局。[②] 然而，美国表态拒绝支持欧盟关于改革上诉机构的想法。[③] 2019 年 4 月，第二十一次中国—欧盟领导人会晤发表联合声明，双方表示将加强产业补贴国际规则的讨论。在 2020 年 7 月 28 日的第八次中欧经贸高层对话上，双方表示将共同保障"多方上诉临时仲裁安排"的实施，推动 WTO 投资便利化、电子商务、渔业补贴等议题谈判，协调总干事遴选等事务。

[①] 一份由欧盟、中国、加拿大、印度、挪威、新西兰、瑞士、澳大利亚、韩国等 14 个 WTO 成员共同提交；另一份则由欧盟与中国、印度和黑山共和国联合提交。转引自冯迪凡：《重磅！欧与美国正面交锋未果全球贸易最高法院恐离瘫痪不远了》，第一财经网，2018 年 12 月 14 日，https://www.yicai.com/news/100079935.html。

[②] 《焦点：欧盟提出 WTO 改革提案已取得中国及印度等国共识》，路透社，2018 年 11 月 27 日，https://www.reuters.com/article/wto-reform-wrapup-eu-proposal-1126-mon-idCNKCS1NW059。

[③] 《焦点：欧盟提出 WTO 改革提案已取得中国及印度等国共识》，路透社，2018 年 11 月 27 日，https://www.reuters.com/article/wto-reform-wrapup-eu-proposal-1126-mon-idCNKCS1NW059。

最后，欧盟也与其他发达和发展中国家沟通，提高欧盟改革模式的接受度，扩大其在多边贸易体系未来走向的影响力。2018年10月，加拿大贸易部长卡尔邀请来自欧盟和巴西、智利、墨西哥、澳大利亚、新西兰、挪威、瑞士、日本、韩国、新加坡和肯尼亚的贸易部长在渥太华召开关于WTO改革的会议，就争端解决机制、WTO谈判职能以及透明度等问题表明决心，但美国和中国未受邀参与此次会议。2018年12月1日，G20领导人在阿根廷召开会议，首次达成对系统性失灵的WTO进行改革的协议，为WTO改革背书。①

三 欧盟《WTO现代化》概念文件主要内容

2018年6月28日，欧洲理事会通过了筹备WTO综合性改革方案的决议。②2018年9月发布的《WTO现代化》文件，从制度建设与发展、常规工作与透明度和争端解决机制三个模块阐述了欧盟对WTO改革的规划与设想。欧盟提出WTO现代化的长期目标在于确保成员间贸易措施的透明度，在进入立法程序前解决各方具体的贸易牵涉，必要时逐步调整WTO规则。③

（一）改革WTO制度建设

欧盟认为改革WTO制度建设是WTO现代化的核心支柱。欧盟对WTO制度建设的提案围绕内容和过程两个层面展开：④欧盟提出，

---

① Caroline Stauffer, Nicolás Misculin, "G20 Sealed Landmark Deal on WTO Reform by Ducking 'Taboo Words'", *Reuters*, 3 December 2018, https://www.reuters.com/article/us-g20-argentina-communique-idUSKBN1O10UF.

② European Council, "European Council Conclusions, 28 June 2018", 29 June 2018, https://www.consilium.europa.eu/en/press/press-releases/2018/06/29/20180628-euco-conclusions-final/.

③ EU Commission, *WTO Modernisation: Future EU Proposals on Regular Work and Transparency (Concept Paper)*, June 2018, p. 9, https://trade.ec.europa.eu/doclib/docs/2018/september/tradoc_157331.pdf.

④ EU Commission, *WTO Modernisation: Future EU Proposals on Regular Work and Transparency (Concept Paper)*, June 2018, pp. 3–8, https://trade.ec.europa.eu/doclib/docs/2018/september/tradoc_157331.pdf.

为构建WTO体系下的贸易公平、消除服务和投资领域的贸易壁垒和实现可持续发展目标，应继续寻求在多哈回合谈判的基础上开展建立对WTO新规则的讨论，更新有关市场准入、非传统贸易壁垒、产业补贴、国有企业的内容。同时，欧盟利用"灵活的多边主义"的概念，在维护多边贸易谈判优先级的基础上，通过允许部分成员就某些议题提前达成诸边贸易协定、允许修订WTO已有协议、强化WTO秘书处职能、增强政治支持与参与等方式，增加规则制定程序上的灵活性。

（二）改革常规工作和透明度

欧盟认为，改革常规工作[①]和透明度是WTO现代化的重要组成部分，有助于增强WTO的监管功能。[②]在多哈回合谈判受阻、争端解决机制面临停摆的情况下，关注WTO协商会议和委员会的日常运行和监管功能显得尤为重要。

WTO的监管职能重点在于成员贸易政策的透明度和履行通告，而监管的主体在于定期召开的WTO协商会议、WTO委员会以及WTO贸易政策审查机制。[③]欧盟指责部分成员没有按时履行通告责任，使欧盟企业无法获取市场准入的有效信息，造成不公平的竞争环境。欧盟建议应加强委员会层面的监管，改变秘书处工作中的一些弊端（如对成员履行通告的表现无法进行定性评价，成员无法就未履行行为做出解释等），将对成员履行通告的评价与反馈纳入同一体系。欧盟提出设立货物贸易理事会（Council for Trade in Goods），

[①] 除协商谈判和争端解决之外，与WTO运作相关的工作即为常规工作。

[②] EU Commission, *WTO Modernisation: Future EU Proposals on Regular Work and Transparency (Concept Paper)*, June 2018, p. 9, https://trade.ec.europa.eu/doclib/docs/2018/september/tradoc_157331.pdf.

[③] EU Commission, *WTO Modernisation: Future EU Proposals on Regular Work and Transparency (Concept Paper)*, June 2018, p.9, https://trade.ec.europa.eu/doclib/docs/2018/september/tradoc_157331.pdf.

统一管理负责审查通告履行情况的委员会：^①允许成员对其延迟通告提供解释和意见反馈；允许秘书处对通告和意见反馈进行定性评价；公开发布通告履行评价及各方反馈，纳入统一、公开的 WTO 数据库；同时对未履行评价的成员通过会议和书面报告增加曝光，接受 WTO 总干事的平行审议。

欧盟一方面提出在多边贸易体制下对履行通告的要求能激发成员内部的行政整合，另一方面也意识到部分发展中国家在履行通告方面资源有限。欧盟提出，各成员和秘书处可组织讨论对部分发展中国家提供必要的透明度问题相关援助。^②同时，欧盟提出对无能力履行通告和不履行通告以造成系统性混淆的行为进行区分。欧盟希望与美国共同解决非资源能力问题造成的未履行通告行为。^③欧盟提出，针对以下情况可实施一定的制裁措施，如在政治层面更有力地批评不履行通告的成员，限制其在 WTO 机制内的部分权利（如担任轮值主席国）等。

由于需要投入大量的时间和人力资源，因此反向通知（Counter-notifications）在 WTO 中不常使用，但它仍是潜在的实现透明度原则的有力工具。欧盟希望与志同道合的成员合作共同准备反向通知，

---

① EU Commission, *WTO Modernisation: Future EU Proposals on Regular Work and Transparency (Concept Paper)*, June 2018, pp. 9–10, https://trade.ec.europa.eu/doclib/docs/2018/september/tradoc_157331.pdf.

② EU Commission, *WTO Modernisation: Future EU Proposals on Regular Work and Transparency (Concept Paper)*, June 2018, p. 10, https://trade.ec.europa.eu/doclib/docs/2018/september/tradoc_157331.pdf.

③ WTO, "Communication from the United States: Procedures to Enhance Transparency and Strengthen Notification Requirements Under WTO Agreements", JOB/CTG/10/REV.1, 12 March 2018, https://docs.wto.org/dol2fe/Pages/FE_Search/FE_S_S009-DP.aspx?language=E&CatalogueIdList=268822, 261912, 255258, 253153, 252771, 250198, 249478, 249337, 243708, 239818&CurrentCatalogueIdIndex=8&FullTextHash=371857150&HasEnglishRecord=True&HasFrenchRecord=True&HasSpanishRecord=True.

同时提高 WTO 秘书处的参与度，强化接受反向通知的后果。[1] 欧盟希望通过强化贸易政策审议机制（如在其审查报告中增加对成员国通告履行情况的评价等）对各成员国施压，给秘书处赋权。[2]

欧盟提出 WTO 各委员会和部门间的沟通问题。在市场准入问题上，WTO 各委员会为成员提出和澄清市场准入问题提供了平台，但受反馈效率和部门间沟通问题的影响，效率不高。此外，WTO 理事会和委员会虽然有能力在谈判外调整和解释 WTO 规则（如 2018 年 3 月的动植物卫生检疫管理工具、2012 年货物贸易理事会对数量限制的通告要求、2000 年技术性贸易壁垒委员会发布的提升全球标准原则等），但此类调整的实际效果较弱，因为从委员会层面调整 WTO 规则的成效取决于其他相关委员会是否会有同步的监管和执行调整。[3]

因此，欧盟建议，规定成员在一定时间内回复其他成员书面提出的问题或在委员会会议上提出的特定贸易问题。[4] 其次，欧盟主张加强在秘书处统筹下市场准入问题的跨委员会协作，例如，货物贸易委员会上的争议性措施应同时反馈到与贸易相关的投资设施、技术性贸易壁垒和市场准入委员会。

此外，欧盟提出要裁减效率低下的委员会，适当休眠部分不活跃的委员会（如新加坡议题工作组），减少委员会不必要的定期会

---

[1] EU Commission, *WTO Modernisation: Future EU Proposals on Regular Work and Transparency (Concept Paper)*, June 2018, p. 10, https://trade.ec.europa.eu/doclib/docs/2018/september/tradoc_157331.pdf.

[2] EU Commission, *WTO Modernisation: Future EU Proposals on Regular Work and Transparency (Concept Paper)*, June 2018, p. 11, https://trade.ec.europa.eu/doclib/docs/2018/september/tradoc_157331.pdf.

[3] EU Commission, *WTO Modernisation: Future EU Proposals on Regular Work and Transparency (Concept Paper)*, June 2018, p. 11, https://trade.ec.europa.eu/doclib/docs/2018/september/tradoc_157331.pdf.

[4] EU Commission, *WTO Modernisation: Future EU Proposals on Regular Work and Transparency (Concept Paper)*, June 2018, p. 11, https://trade.ec.europa.eu/doclib/docs/2018/september/tradoc_157331.pdf.

议。^①有些委员会是当时为解决部分成员的特定利益而设立的,存在时效和作用有限等问题。

(三)改革争端解决机制

在国际贸易摩擦日渐升级的背景下,维护和发展基于规则的多边贸易体系显得尤为重要。欧盟对争端机制的改革关注体现在提升效率和透明度、确保公平性原则等方面。^②

特朗普上台后,美国奉行单边主义给WTO争端解决机制带来了严重危机。2016年起,美国首先对上诉机构工作程序第15条提出挑战,质疑上诉机构人事制度的权力范围,提出此问题是成员需要优先解决的原则性问题。美国认为上诉机构无权授权已离职的机构成员继续听取上诉;此项权力依据《WTO协定》应当归属于争端解决机构。^③随后,美国以"政治领导人换届"为由阻挠任命新法官的程序。之后两年间,特朗普政府以WTO上诉机构"干涉过多"、不利于美国利益为由持续阻挠上诉机构任命新法官,导致该机构无法达到议事所需的三名法官的最低门槛。^④

美国在争端解决机制会议上表达了对上诉机构功能的诸多质疑,并在美国总统《2018年贸易政策议程和2017年报告》中总结了美国对WTO争端解决机制的诸多考量:上诉进程超过90天,上诉机构却越权授权离职人员继续听取上诉,上诉机构报告涵盖与问题解

---

① EU Commission, *WTO Modernisation: Future EU Proposals on Regular Work and Transparency (Concept Paper)*, June 2018, pp. 11–12, https://trade.ec.europa.eu/doclib/docs/2018/september/tradoc_157331.pdf.
② EU Commission, *WTO Modernisation: Future EU Proposals on Dispute Settlement (Concept Paper)*, June 2018, p. 13, https://trade.ec.europa.eu/doclib/docs/2018/september/tradoc_157331.pdf.
③ EU Commission, *WTO Modernisation: Future EU Proposals on Dispute Settlement (Concept Paper)*, June 2018, p. 13, https://trade.ec.europa.eu/doclib/docs/2018/september/tradoc_157331.pdf.
④ 谷智轩:《美国阻止任命新法官,WTO上诉机构陷入"停摆"》,观察者网,2019年12月11日,https://www.guancha.cn/internation/2019_12_11_528055.shtml。

决无关的内容，上诉机构无视成员国国内法既成事实而对其合法性进行调查，以先前案例报告为依据作出裁决有损评估客观性。[①]美国对WTO上诉机构裁决的权能问题有所质疑，包括对补贴协议下"公共机构"、技术性贸易壁垒协议下"非歧视责任"、与保障措施相关的一系列概念理解，以及判定《伯德修正案》（Byrd Amendment）不合法并授权欧盟及其盟国针对美国实施贸易制裁、判定美国海外销售公司的税务处理违反其WTO义务。[②]

2016年以来，WTO争端解决机制因美国拒绝支持上诉机构新法官的任命陷入危机。在此背景下，为增强WTO争端解决机制的独立性，应对美国对争端解决机制的质疑，欧盟相应地提出了对《关于争端解决规则和程序的谅解》第17条进行修订的意见。[③]

首先，提高透明度和增强咨询职能。除非经各方协商一致允许延期，否则上诉期限不得超过90天。为实现90天内完成，欧盟建议上诉机构可提醒各方基于自愿原则集中上诉范围、设置各方提交指示性文件的页数限制、采取适当措施减少各方报告的长度、报告的发布可仅使用上诉方的语言、免除翻译。前期咨询义务不能影响之后采纳过程中的反向协商一致或上诉机构报告。

其次，为提升上诉机构效率，欧盟提议将上诉机构成员设置为全职岗位；扩大上诉机构秘书处的资源获取范围；上诉机构成员数量增加至9人，也能实现地缘上的平衡。为提升上诉机构成员的独

[①] USTR, *2018 Trade Policy Agenda and 2017 Annual Report of the President of the United States on the Trade Agreements Program*, 2018, pp. 89-90, https://ustr.gov/sites/default/files/files/Press/Reports/2018/AR/2018%20Annual%20Report%20V.pdf.

[②] EU Commission, *WTO Modernisation: Future EU Proposals on Dispute Settlement (Concept Paper)*, June 2018, p. 14, https://trade.ec.europa.eu/doclib/docs/2018/september/tradoc_157331.pdf.

[③] EU Commission, *WTO Modernisation: Future EU Proposals on Dispute Settlement (Concept Paper)*, June 2018, pp. 15-17, https://trade.ec.europa.eu/doclib/docs/2018/september/tradoc_157331.pdf.

立性，欧盟提议将上诉机构成员任期延长至 6~8 年。

再次，为应对美国对《关于争端解决规则和程序的谅解》第 15 条的质疑（即上诉机构越权授予离职人员继续听取上诉），欧盟针对即将离职的上诉机构成员提出过渡性规则，也就是即将离职的上诉机构成员有权完成在其任职期间已启动审理的待决上诉的部署。

最后，同美国一样，欧盟认为上诉机构应当关注与争端解决相关的问题，为了提升效率，避免在不必要问题上发表咨询性意见或附带判决。针对美国批评上诉机构无视成员国内法既成事实而对其合法性进行调查，欧盟认为专家组的报告不应包含对成员国内法的解释。针对美国批评上诉机构以先前案例报告进行判定损害评估客观性，欧盟提出 WTO 成员和上诉机构之间可以通过额外的"沟通通道"（如定期会议）对系统性问题和法理发展趋势进行反馈，不再局限于对某一特定上诉机构报告的采纳发表意见。

四 欧盟在国际层面的 WTO 改革互动策略

欧盟、美国和中国三方的互动对 WTO 改革的方向具有重要意义。然而，面对美国和中国日渐升级的贸易摩擦和政治较量，欧盟如何通过国际互动在 WTO 改革议题上施加自身影响力备受关注。由于 WTO 成员对 WTO 改革问题存在分歧，欧盟积极参与不同的改革阵营，体现出一定的对 WTO 改革的务实态度和灵活性。[1] 从欧盟内外贸易政策整体性分析，欧盟推动 WTO 改革的路径可总结为"内部—双边—多边"三步走策略，WTO 改革是欧盟内部贸易政策改革在国际层面的投射。[2] 从欧盟与中美两国的互动来看，欧盟不再无

---

[1] 石岩：《欧盟推动 WTO 改革：主张、路径及影响》，《国际问题研究》2019 年第 2 期，第 92 页。

[2] 石岩：《欧盟推动 WTO 改革：主张、路径及影响》，《国际问题研究》2019 年第 2 期，第 89 页。

第四章　欧盟在 WTO 多边贸易体制中的角色演变 ｜ 117

条件地迎合其传统盟友美国的 WTO 改革立场，而是与中美两国就 WTO 改革方向"求同存异"，甚至冒着激化南北分歧的风险保证欧盟方案的独立性。①尽量避免在中美贸易摩擦中被迫选边站队的局面。②欧盟根据议题建立广泛的联盟，作为沟通策略，目的是在中美两大国之外寻求领导 WTO 改革的路径。③欧盟寻求在中美之间取得平衡，为未来改变立场留下空间。④

总体来看，欧美语境下的"公平贸易"实质上是借"公平"之名制定有利于维护欧美自身全球贸易霸权地位的贸易规则。中国认为欧盟对 WTO 危机根源的这种错误判断会将 WTO 改革引入歧途，造成 WTO 分裂。⑤中国提出 WTO 边缘化危机来自"单边主义、保护主义和霸凌主义，它破坏了基于规则的多边贸易秩序，损害了世贸组织的权威性和公信力"。⑥

欧美与中国在产业补贴、国有企业和发展中国家身份等 WTO 改革议题的不同立场反映出西方发达工业国与新兴经济体之间的根本利益分歧。欧美 WTO 改革方案缺乏对发达成员和发展中成员间差距的全方位考虑，并对不同发展模式存在歧视。作为世界上最大的

---

① Anabel González and Nicolas Véron, "EU Trade Policy Amid the China–US Clash: Caught in the Cross-Fire?" Peterson Institute for International Economics, August 2019, https://www.piie.com/system/files/documents/wp19-13.pdf.
② 刘玮、徐秀军:《发达成员在世界贸易组织改革中的议程设置分析》,《当代世界与社会主义》2019 年第 2 期，第 168 页。
③ 刘玮、徐秀军:《发达成员在世界贸易组织改革中的议程设置分析》,《当代世界与社会主义》2019 年第 2 期，第 169 页。
④ 孔庆江:《美欧对世界贸易组织改革的设想与中国方案比较》,《欧洲研究》2019 年第 3 期，第 51 页。
⑤ 中华人民共和国常驻世贸组织代表团:《张向晨大使在欧盟第十四次贸易政策审议会议上的发言》，中华人民共和国商务部网，2020 年 2 月 19 日，http://wto.mofcom.gov.cn/article/xwfb/202002/20200202937089.shtml。
⑥ 中华人民共和国常驻世贸组织代表团:《张向晨大使在欧盟第十四次贸易政策审议会议上的发言》，中华人民共和国商务部网，2020 年 2 月 19 日，http://wto.mofcom.gov.cn/article/xwfb/202002/20200202937089.shtml。

发展中国家，中国在 2019 年发布的《中国关于世贸组织改革的建议文件》中对上述问题的立场做了全面阐述。

中国对 WTO 改革提出三个基本原则：第一，维护非歧视、开放等多边贸易体制的核心价值，为国际贸易创造稳定和可预见的竞争环境；第二，保障发展中成员的发展利益，纠正 WTO 规则中的"发展赤字"，解决发展中成员在融入经济全球化方面的困难，帮助实现联合国 2030 年可持续发展目标；第三，遵循协商一致的决策机制，在相互尊重、平等对话、普遍参与的基础上，共同确定改革的具体议题、工作时间表和最终结果。[1]

中国对规则公平性问题的解决有自己的解决方案，提出应"解决一些发达成员过度农业补贴，对国际农产品贸易造成的长期的、严重的扭曲，应纠正贸易救济措施的滥用，特别是在反倾销调查中的替代国做法"。[2] 面对发展模式问题，中国认为改革应该"取消一些成员在投资安全审查和反垄断审查中对特定国家的企业的歧视，要纠正一些发达成员滥用出口管制措施，阻挠正常技术合作的做法"。[3] 面对特殊与差别待遇，中国表示有意愿"在世贸组织中承担与我们自身发展水平和能力相适应的义务，我们不允许其他成员来剥夺中国理应享受的发展中成员的特殊与差别待遇"。[4]

---

[1] 中华人民共和国商务部世界贸易组织司：《中国关于世贸组织改革的建议文件》，2019 年 5 月 14 日，第 4 页，http://images.mofcom.gov.cn/sms/201905/20190524100740211.pdf。

[2] 《中国提出世贸组织改革的立场与主张》，新华网，2018 年 11 月 23 日，http://www.xinhuanet.com/world/2018-11/23/c_1210000961.htm。

[3] 《商务部：世贸组织改革应取消一些成员在反垄断审查中对特定国家企业的歧视》，中国经济正与法律政策网，2018 年 11 月 26 日，https://cclp.sjtu.edu.cn/Show.aspx?info_lb=672&info_id=4445&flag=648。

[4] 《中国提出世贸组织改革的立场与主张》，新华网，2018 年 11 月 23 日，http://www.xinhuanet.com/world/2018-11/23/c_1210000961.htm。

第五章　欧盟关于自贸协定的新政策

　　欧盟贸易政策的目标是提高欧盟企业的贸易和投资机会、提升欧盟企业及产品的竞争力、保证欧盟出口及欧盟企业的公平待遇、促进自由贸易并对欧洲经济发展和就业有所助益。欧盟贸易政策通过多边、双边、区域甚至单边的贸易政策手段来实现贸易政策目标，主要是基于经济考量。欧盟贸易政策可多线铺开。目前，作为欧盟贸易政策主要载体的对外贸易协定主要有两个层面：一是双边和区域贸易协定，欧盟双边经贸关系包括自由贸易区、联系国协定、合作协定伙伴、关税同盟等形式；二是多边贸易协定，主要是WTO机制，因此，多边的贸易政策主要体现在欧盟通过与WTO合作来实施。双边的贸易政策主要是通过经贸合作协定来开展。此外，区域的贸易政策主要是通过欧盟扩大或者欧盟与其他一体化组织贸易合作来开展。单边的贸易政策主要是靠欧盟采取普遍优惠制。[①] 换句话说，在维护以WTO为核心的国际贸易体制的基础上，欧盟委员

---

① 普遍优惠制即普惠制，指发达国家承诺对从发展中国家或地区输入的商品，特别是制成品和半制成品，给予普遍的、非歧视的和非互惠的关税优惠待遇。1968年联合国贸易与发展会议第二届会议通过普惠制决议，1970年为第二十五届联合国大会所采纳。

会制定一个雄心勃勃的双边和区域议程。[1] 考虑到欧盟的历史遗产、发展需求、地缘政治、经济合作等因素，欧盟建立了最复杂、最多样的区域贸易协定（RTA）和自贸协定（FTA）。[2]

贸易是欧盟投资、就业和增长战略的重要组成部分。欧盟是世界上最大的进出口商品和服务的经济体之一，并深深内嵌于全球价值链。欧盟宣称其贸易政策旨在确保一个建立在规则和价值基础上的开放国际贸易体系。这会为欧盟出口提供进入新市场的渠道，同时确保欧盟企业获得原材料、零部件和服务。这对当今的全球价值链意义重大，因为大多数成品的价值是由多个国家共同创造的。经过数十年的开放贸易和投资，再加上技术发展和广泛的全球供应链，维持开放市场对于欧盟的经济竞争力和世界市场领先地位比以往任何时候都更加重要。

欧盟作为世界上最大的贸易集合体，已经与全球140多个合作伙伴达成贸易协定或正在进行谈判。欧盟重视开放贸易带来的经济效益和就业机会，并强调透明、有效和以价值为基础的贸易议程的重要性。与此同时，欧盟委员会前主席容克指出，欧盟必须在世界不公平的贸易实践中坚定立场，并呼吁成员国和议会支持欧盟委员会强化贸易防御工具。在欧盟与加拿大签署《综合经济与贸易协定》、英国公投脱离欧盟、特朗普主义冲击的背景下，欧盟需要一个积极的贸易政策为欧洲的消费者、工人、企业家创造新的经济发展机会。对欧盟而言，需要在联盟内部和国际舞台上采取更加有说服力的政策立场，确保正在进行的谈判稳步推进、即将结束的谈判

---

[1] 欧盟与发达国家之间的自贸协定通常不仅解决贸易壁垒问题，而且还解决监管障碍问题。欧盟与发展中国家和最不发达国家的贸易安排主要为这些国家提供优惠的欧盟市场准入。但由于发展中国家的市场准入通常不是互惠的，这种协议包括大量的政治和发展因素。

[2] European Commission, "Trade for All: Towards a More Responsible Trade and Investment Policy", 14 October 2015, http://trade.ec.europa.eu/doclib/press/index.cfm?id=1381.

尽快完成、已经签署的协定充分实施。

第一节　欧盟针对双边、区域性自贸协定的政策转向

欧盟既是世界上最大的自由贸易区，也同第三国家达成了多个双边或区域贸易协定。自 2006 年以来，欧盟陆续出台了一系列贸易政策文件推动自贸协定的签署与发展。欧盟自贸协定的类型包括与候选国的协定、与周边国家的协定、发展协定、市场准入协定等，这些协定具有全面性、创新性和超越 WTO 规则的特点。

一　自贸协定的兴起

自贸协定是区域贸易协定与 WTO 及其前身关税与贸易总协定的混合体。它是两国或多国间具有法律约束力的契约，目标之一是消除贸易壁垒，允许产品与服务在国家间自由流动，以促进经济一体化。自贸协定是自由贸易区建立的法律文本。一般而言，自贸协定与自由贸易区的概念是可以互相通用的。自由贸易区指的是两个以上的国家或地区签订自贸协定，相互取消绝大部分对货物征收的关税、非关税壁垒和服务部门的市场准入限制。开放投资，从而促进商品、服务和资本、技术、人员等生产要素的自由流动，实现优势互补，促进共同发展。根据关税及贸易总协定第 24 条规定，区域贸易协定可分为自由贸易区、关税同盟以及为成立关税同盟与自由贸易区缔结的过渡性临时协议三类。欧盟自贸协定谈判的目的是促进欧盟经济发展和创造更多就业。欧盟贸易协定通过两种方式发挥作用：一是能够使欧洲更有效地参与国际竞争并向其他国家和地区出口更多商品，二是能够使欧盟更好地从世界各地获得原材料和重要材料。贸易的增长会带来经济增长，意味着创造更多工作岗位。贸易增长也使消费者获得数量更多、价格低廉的商品。因此，开放贸

易是经济持续发展的必要条件。

　　双边、区域性自由贸易区与多边贸易机制的关系一直存在争论。一个观点是两者相互补充，因为当贸易创造大于贸易转移时，自由贸易区是多边贸易机制的补充；一个观点是两者相互阻碍，因为自贸区会使贸易复杂化，也会削弱 WTO 规则中的非歧视原则，不利于最不发达经济体。但欧盟本身就是双边、区域性自由贸易区的实践者与推动者，一方面，欧盟本身是世界上最大的自由贸易区；另一方面，WTO 成立之前，欧盟与第三国的各类涉及贸易的双边或者区域协定多达 140 个。[1] 区域或双边自贸协定的优惠比最惠国待遇的优惠更高，多边贸易体制在普遍意义上优于双边或区域自贸协定。尽管多边贸易谈判比双边贸易谈判更易于促成贸易自由化，更可能避免国家之间逐一举行双边谈判的烦琐程序和避免谈判结果的差异带来贸易争端。然而，多边贸易谈判的有效性并不明显，一方面多边贸易谈判过程需要花费较多时间，另一方面贸易谈判结果需要花费较长时间执行落实。

　　贸易与资本的快速流动，金融、商品与通信技术的快速发展加速了全球化的发展，出现了"超级全球化"[2]的现象，世界各国之间的经济相互依赖与贸易整合向纵深发展。区域和双边自贸协定的发展存在几个原因：一是多哈回合谈判受阻；二是美国对区域和双边贸易协定的重视；三是全球金融危机强化了一个假设，即经济增长的主要引擎是贸易而不是内部消费，特别是在欧盟相对于新兴经济体贸易量下降的情况下。

　　美国贸易政策调整的原因在于，一方面美国对多边贸易机制的

---

[1] 叶斌：《欧盟贸易协定政策的变化和影响——法律的视角》，《欧洲研究》2014 年第 3 期，第 106 页。

[2] Daniel Gros, "The End of Globalization?", CEPS Commentaries, 10 March 2016, https://www.ceps.eu/publications/end-globalisation.

控制力减弱,另一方面全球区域一体化进程加快。美国尝试在亚洲和欧洲分别开展 TPP 与 TTIP 谈判,尽管目前都失败了。特朗普政府时期的美国甚至回到贸易保护主义的轨道上,但这一尝试刺激了全球经济体寻求区域或双边的贸易协定。美国主导的区域贸易协定不仅规定取消或降低商品关税,还涵盖安全标准、技术贸易壁垒、动植物卫生检疫、竞争政策、知识产权、政府采购、争端解决领域,还有有关劳工和环境保护的规定,标准和覆盖领域远超一般自贸协定。当前货物关税的全球标准已经很低,未来的收益更多来自规制障碍的移除或市场的开放。这就促进了区域或双边自贸协定快速发展,而且新一代贸易协定比传统协定的范围更为宽广。

二 欧盟贸易政策与自贸协定的演变

2006 年 10 月,欧盟委员会出台欧盟全球贸易新战略《全球的欧洲:在世界中的竞争》。这份贸易战略文件中既强调 WTO 多边贸易体系,又凸显自贸协定的重要性。欧盟全球贸易新战略意味着欧盟将自贸协定视为欧盟全球贸易新战略的主要平台,并将新一代的自贸协定作为多边贸易机制的补充。可以说,自 2006 年以来,欧盟将自贸协定作为促进贸易自由化的工具,既能实现双边贸易的自由化,又能减轻贸易竞争者对自由化的抵抗及应对国内保护主义的压力。[1] 欧盟自贸协定谈判关注投资、服务、竞争、政府采购等领域的市场开放、非关税壁垒的削减、产权保护、公平贸易,目的是提升欧盟企业的竞争力以及促进欧洲就业和经济增长。

2006 年的欧盟贸易战略强调自贸协定的签署必须重视对象国的

---

[1] Alasdair R. Young, "Trade Politics Ain't What It Used to Be: The European Union in the Doha Round", *Journal of Common Market Studies,* Vol. 45, No. 4, 2007, pp. 789–811.

经济因素，主要是对象国的经济规模与增长等市场潜力，以及对欧盟出口采取的关税及非关税壁垒等保护程度。[①] 欧盟还将自贸协定对欧盟经济与出口的影响作为考虑因素。市场规模大与保护水平高的国家成为欧盟优先考虑的对象。欧盟优先与韩国、东盟和南方共同市场签署自贸协定，因为这些经济体的市场机会较大，发展潜力较大，贸易保护程度高，并积极与欧盟竞争者签署自贸协定。印度、俄罗斯、海湾合作委员会（Gulf Cooperation Council, GCC）也是欧盟优先考虑的对象。除了对象国的经济因素，对象国的知识产权保护情况也是欧盟的关注点。欧盟重视创新，认为创新是维持与提升欧盟经济竞争力的关键因素，因此格外强调知识产权保护。欧盟通过多边的WTO和双边自贸协定来保护知识产权。总体来看，2006年欧盟自贸协定的谈判对象主要是依据市场潜力（经济规模和增长）与保护程度（关税与非关税壁垒）而选定的。欧盟自贸协定谈判的特征是：（1）欧盟重视通过自贸协定开放外国市场；（2）自贸协定的目标是增加贸易、发展经济、创造就业、提升欧盟企业和产品竞争力、可持续发展；（3）欧盟自贸协定的目标是经济快速发展的新兴经济体如韩国、印度、东盟等；（4）欧盟自贸协定聚焦取消非贸易壁垒，包括服务、知识产权、地理标识、公共采购等；（5）欧盟自贸协定重视透明性和有效性。

2010年11月，欧盟出台了一份贸易政策文件《贸易、成长与世界局势》，将自贸协定作为"欧盟全球战略"的优先项，指出了欧盟自贸协定政策的未来走向。欧盟自贸协定仍是欧盟贸易政策的重点考虑之一。欧盟在开展多边贸易谈判的过程中，继续强化双边谈判，欧盟将积极推动与东盟和欧盟邻国签署自贸协定；深化与美

---

① European Commission, "Global Europe: Competing in the World, Brussels", SEC (2006) 1230, 4 October 2006, p. 9, http://trade.ec.europa.eu/doclib/docs/2006/october/tradoc_130370.pdf.

国、中国、日本、俄罗斯、印度和巴西的战略伙伴关系。欧盟通过自贸协定消除政府采购、知识产权和投资等法律法规壁垒，提升欧盟企业的市场机会，促进欧盟民众的就业率和欧盟的经济发展。2012年12月12日欧洲议会和理事会通过了《关于欧盟成员国与第三国之间双边投资条约过渡性安排条例》，该条例规定在不影响成员国承担的其他欧盟法义务的情况下，欧盟成员国与第三国签订的提供投资保护的双边投资协定按规定履行通知义务后，继续有效或生效，直至欧盟与该第三国缔结的双边投资协定生效。[①]

2015年10月，欧盟委员会公布了一份新的欧盟贸易投资战略报告《惠及所有人的贸易：迈向更负责任的贸易与投资政策》。[②]该报告认为，在欧盟贸易政策占欧盟对外政策的比重越来越大的背景下，欧盟新的贸易投资战略将使贸易协定更加有效，为欧洲创造更多工作岗位，因为超过300万的工作岗位依赖欧盟以外的出口，全球未来90%的经济增长出现在欧洲之外。因此，欧盟支持开放贸易体系和经济全球化。与此同时，欧盟委员会强调签订的贸易协定不能降低产品标准，意味着欧盟要与消费者协会、专家及公民社会组织合作，确保贸易政策符合消费需求。欧盟新贸易战略着重于确保尽可能多的人获得贸易利益，这包括消费者、工人、市民、中小企业和发展中国家的民众。欧盟贸易新战略是欧盟贸易专员马尔姆斯特伦及其团队向欧盟理事会、欧洲议会及其他相关组织提交的咨询意见，最后以欧盟委员会通报的形式公布。新的贸易政策旨在反思上一届欧盟委员会的贸易政策（2005~2014年），并为未来五年的欧盟贸易政策提供指导。但与之前的贸易政策相比，新贸易政策内

---

① 江时学等：《深度讨论：如何看待中欧双边投资协定谈判》，中国社会科学院欧洲研究所网，2013年7月8日，http://ies.cass.cn/wz/sdtl/201411/t20141104_2462831.shtml。
② European Commission, "Trade for All: Towards a More Responsible Trade and Investment Policy", https://trade.ec.europa.eu/doclib/docs/2015/october/tradoc_153846.pdf.

容变化不大，欧盟持续参与世界贸易组织的多边协定，欧盟更积极地推动双边和区域自贸协定，主要是延续或加强贸易政策内容与对外贸易谈判的发展。欧盟新贸易政策支持 WTO 框架下的多边贸易体系，减少产品关税或贸易壁垒。与此同时，欧盟更强调双边或区域贸易协定谈判。欧盟强调的贸易协定谈判原则是刺激发展与就业；互惠并且有效的开放市场；在多边和双边层面，欧盟与新兴经济市场的关系持续改善。

欧盟 2015 年新贸易战略包含三个基本原则：有效、透明和价值。首先，贸易政策更有效地提供新的经济机会。有效性体现在贸易政策要考虑新经济现实，比如全球产业链、数字经济和服务的重要性；支持专家、管理者和服务提供者的流动；与成员国、欧洲议会和利益攸关者建立更好的伙伴关系，以便更好地执行贸易和投资协定；在未来贸易协定中纳入有效的中小企业条款（Small and Medium-sized Enterprise，SME）。其次，贸易政策更加透明，即公开谈判和面对更多的公众审查。透明性体现在贸易协定的谈判过程要向公众开放，谈判文本要公开。[1] 由于透明度是欧盟贸易争论的重要主题，欧盟委员会在准备贸易战略文本时采取了广泛咨询，会见了数百个来自布鲁塞尔和各成员国的社会和政府代表组织。[2] 最后，贸易政策不仅要关切利益因素，还要关心价值。观念价值体现在贸易协定中保障欧盟监管保护的承诺和引导全球投资政策改革的战略；增加支持可持续发展、公平贸易和保护人权的措施，包括确保有效实施有关自贸协定条款和普惠制方案；关注反腐败规则等。此外，欧盟还关注塑造全球的谈判程序，包括加强多边谈判，为双

---

[1] European Commission, "Transparency in Action", March 2021, http://trade.ec.europa.eu/doclib/press/index.cfm?id=1395.

[2] European Commission, "Trade for All: Towards a More Responsible Trade and Investment Policy", https://trade.ec.europa.eu/doclib/docs/2015/october/tradoc_153846.pdf.

边和地区协定设计开放方式；增加欧盟在亚太地区的存在感，包括强化与中国的经贸互动，加快与澳大利亚和新西兰进行自贸协定谈判；开启新的东盟自贸协定谈判（适时开启与菲律宾和印度尼西亚的谈判）；保证经济伙伴关系协定有效执行，深化与非洲伙伴国的关系，并进一步加强与非盟的关系；实现与土耳其、墨西哥、智利现有协议的现代化，与土耳其海关联盟的现代化。欧盟新贸易政策的新特点是：（1）欧盟更强调知识产权保护、公平贸易、促进竞争、政府采购、环境保护和可持续发展；（2）欧盟更重视中小企业的发展，由于中小企业受到自贸协定的影响，欧盟，特别是企业和工业总司，应积极为中小企业提供法律、财政、信息服务，提升企业竞争力；（3）亚太地区成为欧盟自贸协定谈判的主要对象区域。

欧盟及其成员国迫切需要进行经济和社会改革，避免欧盟陷入不稳定的状态。为此，欧盟出台了一系列新的贸易报告，2017年9月，欧盟出台新贸易方案——《欧盟均衡和渐进贸易政策》。[①]2017年9月13日，时任欧盟委员会主席容克发表国情咨文，希望加强欧洲贸易议程，贸易要凸显欧盟标准，包括社会标准、环境标准、数据保护、食品安全等。随后，欧盟委员会公布一份关于贸易和投资的提案，包括建立欧洲审查框架，确保外国直接投资在安全和公共秩序方面不会损害欧盟的战略利益。此外，欧盟委员会决定成立欧盟贸易协定咨询小组，并打算建立多边投资法院。[②]这些举措都是对贸易政策的重新调整，既致力于强化贸易协定与规范价值扩散，也致力于提高贸易谈判的透明度。

---

① European Commission, "Trade Package: Commission Unveils Initiatives for a Balanced and Progressive Trade Policy", 14 September 2017, http://trade.ec.europa.eu/doclib/press/index.cfm?id=1715.
② European Commission, "State of the Union 2017–Trade Package: Commission Unveils Initiatives for a Balanced and Progressive Trade policy", 14 September 2017, http://trade.ec.europa.eu/doclib/press/index.cfm?id=1715.

总体来看，在欧盟受到内外部挑战（如一体化停滞、全球治理转型）的背景下，欧盟通过倡导深层贸易议程来应对新的贸易政治，即寻求基于国内规则的多边协议，这可以改变最高政治层面的贸易政策的目的和优先级。[①] 然而，随着民粹主义的快速发展，民众对自贸协定的态度影响到欧盟管理政策制定的效率、政策有效性、政治合法性之间的紧张关系。比如说，民众认为TTIP是对欧盟监管标准、民主决策的威胁，还担忧谈判透明度，这导致公民社会和欧洲议会对欧盟委员会施压，迫使欧盟委员会重塑其沟通方式以及重新思考贸易政策。同时，欧盟对外贸易政策和内部政策一直受到阻碍。欧盟委员会负责贸易政策，成员国负责与贸易相关的教育、劳动市场和分配政策，导致潜在的矛盾出现。当欧盟贸易政策与成员国政策较为协调并建立有效的机制时，成员国对贸易政策接受度会更高。

根据欧盟签署自贸协定的目标与内容，欧盟自贸协定包括欧盟与候选国的协定、欧盟与周边国家的协定、发展协定、市场准入协定等类型。[②]

（一）与欧盟候选国

欧盟与候选国的自贸协定是入盟国（如2004年入盟的中东欧国家）在加入欧盟之前，欧盟与入盟国签署"欧洲协定"（Europe Agreements），帮助这些国家进行政治经济社会转型，从而使这些国家符合入盟标准。入盟标准最重要的是民主法治改革和市场经济改革。这一方面因为入盟候选国签署自贸协定是期望更快更便利地加入欧盟，另一方面欧盟通过自贸协定促进候选国的民主化进程，向欧盟靠拢，远离其他大国的影响，并保证候选国的地区与社会稳定。

---

① Alasdair R. Young and John Peterson, "The EU and the New Trade Politics", *Journal of European Public Policy*, Vol. 13, No. 6, 2006, pp. 795-814.
② Marise Cremona, "A Constitutional Basis for Effective External Action? An Assessment of the Provisions on EU External Action in the Constitutional Treaty", *European University Institute Law Working Papers*, No. 30, 2006.

随着中东欧国家入盟后，欧盟候选国如北马其顿、阿尔巴尼亚、黑山等国积极向欧盟靠拢，并在行政司法改革、反腐、人权保护和反对民族歧视等领域进行改革，期望尽快加入欧盟。然而，候选国与欧盟的关系也并非一帆风顺，比如土耳其与欧盟在1963年签署《安卡拉协定》，并于1999年12月成为欧盟候选国。1995年欧盟与土耳其推动建立关税同盟，促进双边经贸合作，建立共同关税和对外贸易政策，欧盟给予土耳其优惠关税待遇等。但近年来，由于诸多因素，欧盟与土耳其的谈判停滞甚至出现倒退。

但是可以看出，欧盟与候选国的自贸协定是促进经贸合作性质的自贸协定。这类自贸协定的政治意味是欧盟期望通过自贸协定最终实现民主与法治改革，将欧盟共同体法律（acquis communautare）纳入候选国的政治进程，形成经济发展与政治改革相辅相成的局面。

（二）与欧盟邻国

欧盟周边政策融合了贸易、政治、发展、外交、援助、安全等手段，是欧盟施加外交政策影响力的重要政策工具。在欧盟2016年发布的新全球战略中，特别关注周边地区国家和社会的韧性（resilience）。[①] 欧盟周边政策的基础是欧盟持久的吸引力，促使周边国家的转型但并不反对任何国家。周边政策是遵循扩大政策的基本逻辑和框架，几乎囊括欧盟所有邻国。东部伙伴关系和欧洲—地中海伙伴关系是欧盟周边政策的关注重点。欧盟与邻国的自贸协定属于欧盟睦邻政策范畴之内，主要包括两部分，欧盟与地中海联系协定（Euro-Mediterranean Agreement，EMA）和伙伴与合作协定（Partnership and Cooperation Agreement，PCA）。前者是在巴塞罗那进程之后，欧盟与突尼斯、摩洛哥、约旦、以色列、埃及、阿尔及

---

① European Union, "Shared Vision, Common Action: A Stronger Europe, A Global Strategy for the European Union's Foreign and Security Policy", June 2016, http://eeas.europa.eu/top_stories/pdf/eugs_review_web.pdf.

利亚和黎巴嫩等国签署了联系协定；后者主要包括俄罗斯、乌克兰、摩尔多瓦、亚美尼亚、阿塞拜疆、格鲁吉亚、哈萨克斯坦、乌兹别克斯坦和吉尔吉斯斯坦等国家，伙伴与合作协定强调基于最惠国待遇原则的经贸关系。

一般而言，欧盟睦邻政策是用来与东部的原苏联国家、南部的阿拉伯国家打交道的政策与工具。欧盟邻国高度依赖管制与非竞争产业，南部邻国的国家干预主义与上世纪欧洲的系统和机构较为相似，东部邻国因为不再实施计划经济而陷入混乱，高度依赖重工业，导致经济寡头掌控关键经济部门。欧盟对邻国采取的睦邻政策差异不大，但时任法国总统的萨科齐在 2008 年的巴黎峰会中指出"一刀切"的方式难以达到预期效果。[1] 为了弥合愿望与具体措施的鸿沟，欧盟将睦邻政策的重点调整为贸易政策。贸易政策成为欧盟最有效的外交政策，特别是引入了新的政策工具：深度和全面的自贸协定（Deep and Comprehensive Free Trade Area, DCFTA）。深度和全面的自贸协定属于更全面的政治框架——联系国协定，包括大量政治议题，如签证便利化、交通政策和反恐等。以此代替 20 世纪 90 年代签署的伙伴与合作协定。根据《欧洲联盟基础条约》的第 217 条条款，联系国协定有其法源基础，即"联盟可与一个或多个第三国或国际组织缔结联系协定，以建立包括互惠权利与义务、共同行动和特殊程序的联系关系"。[2]

欧盟与东部周边国家签署深度和全面的自贸协定在较大程度上会将对象国纳入单一市场。但此类对象国也遇到诸多局限，比如有限进入欧盟农业市场、有限接触欧盟基金、无法制定共同规则等。

---

[1] European Union, "Joint Declaration of the Paris Summit for the Mediterranean", 13 July 2008, http://ufmsecretariat.org/wp-content/uploads/2012/09/ufm_paris_declaration1.pdf.

[2] 《欧洲联盟基础条约：经〈里斯本条约〉修订》，程卫东、李靖堃译，社会科学文献出版社，2010，第 129 页。

大部分东欧国家期望加入富裕和治理良好的欧洲国家俱乐部,这会促使东欧国家进行深入的和结构性的政治制度经济改革。因此,欧盟与东部周边国家的自贸协定有更多的政治动机,因为东部周边国家期望加入欧盟,尽管欧盟近期无法为这些国家提供成员国身份。已入盟的中东欧国家已经拥有较为稳定的政治体制和较为富裕的经济,这也起到了一定的示范效应。2007年2月,欧盟启动与乌克兰的自贸协定,2009年,欧盟将乌克兰、亚美尼亚、格鲁吉亚、摩尔多瓦、阿塞拜疆和白俄罗斯列入东方伙伴(Eastern Partnership),是未来缔结自贸协定的优先对象。2009年欧盟邀请6个东部邻国参加布拉格峰会,加快欧盟与东部邻国的政治联系和经济一体化。[1]2017年9月1日,欧盟与乌克兰联系国协定正式生效。这意味着乌克兰在加入欧盟和一体化进程中取得历史性突破,包括在国防、税收、边防和反恐等领域的合作。在此之前,2014年3月和6月,欧盟与乌克兰分别签署联系国协定的政治部分和经济部分。2016年1月,乌克兰与欧盟的自由贸易区协定生效,进一步扩大乌克兰与欧盟国家的经贸关系。

深度和全面的自贸协定成为欧盟与东部周边国家关系的标准解决方案,但对南部周边国家而言,这只是一个选项,还将依赖于南部伙伴国的政治意愿。比如说,摩洛哥和突尼斯与欧盟有较强的经济纽带关系,它们更倾向于与欧盟签署深入和全面的自贸协定。1995~2005年,欧盟已与部分南部周边国家商谈工业品和农产品的自由贸易区。深入和全面的自贸协定涉及的监管问题、投资保护、知识产权和植物检疫措施等并非是欧盟与南部周边国家讨论的重点。因为这些议题在南部周边国家看来是不利的,将会增加已经存在的贸易赤字问题。尽管在欧盟南部周边国家有诸多域外力量试图发挥政治影响力,欧盟在

---

[1] European Union, "Joint Declaration of the Prague Eastern Partnership Summit Prague", Brussels, 8435/09(Presse 78), 7 May 2009, https://www.consilium.europa.eu/media/31797/2009_eap_declaration.pdf.

该地区的贸易谈判并无直接竞争者。但欧盟南部周边国家认为欧洲中心主义和欧盟价值观念等仍影响到欧盟与南部周边国家的自贸协定谈判。2010年阿拉伯之春后，欧盟及其成员国处于较为尴尬的境地，因为欧盟睦邻政策的对象国大部分是威权政府，有悖于欧盟宣扬的民主和人权理念。因此，欧盟在地中海南岸的睦邻政策可以说是一个战略误判，因为它破坏了欧盟在阿拉伯世界的可信度。

总体来说，周边政策是欧盟贸易政策的主要政策工具，也是欧盟外交和安全领域的重要政策工具。欧洲睦邻政策模仿欧盟扩大政策，通过更紧密的政治和经济一体化建立与东部和南部周边国家的特殊关系，但目前来看，这并未达到原有的设想，南部周边国家内部改革停滞进而影响到欧盟，东部周边国家遇到俄罗斯的抵制导致地缘政治和安全危机。一方面是欧盟周边国家对改革没有太大兴趣，另一方面是俄罗斯积极主动的政策立场促使欧盟采取更为具体的措施。从贸易政策而言，欧盟与周边国家的贸易政策并不完全依赖WTO，而是关注双边协定。所以，深度和全面的自贸协定成为欧盟处理与周边国家的主要政策渠道和平台。然而，由于欧盟周边国家的情况迥异，"一刀切"的方式必然会遭遇失败。[①]除实施联系国协定（包括深度和全面的自贸协定），欧盟还需有创造性地思考如何进一步深化量身定做的伙伴关系，包括扩展泛欧网络和能源共同体，建立更广泛的物质和数字联系。此外，欧盟还需加强与周边国家的社会联系，这主要通过提升流动性、文化和教育交流，研究合作和市民社会平台等来实现。在战略对话的同时，吸引这些国家全面参与欧盟的计划和机构。

（三）发展协定

发展协定是欧盟与发展中国家签署的区域贸易协定，用以促进

---

① Wolfgang Koeth, "The 'Deep and Comprehensive Free Trade Agreements': An Approaches Response bythe EU to the Challenges in Its Neighbourhood?", EIPA Maastricht, 2014, https://www.eipa.eu/wp-content/uploads/2017/11/EIPASCOPE_2014_WKO.pdf.

发展中国家的经济社会发展。普惠制是发展协定的重要组成部分，在"最惠国"税率的基础上进一步减税或全部免税。原产地规则是普惠制的核心组成部分，受惠国出口产品是否取得了原产地资格是衡量产品能否享受优惠的标准。普惠制的目的在于确保普惠制待遇只给予发展中国家和地区生产和制造的产品。1971年7月1日，欧盟开始实施普惠制，即欧盟对发展中国家产品进入欧盟市场的优惠。1994年6月1日，欧盟制定最惠国待遇的两项政策方针：一项是一般性的传统措施，规定受惠国、贸易优惠、毕业标准等条件；[1]另一项是特殊性的额外措施，对劳工和环保标准的受惠国提供额外贸易优惠。[2] 2005年7月1日，欧盟普惠制进行调整，欧盟制定的最惠国待遇规则都包含劳工基本权利的人权条款、环保条款和毒品管制条款等。欧盟普惠制惠及143个国家和36个地区。2014年1月1日，新的欧盟普惠制优惠贸易方案生效。

适用欧盟最惠国待遇的产品类型有纺织品、机器及零件、塑料、矿产品、牲畜及相关肉类产品、鞋类、雨伞及皮衣、化学产品、蔬菜等。这些都是发展中国家的重要出口项目。欧盟通过提供最惠国待遇或其他优惠待遇来帮助发展中国家发展经济，手段包括经济或技术援助。欧盟与非加太国家签署的《洛美协定》[3]，后转为《科托努协定》，有效期为20年。《科托努协定》包括政治多元化、发展与财政合作、经济与贸易合作，目标是帮助非加太国家经济发展等内容，处理欧盟与非洲、加勒比及太平地区的经贸关系，使非加太国家尽快融入

---

[1] 普惠制是欧盟对发展中国家产品进入欧盟市场的优惠，始于1971年，现行普惠制自2005年7月1日实施。

[2] "Communication from the Commission to the Council and the European Parliament Integration of Developing Countries in the International Trading System-Role of the GSP 1995-2004", *EUR-Lex*, Document 51994DC0212, 1 June 1994, https://op.europa.eu/en/publication-detail/-/publication/3ae77232-8cce-4fa9-88b6-ebf8e155dbf1/language-en.

[3] 《洛美协定》是发达国家与发展中国家签署的最早、持续时间最长、最雄心勃勃、最全面的一项经济贸易协定。

世界经济中，完全遵循 WTO 规则。欧盟通过双边经贸协定来强化欧盟及其成员国与前殖民地国家或欧盟邻国的经贸关系。比如说欧盟曾与非加太（ACP）、安第斯国家共同体、中美洲建立的经贸伙伴协定属于发展协定为核心的自贸协定。此外，欧盟利用 EBA 倡议将对 49 个最不发达国家实施零进口税率，除去武器之外，欧盟并不限制进口数量，即免关税、免配额待遇。该倡议自 2001 年开始实施。另外，在最惠国附加计划中，欧盟对发展中国家减免关税，鼓励发展中国家可持续发展、善治或履行相关的国际协定。

（四）市场准入协定

欧盟在签署自贸协定时，也有其他战略考虑。市场准入协定是欧盟自贸协定的新维度和新发展，面向新兴经济体和具有发展潜力的区域性组织或能源大国。比如资源丰富的俄罗斯和石油、天然气储量丰富的海湾合作理事会，这些国家或组织既能保证欧盟能源供给安全，又能保证欧盟能源价格平稳。面对市场庞大与经济发展迅速的俄罗斯等国家，欧盟采取市场准入协定既可以保证欧盟的出口，又可以保证欧盟的贸易利益与诉求。市场准入协定是欧盟开展新自贸协定的重要维度，既可以提升欧盟国际影响力，又可以推行欧盟贸易规则和欧盟价值规范或理念。欧盟新自贸协定关注对象国的市场机会，优先排列对象国，并采取系统性和主动性的谈判策略。当然，欧盟重视 WTO 的承诺与义务，旨在确保对象国遵守 WTO 的义务，通过 WTO 的规则为欧盟出口排除贸易障碍或歧视性措施。

欧盟新自贸协定战略不同于传统的自贸协定。传统自贸协定强调欧盟邻国和发展中国家的联系协定和经贸合作，主要涉及货物贸易的自由化。同时，欧盟为对象国提供贸易优惠待遇，协助对象国的经济发展。然而，新自贸协定关注的对象更倾向于新兴经济体，并且内容也有所扩展，包括竞争导向、互惠贸易、市场机会、可持续发展、服务贸易、知识产权保护和投资保障等。新自贸协定不同于先前的货物贸易的自由化，强调服务和投资的自由化，这是更高程度的贸易自由化。欧盟新自贸协定通过"规制趋同"（regulatory convergence）[①]来消除非关税壁垒，包括强制性贸易便利化和竞争等条款。

欧盟新自贸协定还关注其他非经济因素，如社会、人权、发展等，更加关注可持续发展，包括劳工标准与环境保护等领域的合作条款。当然，欧盟也会关注自贸协定对象国的发展需求，特别是不发达国家进入欧盟市场的优惠待遇等。当欧盟给予自贸协定中的发展中国家优惠待遇时，欧盟还要顾及这些国家与欧盟竞争者签署自贸协定的可能性。因为当欧盟给予这些国家优惠条件时，如果竞争者并没给予相应的优惠条件，那么欧盟就会在自贸协定对象国的市场上遇到不利的竞争态势。欧盟新自贸协定政策还关注市场开发与规则构建，比如说在投资、竞争、知识产权和服务业等领域，因为欧盟在这些领域有重大经济利益。在投资领域，欧盟认为改善第三国投资环境与欧盟的外资流入和经济增长有较大相关性。欧盟对外投资对投资国的就业、税收、外汇、技术转移和经济合作有较大贡献。在竞争方面，当欧盟无法与对象国在竞争政策方面进行合作、欧盟的企业在对象国市场处于不利竞争地位时，因为多数国家会采取不同程度或种类的补贴政策以形成非关税壁垒或可能的保护措施。在服务业领域，服务贸易成为欧盟贸易的主要部分，服务贸易额在欧盟出口贸易额中占的比重逐年上升。[②]

总的来看，2006年以后，欧盟自贸协定是一种具有全面性和创新性、超越WTO规则的新自贸协定。一般而言，欧盟自贸协定是双边和区域性的，通过提供更优惠待遇来开放彼此的市场，这有悖

[①] Rodrigo Polanco Lazo and Pierre Sauvé, "The Treatment of Regulatory Convergence in Preferential Trade Agreements", *World Trade Review*, Vol. 17, No. 4, 2018, pp. 575–607.
[②] Eurostat, "International Trade in Services", 28 April 2020, http://ec.europa.eu/eurostat/statistics-explained/index.php/International_trade_in_services.

于 WTO 的非歧视原则。因此，不管欧盟采用何种类型的贸易政策，都是服务于欧盟的整体利益。欧盟对外经贸关系主要有三种协议类型。一是关税同盟，旨在消除双边贸易的关税责任和建立针对外国进口方的联合关税；二是联系协定、稳定协定、深度和全面的自贸协定和经济伙伴关系协定，旨在移除或取消双边贸易的关税；三是伙伴关系与合作协定，旨在为双边经济关系提供总体框架。根据贸易协定，伙伴国家需要满足一系列条件：（1）移除或减轻欧洲出口企业商品的关税责任（税收）；（2）放开欧盟企业的出口限制（份额）；（3）准许欧洲企业为公共合作提供服务和竞标；（4）在不损害卫生和安全标准或环境保护的前提下，减少欧盟企业出口的繁文缛节。[①]

第二节　欧盟自贸协定谈判的国别案例研究

欧盟自贸协定政策是欧盟共同贸易政策的重要组成部分。欧盟自贸协定谈判的政策目标是：（1）扩展欧盟商品与服务产品的新市场；（2）增加对外投资机会；（3）降低关税以降低贸易成本，提升贸易总量；（4）通过消除非关税壁垒促进贸易自由化与便利化；（5）提高贸易流动的可预测性，降低欧盟企业的运营成本与风险；（6）加强知识产权管理，促进竞争政策、政府采购、环境保护等法规的完善与发展，保护知识产权。"欧盟新一代自贸协定不再以削减关税为重点，而是更加强调消除货物贸易与服务贸易中的非关税壁垒，增加新的市场准入，减少投资管制，在知识产权、政府采购、创新保护和可持续发展（例如劳工标准和环境保护）等方面达成新的双边承诺。"[②]

---

① European Commission, "Negotiations and Agreements", http://ec.europa.eu/trade/policy/countries-and-regions/agreements/#_mediterranean.
② 叶斌：《欧盟贸易协定政策的变化和影响——法律的视角》，《欧洲研究》2014 年第 3 期，第 106 页。

表 5-1 欧盟自贸协定谈判

国家	谈判指令	当前状况	下一阶段
美国	2019 年 4 月	2019 年 4 月 15 日，欧盟理事会批准两项授权，一是取消工业产品的关税，二是合格评定	TTIP 谈判被暂停，美欧贸易争端不断出现，前景仍不明确
加拿大	2009 年 4 月	2016 年 7 月 5 日，欧盟委员会向欧洲理事会提议签署和完成欧加《综合经济与贸易协定》。2016 年 10 月 28 日，欧盟理事会采纳该协定；10 月 30 日，协定在欧盟加拿大峰会签署。2017 年 2 月 15 日，欧洲议会批准该协定。2017 年 9 月 21 日，欧加协定生效	在所有成员国议会批准该项协定之后，欧加协定全面实施
日本	2012 年 11 月 9 日	欧日自贸协定谈判始于 2013 年 3 月的理事会一致授权。已举行 17 谈判。2018 年 7 月，欧日签署自贸协定。2019 年 2 月 1 日生效。该协定设定了劳工、安全、环境保护、消费者保护和数据保护等领域的高标准，充分保障公共服务，并首次包括对《巴黎协定》的具体承诺	欧日关于《投资保护协定》的谈判仍在单独进行，实质性规定已经商定，程序性规定仍未被日本接受
中国	欧洲理事会授权欧盟委员会在 2013 年 10 月 18 日发起《中欧双边投资协定》（又称《中欧全面投资协定》），且授权欧盟委员会就签署《中欧伙伴与合作协定》与中国进行谈判	2013 年 11 月 21 日，中欧投资协定的谈判在北京启动。该协定的目的是消除投资的市场准入壁垒，为中欧市场的投资者和投资提供高水平的保护。这将代替中国与欧盟成员分别缔结的双边投资协定。2020 年 12 月 30 日，中欧领导人宣布如期完成中欧投资协定谈判，进入双方的批准程序	1985 年签署的中欧《贸易与经济合作协定》的升级始于 2007 年开展，但 2011 年陷入停顿，计划于投资协定生效后讨论重启问题

续表

国家	谈判指令	当前状况	下一阶段
东盟	2007年4月	2007年7月，欧盟与东盟7国开始谈判。2009年3月，第7联合委员会宣布暂停谈判。欧盟成员国同意与东盟成员国开展双边的自贸协定谈判。2010年，与新加坡和马来西亚，2012年6月与越南，2013年3月与泰国，2016年与菲律宾和马来西亚开始谈判。2017年3月，欧盟—东盟联合工作组成立，讨论未来欧盟—东盟地区间协议的构架。迄今为止，联合工作组举行了三次会议	欧盟委员会与东盟成员国开展试探性的非正式会谈。地区性协定仍是最终的目标
新加坡	2007年与东盟的谈判指令	2014年10月17日，综合性自贸协定谈判结束。2015年7月10日，欧盟委员会向欧洲法院提交申请，2017年5月16日，欧洲法院作出判决。2019年11月21日，欧盟—新加坡自贸协定生效	在欧盟生效之前，所有欧盟成员国根据本国程序批准《投资保护协定》
马来西亚	2007年与东盟的谈判指令	2010年9月，欧盟成员国同意与马来西亚开展自贸协定谈判。2012年4月，在马来西亚的要求下，谈判暂时搁置	2016年，盘点评估重启谈判的前景。2017年3月，欧盟同意在适当时候重启谈判。欧盟正寻求一项全面、雄心勃勃的协定，马来西亚政府尚未就恢复谈判采取立场
越南	2007年与东盟的谈判指令	2016年12月2日，欧盟委员会时任主席容克和越南总理阮晋勇宣布欧越自贸协定的完成。2020年8月1日，欧盟越南自贸协定正式生效	《投资保护协定》需要所有欧盟成员国基于各自国内程序的批准，然后才可生效

续表

国家	谈判指令	当前状况	下一阶段
泰国	2007 年与东盟的谈判指令	2013 年 2 月，理事会批准与泰国开展自贸协定谈判。2013 年 3 月正式开启，2014 年 4 月举行第四次谈判后中断。2019 年 10 月双方重启谈判	2019 年 10 月，理事会通过的结论强调，必须采取步骤恢复与泰国就一项雄心勃勃的全面贸易协定进行谈判。在恢复谈判之前，重要的是要确保欧盟和泰国就未来协定的目标保持一致
印度尼西亚	2007 年与东盟的谈判指令	2016 年 7 月 18 日，理事会同意委员会与印尼开展自贸协定谈判。2016 年 9 月 20~21 日举行第一轮谈判，2017 年 1 月 24~27 日在印尼举行第二轮谈判，2017 年 9 月举行了第三轮谈判，最近一次谈判于 2020 年 6 月举行	新一轮谈判并未公布日期
菲律宾	2007 年与东盟的谈判指令	2015 年 12 月 22 日，欧菲自贸协定谈判正式开启。2016 年 5 月 23~27 日，双方举行第一轮谈判，2017 年 2 月 13~17 日，双方举行第二轮谈判	2017 年以来，谈判陷入停滞
缅甸	基于 2014 年 3 月采纳的投资保护协定	2014 年 12 月欧盟向缅甸发送其文本计划书。欧缅自贸协定已举行 4 次谈判，分别为 2015 年 2 月 9~12 日、5 月 25~29 日、9 月 21~23 日和 2016 年 12 月 13~16 日	2017 年以来，谈判陷入停滞

续表

国家	谈判指令	当前状况	下一阶段
印度	2007年4月	2007年6月开启自贸协定谈判，之后举行12轮谈判。2013年因匹配程度不一致陷入停滞。2016年3月30日，欧委会主席在欧印峰会中支持欧印自贸协定谈判取得明显进步。2020年欧印峰会双方再次表态推进谈判	欧盟将继续致力于加强与印度的经济伙伴关系，以及全面和互利的贸易和投资协定。双方保持定期接触
澳大利亚	2018年5月	自2018年6月启动以来举行了七轮谈判，欧盟国内委员会针对谈判的所有实质领域提出了文本提案。商品、服务和投资以及公共采购的初始市场准入要约已经交换，2020年开始谈判加快	
新西兰	2018年5月	自2018年6月启动以来，举行了第8轮谈判，最近一轮是2020年6月。欧盟委员会针对谈判的所有实质领域提出了文本计划书	
南方共同市场国家	1999年	2016年重启谈判，2016年5月提供市场准入交换。2016年10月举行第一轮谈判，2019年6月28日，一项关于贸易的协定原则上达成	该协定贸易已发布部分文本，双方都在对该协议进行法律修订。一旦定稿，该协定文本将进入必要的欧盟内部程序

续表

国家	谈判指令	当前状况	下一阶段
墨西哥	2016 年	为实现欧墨全球协定的现代化，2016 年 6 月欧墨开启谈判。2018 年 4 月 21 日，该协定的贸易部分原则上达成一致，2020 年 4 月 28 日公共采购协议达成。欧墨协定一旦生效，将代替 1997 年签署的欧盟—墨西哥全球协定。该议题不仅确保彼此的经济利益，还建立了与志趣相投国家的地缘战略联盟，制定了符合欧盟价值观和利益的公平开放贸易规则	该贸易协定已发布部分文本，双方都在对该协定进行法律修订。一旦定稿，该协定文本将进入必要的欧盟内部程序
智利	2017 年	2017 年，双方启动现代化的欧盟—智利联系协定谈判。2020 年 5 月 25 日举行了第 7 轮谈判	
土耳其	2016 年 12 月 21 日	2016 年 1 月 20 日，理事会审议委员会提议。该提议经过理事会工作小组和欧洲议会的讨论，公布影响评估	理事会一批准谈判指令，谈判就马上开启。委员会继续与土耳其开展非正式试探性谈判。但考虑到 2018 年 6 月 26 日和 2019 年 6 月 18 日，欧盟理事会认为土耳其正远离欧盟政策和规则，无望短期内达成关税同盟
波黑		2008 年 6 月，欧盟与波黑的稳定与联系协定签署，2015 年 6 月生效。贸易部分通过临时协定于 2008 年 7 月生效	欧盟与波黑关于加入 WTO 的谈判仍在进行

续表

国家	谈判指令	当前状况	下一阶段
塞尔维亚		2008年4月，欧盟与塞尔维亚的稳定与联系协定签署，2013年9月生效。贸易部分通过临时协定于2010年生效	欧盟与塞尔维亚关于加入WTO的谈判仍在进行
南地中海和中东国家		欧盟已经与该地区的8个国家（除了叙利亚和利比亚）建立联系协定网络，包括互惠的自贸协定，主要局限于货物贸易。为了促进更广泛的地区一体化，欧盟鼓励该地区内国家签署自贸协定，促进参与更广泛的泛欧地中海体系 在农业、工业标准、争端解决、服务和设施等领域，欧盟与该地区国家开启双边谈判	2011年12月14日，理事会授权欧委会开放双边谈判，与埃及、约旦、摩洛哥和突尼斯建立"深度和全面自由贸易区" 2012年3月，欧盟与摩洛哥、突尼斯、约旦开启谈判，2013年6月，欧盟与埃及开启谈判
摩洛哥	2011年12月14日 理事会批准的DCFTA	1996年2月，欧盟—摩洛哥签署联系国协定，2000年3月生效。双方签署争端解决机制的额外议定书，并于2012年11月生效。农业产品的贸易自由化协定于2012年10月生效。2013年3月，欧盟与摩洛哥启动深度和全面的自贸协定的谈判	2013年3月，欧盟与摩洛哥开启"深度和全面自由贸易协定"谈判，已进行4轮谈判。最后一轮是2014年4月，随后谈判陷入停滞
突尼斯	2011年12月14日 理事会批准的深入和全面自贸协定	1995年7月，欧盟—突尼斯签署联系国协定。1998年3月生效。2009年欧盟签署争端解决机制，2011年9月生效。2015年10月举行深度和全面的自贸协定的谈判。2019年5月，第四轮谈判在突尼斯举行	欧盟准备好并愿意与突尼斯新政权重新启动谈判，已达成互利互惠的协定

资料来源：作者自制，内容源于欧盟委员会网站（主要信息截至2020年8月，有个别增补）。

一 欧盟—韩国自贸协定谈判

2010年10月,欧盟与韩国正式签署自贸协定,欧韩自贸协定是第一个新一代自贸协定。欧盟决定与第三国开展自贸协定谈判是基于经济标准,加强欧洲企业在亚洲高度活跃和竞争激烈的市场中的市场准入。欧韩自贸协定也将成为未来欧盟主导的贸易自由化路径的铺垫,并超越目前在多边背景下实现的市场开放程度。欧韩自贸协定反映出欧盟对外贸易政策的最新走向。

韩国是欧盟第九大商品出口目的地,欧盟是韩国第三大出口市场。欧盟向韩国出口的货物主要是机械、电器、运输设备和化工产品。欧盟从韩国进口的货物主要是机械、家电、运输设备和塑料。欧盟与韩国的服务贸易处于盈余状态。此外,欧盟是韩国最大的外商直接投资者。2010年,欧盟与韩国将双方关系升级为战略伙伴关系[1],2014年7月1日正式生效,这是欧盟和韩国的总体政治合作协定,与欧韩自贸协定有法律纽带关系。此外,1997年以来,《关于合作与海关事务行政互助协定》一直适用。2009年,欧盟与韩国签署《反竞争合作的合作协议》并生效。欧盟与韩国已经建立了常设性的磋商机制,促进欧盟和韩国在竞争政策、竞争执法等领域进行交流和沟通。

2011年7月,欧韩自贸协定暂时启动,2015年12月正式获得批准。这是欧盟与亚洲国家签署的第一个自贸协定,更具有象征性意义,比之前任何消除贸易壁垒的协定都更前进一步。欧韩自贸协定以逐步、循序渐进的方式取消对工农业产品征收的关税。2011年,大部分进口关税已经取消,除了种类数量有限的农产品,其他关税

---

[1] "Framework Agreement Between the European Union and Its Member States, on the Part, and the Republic of Korea, on the Other Part", *EUR-Lex*, 10 May 2010, http://eeas.europa.eu/archives/docs/korea_south/docs/framework_agreement_final_en.pdf.

在 2016 年 7 月被取消。当然，欧韩自贸协定还包括非关税贸易壁垒问题，特别是汽车、制药、医疗器械和电子行业。

欧韩自贸协定也为服务和投资市场准入创造了新的机会，包括竞争政策、政府采购、知识产权、监督透明度和可持续发展等领域的规定。双方建立了一些专门委员会和工作组监督自贸协定的执行情况，提供解决市场准入问题、进行更密切的监管合作的机会。部长级委员会发挥年度监督作用，确保自贸协定正常运行。自 2011 年 7 月实施自贸协定以来，欧盟委员会密切监测着敏感行业的进出口情况。一般而言，欧盟委员会每两个月向欧盟成员国、欧洲议会和相关行业协会提供双月统计数据，介绍相关产业的进展情况，如纺织品、电子产品和汽车产业等。欧盟委员会每年都会向欧洲议会和理事会提交一份关于敏感行业的年度监测报告。

2017 年欧盟对韩国的商品出口额比 2010 年的出口额多 59%。2010 年欧盟与韩国的货物贸易逆差为 116 亿欧元，2016 年为 31 亿欧元。2017 年，欧盟对韩国的服务出口增长 49%。2010 年到 2015 年，欧盟对韩国的进口增长 32%，2015 年欧盟与韩国的贸易逆差为 48 亿欧元。同期，欧盟对外直接投资增长 59%，欧盟对韩国直接投资增长 33%。欧韩自贸协定有十大优势：取消欧盟工农业产品的关税；改善欧盟服务提供商的市场准入；解决电子产品、制药和医疗器械领域的非关税壁垒；加强欧盟汽车制造商的市场准入；增加获得政府采购的机会；保护知识产权；强有力的竞争规则；确保透明度的承诺；可持续发展的承诺；快速和有效的争端解决。[①]

[①] European Commission, "EU-South Korea Free Trade Agreement, 10 Key Benefits for the European Union", June 2011, http://trade.ec.europa.eu/doclib/docs/2010/october/tradoc_146695.pdf.

二 欧盟—日本自贸协定谈判

欧盟和日本的 GDP 加起来占世界 GDP 的三分之一，贸易额加起来占世界贸易总额的五分之一以上。欧盟主要成员国和日本是先进的工业化国家，有诸多共同利益与合作领域，如双方在联合国、WTO、七国集团和 G20 等国际和多边论坛上合作密切。欧盟与日本的关系远超出经贸关系的范畴，2001 年，欧盟与日本建立战略伙伴关系，并每年举行欧盟—日本领导人峰会。该战略伙伴关系协定是一项具有法律约束力的协议，不仅涉及政治对话和政策合作，还涉及气候变化与环境、发展政策、安全政策等区域和全球层面的合作。此外，自贸协定是欧盟和日本正努力实现的另一份重要协议。自贸协定的签订有助于双方经济增长，双方承诺将努力达成全面协议。据欧盟统计局预测，欧盟与日本自贸协定的成功缔结可能使欧盟对日本出口额增长 32.7%。日本对欧盟的出口额可能会增长 23.5%。值得注意的是，欧盟与日本的自贸协定谈判中未包括投资保护协定。

日本是欧盟第六大贸易伙伴，欧盟是日本第三大贸易伙伴（仅次于中国和美国）。制成品在双边贸易中占主导地位。2016 年欧盟对日出口总额中，机械和运输设备占比达到 37%，化学品占 25%，其他制成品占 22%，初级产品（农业、原材料、能源等）占 14%。2016 年机械和运输设备占欧盟进口总量的 65%，化学品占 10%，初级产品占 2%。在服务贸易方面，欧盟对日本的出口服务总额从 2014 年的 261 亿欧元增加到 2015 年的 280 亿欧元，而欧盟从日本进口的服务总额从 2014 年的 150 亿欧元增加到 2015 年的 159 亿欧元。欧盟的服务贸易盈余为 121 亿欧元，盈余领域主要是金融服务贸易、电脑/信息服务、旅游、航空运输服务和其他商业服务。

2013 年，时任欧盟委员会主席巴罗佐、理事会主席范龙佩和时任日本首相安倍晋三正式展开自贸协定谈判。此后，欧盟评估第一年会谈的进展及欧盟是否履行承诺，尽管存在一些担忧，但在2014年5月同意继续谈判。2014年7月，谈判进入第二阶段。2016年9月，第17轮谈判在布鲁塞尔举行。2017年4月，第18轮谈判在东京举行。欧盟与日本自贸协定的谈判工作涉及以下领域：货物贸易（包括市场准入、贸易救济和工业品）、技术性贸易壁垒和非关税措施、原产地规则、海关和贸易便利化、卫生和植物检疫措施、服务贸易、投资、采购、知识产权、竞争政策、贸易和可持续发展、其他问题（如一般和监管合作、公司治理和商业环境、电子商务、动物福利）和争端解决。

欧盟与日本之间的贸易往来中工业产品占绝大部分，分别占日本向欧盟出口货物总额的75%，欧盟向日本出口货物总额的60%。[①]集中在以下领域：机械和器具、电气设备；运输设备，如汽车、火车、飞机和船舶；化学或相关行业的产品、药品。工业产品贸易受政策影响很大，如进口关税、非关税壁垒，其中后者是阻碍欧盟与日本之间更大规模贸易流动的首要因素。双方分歧点在于标准和技术要求，以及监管和行政问题。换句话说，欧盟与日本自贸协定谈判的主要目的之一是相互消除这些非关税贸易壁垒。

公共采购[②]是欧盟与日本自贸协定谈判的内容之一。欧盟与日本都是《世界贸易组织政府采购协议》的签署国，并且制定了旨在确保公共资金以透明、有效和非歧视的方式使用的规则。欧盟和日本都致力于增加世界贸易的自由度和规模，在自贸协定谈判中有机

---

① 欧盟委员会在"欧洲工业复兴"通讯中阐述了欧盟工业政策的重点，并提出加快实现以下目标的新举措：（1）将工业竞争力纳入其他政策领域，以维持欧盟经济的竞争力；（2）最大限度地发挥内部市场的潜力；（3）实施支持创新、技能和创业的区域发展手段；（4）促进获得关键投入以鼓励投资；（5）促进欧盟企业融入全球价值链。
② 公共采购是指政府部门或地方政府等公共部门为其选择的公司购买工作、货物或服务的过程。例子包括建立国立学校、为检察院购买家具或为火车站订约承办清洁服务。

会消除其余障碍，确保欧盟和日本企业能够平等竞标公开招标。但欧洲公司在赢得日本公共合同方面仍有障碍。在公共采购与私营化的两者之间可以采取公私合作伙伴关系（Public-Private Partnership, PPP）或是特许经营，特许权是公共部门与（通常是）私营企业之间的一种合作关系，在特定领域显示出其附加价值，如发展基础设施。在公共合同中，为了完成要求的工作或者提供服务，公司支付固定金额，但在特许经营中，企业主要通过被允许运行和利用工作或服务而获得报酬或投资，如公路和铁路运输、港口和机场服务、高速公路维护和管理、废物管理、能源和供热服务等。

服务业是欧盟与日本自贸协定谈判的另一内容。服务业对欧洲内部市场[①]和日本经济至关重要，但欧盟企业在日本市场上销售服务仍然面临障碍。服务业主要涵盖零售、批发贸易、建筑、商业/专业服务、房地产、旅游、一些娱乐服务、运输、网络公用事业、卫生和金融服务以及政府服务（公共管理和教育）等许多不同的部门。由于货物和服务联系日益紧密，获得服务是许多制造产品经济性能的先决条件。比如，云计算的兴起意味着技术基础架构、平台和软件在全球范围内日益作为服务提供的基础。

投资也是欧盟与日本自贸协定谈判的内容之一。欧盟与日本之间的投资正成为欧盟与日本的前沿议题。对欧盟来说，从日本开放的经济中受益，欧洲企业可以顺利交易，并且可以轻松建立分支机构或子公司来开展业务活动。对于日本而言，外商直接投资在促进经济发展方面起着至关重要的作用。资本的自由流动是欧洲单一市场的核心，也是欧洲市场的"四大自由"之一，能够整合开放、竞争和高效的欧洲金融市场和服务。对于公民来说意味着能够在国外

---

① 欧盟于2006年通过服务指令（Directive 2006/123/EC），确保消费者和企业能够轻松购买或提供服务，从而获得内部市场的全部优势。

进行许多业务，如开设银行账户、购买非本国企业的股票、购买房地产。对企业主要意味着能够投资并拥有其他欧洲公司，并积极参与公司管理。由于投资是欧盟共同商业政策的一部分，欧盟委员会可能就投资立法，在《建立全面的欧洲国际投资政策》文件中有概述。欧盟投资政策的重点是为欧盟投资者提供市场准入、法律确定性和稳定、可预测、公平与适当的监管环境，以便开展业务。除了确保其市场尽可能开放并寻求稳定、安全和有利的外国投资外，欧盟还希望通过国际论坛和多边协议在全球范围内推广其规则，开展双边投资对话和贸易协定加强与第三国投资者的关系。

知识产权[①]也是欧盟和日本自贸协定谈判的内容之一。欧盟和日本在保护和执行知识产权方面有着共同利益和类似的关切。创新和创造力推动了欧盟和日本的经济增长。欧盟和日本已经相互进出口许多依赖知识产权的商品和服务，但仍有提升的空间。欧盟与日本希望在自贸协定谈判中提高人们对知识产权在鼓励创新和创造方面的作用的认识；保护提出新理念的个人与企业，通过平衡执行知识产权规则，用它们来制造高质量的产品；鼓励投资有新想法的产品和服务。

农业和食品安全是欧盟与日本自贸协定谈判的重要组成部分。欧盟和日本都有一个农业愿景：不仅能养活人，还要保护景观、环境和传统。由于农民和生产者的生计依赖开放贸易，开放贸易对欧洲农业部门至关重要。日本是主要的食品进口国，其食品市场是世界上最大的食品市场之一。然而，日本对欧盟出口的产品设有高准入壁垒和高关税，限制了欧盟生产商可以出口到日本的产品种类，也导致日本售卖的欧洲食品种类有限且价格高。

---

① 知识产权包括工业产权和著作权。加强对第三国知识产权的保护和执法，也是欧盟的贸易政策目标之一。这一目标正在通过多边（WTO 和世界知识产权组织主导）和双边协定来实现。

在与日本的自贸协定谈判中，欧盟的目标是提高透明度，建立清晰的监管框架，使欧盟企业更容易进入日本市场，欧盟市场份额增加到合理的水平。日本近来更加注重提高农业部门的竞争力，增加农产品和食品的出口，希望制定精心设计的农业政策使农业部门能够根据自身的优势竞争和获得贸易开放的好处。2002年12月，日本政府确定了"安全性全球确认"，这使得许多高质量、安全的欧洲食品不能进入日本市场，如欧洲牛肉被禁止进入日本市场。2013年开始，欧盟与日本进行自贸协定的谈判推动取消了部分欧洲国家（法国、荷兰、爱尔兰、波兰、丹麦、瑞典、意大利）出口日本的禁令。

2017年12月，欧盟与日本最终敲定了经济伙伴关系协定，这是2017年7月6日欧盟—日本领导人峰会达成的政治协议基础上完成的法律文本，[①]是欧盟最大的双边贸易协定实现的重要里程碑。最终，欧盟与日本于2018年7月签署自贸协定，2019年2月1日协定正式生效。这为双方带来巨大的市场机遇，加强欧盟与日本在一系列领域的合作，包括可持续发展承诺，首次包括对《巴黎协定》的具体承诺。该经济伙伴关系协定将取消欧盟企业每年向日本出口的10亿欧元税收中的绝大部分，以及一些长期存在的监管壁垒，还将进一步开放日本农产品市场，以及增加欧盟其他部门的出口机会，如服务市场，特别是金融服务、电子商务、电信和运输等。该协议还包括关于贸易和可持续发展的章节；确立了劳工、安全、环境和消费者保护的高标准；加强欧盟和日本在可持续发展和气候变化方面的行动，并充分保障公共服务。这意味着欧盟和日本将致力于缔结战略伙伴关系协定，加强欧日关系，共同塑造西方主导的基于

---

① European Commission, "EU and Japan Finalise Economic Partnership Agreement", 8 December 2017, http://europa.eu/rapid/press-release_IP-17-5142_en.htm.

规则的世界经济秩序。

三 欧盟—加拿大自贸协定谈判

2009年，欧盟与加拿大开始进行自贸协定谈判，2017年9月21日，欧加自贸协定临时生效，2018年10月30日双方正式签署自贸协定，在金融、电信、能源和投资等领域产生广泛影响，并将为欧盟与其他主要经济体的相关谈判提供参照。2019年2月，欧洲议会全会投票批准欧盟与加拿大签署的《综合经济与贸易协定》。欧洲议会以408票赞成、254票反对、33票弃权的结果通过了该协定。该协定是欧盟与七国集团国家签署的第一份自贸协定，对欧盟意义重大。协定全部生效后，欧盟与加拿大大部分货物与服务贸易关税将取消，双方还将在服务和投资领域创造大量市场准入机会。更重要的是，当前全球贸易保护主义呈上升趋势，欧加自贸协定的签署体现了欧盟对自由贸易原则的坚持。

欧加自贸协定是欧盟首个涵盖投资章节的自贸协定，覆盖知识产权、政府采购、合作监管、金融服务等数十项议题。[1]该协定削减了关税，使双方进出口货物和服务变得更加容易，使欧盟和加拿大的民众和企业都能受益。2018年9月26日，欧盟前贸易委员马尔姆斯特伦出席第一届欧盟—加拿大联合委员会，该委员会是两国讨论与协定有关利益问题的最高机构。欧加自贸协定签署以来，出口总体上升，还改善了欧盟与加拿大之间的商业环境，为欧盟企业提供了法律确定性。比如，在2017年10月至2018年6月期间，欧盟向加拿大出口额同比增长7%以上。机械设备出口额占欧盟对加拿大出口总额的五分之一，增长了8%以上；药品出口额占欧盟对加

---

[1] 宋锡祥、戴莎：《欧盟和加拿大自贸协定的特色及其对我国的启示》，《上海大学学报》（社会科学版）2019年第1期。

拿大出口总额的10%，增长了10%；家具产品出口额增长10%，香水化妆品等增长了11%，鞋类增长8%，服装增长11%；水果和坚果出口额增长29%，巧克力增长34%，起泡酒增长11%，威士忌增长5%。[①]

欧加自贸协定是一项渐进式贸易协定。该协定具有贸易协定中有史以来最强有力的承诺，从而能促进劳工权利、环境保护和可持续发展，不会降低或改变保护人民健康和安全、社会权利，尤其是消费者权利或环境问题的欧盟标准，也不会改变欧盟对食品安全的监管方式。欧加协定整合了欧盟和加拿大对工人权利、环境保护和气候行动适用国际规则的承诺。这些义务具有约束力。尽管如此，欧盟的非政府组织和工会表示，它们担心欧加自贸协定可能削弱欧盟及其地位。同时，该协定关于劳工权利的法规以及其他法规则引起了投资者与东道国之间争端的解决方式的担忧。

欧加自贸协定为各种规模的欧盟企业提供了出口到加拿大的新机会，因为该协定取消了欧盟与加拿大贸易98%产品的关税。一旦所有关税削减，欧盟企业可节省约5.9亿欧元的关税。该协定也使欧盟企业获得最佳机会去竞标加拿大的公共采购合同，不仅限联邦层面，还包括省市一级。欧加自贸协定还为欧洲农民和食品生产者创造了新的机会，同时保护了欧盟的敏感部门。该协定意味着143种欧盟优质食品和饮料产品（地理标志）可以在加拿大以其名称出售。欧加自贸协定还为服务提供商提供了更好的条件，为企业员工提供了更大的流动性。

维持开放市场对欧盟保持经济竞争力和世界市场领先地位更加重要。但贸易议题变得更加复杂，不仅涉及贸易、投资和服务关系，

[①] European Commission, "One Year on EU-Canada Trade Agreement Delivers Positive Results", 20 September 2018, https://trade.ec.europa.eu/doclib/press/index.cfm?id=1907.

还与政治、经济议题密切挂钩。贸易政策已经从单纯的经贸或法律议题演变为全球政治上最具争议的政策领域之一。考虑到贸易协定的目标、广度、范围各不相同，自贸协定对双边贸易的影响已经超越简单取消关税的自由化进程。十年之前，欧盟自贸协定涵盖范围的贸易额不到欧盟贸易总额的四分之一，但目前欧盟贸易的三分之一属于自贸协定涵盖的范围。如果加上正在进行的谈判，自贸协定涵盖范围的贸易额将占欧盟贸易总额的三分之二。根据欧盟委员会网站，截至2018年11月，欧盟与119个国家签订了贸易和伙伴关系协定，其中36个已生效协定，34个部分生效但暂时适用于贸易的协定，8个部分生效但尚未适用的协定，20个待定协定，21个谈判中的协定。此外，欧盟还与23个WTO成员共同进行服务贸易协定谈判，但该谈判进程已暂停。[1]

更重要的是，欧盟正通过自贸协定在亚太地区布局。放眼望去，欧盟已与中国周边国家增强了经济联系，与韩国、日本、越南、新加坡签署自贸协定，与马来西亚、泰国、菲律宾、印尼开展自贸协定谈判，重启与东盟、印度的自贸协定谈判，加快与澳大利亚、新西兰的自贸协定谈判。欧洲在全球化与民粹主义之间的斗争可能会在短期内抑制自己与亚洲的贸易前景。[2] 但是，考虑到中国、日本、韩国、印度等亚洲国家是欧盟的主要贸易伙伴，以及随着欧盟向亚太地区倾斜，欧盟不会放缓与亚洲的投资和贸易关系。

---

[1] European Commission, "Negotiations and Agreements", December 2018, http://ec.europa.eu/trade/policy/countries-and-regions/negotiations-and-agreements/#_pending.
[2] 贺之杲：《治理困境与欧盟自贸协定政策》，《复旦国际关系评论》2019年第1期。

第六章　欧盟与美国在贸易政策层面的合作与竞争

欧债危机以来，国际力量对比深入演进，国际规则与国际秩序博弈加剧，全球化和逆全球化相互碰撞，欧盟与美国和中国之间的合作与竞争不仅直接反映到双边贸易关系之中，而且在国际体系层面对国际贸易规则、规范乃至全球治理体系产生深刻影响，成为塑造欧盟贸易政策走向的关键外部因素。本章重点讨论欧盟贸易政策在跨大西洋关系层面的发展。

第一节　跨大西洋贸易与投资伙伴关系（TTIP）谈判及其失败

21世纪初，在经历货币统一和中东欧国家回归的"欧洲重新统一"后，欧盟对自身发展模式的信心上升，希望借助全球治理的深入发展输出欧洲模式，与美国共同领导世界。随着"911"后新自由主义、新保守主义和单边主义在美国内外政策中居主导地位，欧美资本主义模式呈现出竞争加剧的态势。在贸易政策领域，时任欧盟贸易委员的拉米提出"受管理的全球化"理念，将维护WTO在全球多边贸易体制中的核心地位作为其贸易政策的重中之重。[①] 然而，这一立场在 2006 年前后出现了松动，欧盟对多哈回合谈判的热情下降，双边和地区性贸易协定在欧盟对外贸易政策中的地位上升。在欧债危机背景下，为应对新兴市场国家崛起的挑战，欧盟与美国开始强化"西方"的身份认同，强调其基本价值观和利益的一致性，淡化具体发展模式上的差异。启动 TTIP 谈判成为欧美在贸易层面战略接近的标志。然而，2016 年特朗普当选美国总统，推行美国优先的贸易战略，TTIP 谈判无疾而终，欧美贸易关系明显转冷，几度滑向贸易战的边缘。

欧美深化跨大西洋贸易伙伴关系的构想由来已久。冷战后欧美通过双边贸易关系的进一步制度化主导国际经济政治秩序的设想不断问世。早在 1995 年克林顿执政时期，欧美就开始了建立跨大西洋关系的日程。在伊拉克战争后，跨大西洋关系出现裂痕，2007 年双方建立了跨大西洋经济理事会，旨在"加强跨大西洋经济一体化、促进增长……减少贸易与投资壁垒"。[②] 但由于当时欧美战略竞争态势加剧和分歧仍未消除，以及双方在食品安全、环境等方面存在的管理结构差异，这一跨大西洋一体化进程取得的进展有限。2011 年以来，欧盟面对内外部挑战，特别是面对 TTIP 谈判提速的压力，启动 TTIP 谈判的意愿增强。2013 年 2 月 12 日，欧美领导人正式宣布启动 TTIP 谈判。除取消欧美间贸易关税外，该谈判设定的目标还包括在大西洋两岸实现市场管理法律、法规层面的协调，使之相互兼容，进而在全球层面制定规则与标准，影响国际规范变迁的

[①] Sophie Meunier, "Managing Globalization? The EU in International Trade Negotiations", *Journal of Common Market Studies*, Vol. 45, No. 4, 2007, p. 906.

[②] The White House, "Framework for Advancing Transatlantic Economic Integration", April 2007, https://georgewbush-whitehouse.archives.gov/news/releases/2007/04/20070430-4.html.

走向。①

2013年至2016年底，美国和欧盟就TTIP进行了17轮谈判，双方宣称该协定是美国和欧盟之间"综合性、高端性"的自贸协定，其规模在全球GDP和贸易额的占比都在40%以上，旨在双方之间实现零关税，消除非关税壁垒，进一步开放贸易和投资，解决双方在商品、服务及农业等贸易中存在的壁垒，促进增长和就业。时任欧盟贸易委员德古特雄心勃勃地宣称TTIP是历史上最大的贸易投资协定，将为未来的同类合作伙伴关系和贸易协定树立典范。②

然而，TTIP谈判遭遇的阻力超出预期。谈判过程中的问题包括以下几个方面。第一，由于欧美货物贸易关税总体已处于很低的水平，因而消除非关税壁垒是谈判的重点，特别是协调商品检测研发方面的法规、采取共同标准方面需要做很多工作。由于有关规则、标准存在明显差异，特别是欧盟在气候变化治理、碳排放市场、清洁能源、食品安全等方面标准明显高于美国，美方拒绝提高标准适应欧盟的要求。第二，在投资领域欧美围绕争端解决机制存在重大分歧。欧盟建议建立专门的投资司法系统，最初可设立由成员国政府任命的常任法官组成的双边投资法庭，取代现行的国际投资争端解决中心（ICSID）体制下公司指派的特别仲裁庭，从而保证仲裁机制规则明确、法官资格适当、程序透明。③而美国则坚持使用本国双边投资协定的做法，参照同时进行的TPP谈判确定的安排，建立

---

① European Commission, "European Union and United States to Launch Negotiations for a Transatlantic Trade and Investment Partnership", June 2013, http://trade.ec.europa.eu/doclib/press/index.cfm?id=869.
② Karel de Gucht, "Foreword", in Jean-Frédéric Morin, Tereza Novotná, Frederik Ponjaert and Mario Telò, *The Politics of Transatlantic Trade Negotiations, TTIP in a Globalized World*, New York: Routledge, 2015, p. xvii.
③ European Commission DG Trade, "Press Release: EU Finalises Proposal for Investment Protection and Court System for TTIP", November 2015, http://trade.ec.europa.eu/doclib/press/index.cfm?id=1396.

类似 ICSID 的机制，由争端各方任命仲裁人，反对建立独立的投资法庭。

此外，跨大西洋贸易关系中的两个遗留问题也成为谈判的障碍。其一，美国要求欧盟改革共同农业政策、减少农业补贴，而由于法国、意大利、爱尔兰以及中东欧新成员国的反对，欧盟进一步改革共同农业政策面临重重困难。其二，影视、音乐、数字等文化产品的准入问题也引起关注。历史上法国曾在 WTO 下以保护本国文化自主性为由，赢得了文化产品准入的例外地位，对好莱坞电影等美国文化产品的进口设置了配额。是否取消配额的问题成为美国接受协定的障碍。

如前文所述，由于欧美贸易关系体量大，在欧盟内部关注度高，引发了民众的广泛关注。相关研究表明英、德、意、西等欧盟大国以及荷兰、葡萄牙等中小成员国可能从协定中获得更多经济利益，对 TTIP 支持度高；而法国以及一些中东欧成员国获利相对较小，保留更多。[1]

而民众、公民团体在 TTIP 上的分歧更为严重。导致欧盟民众和各种利益集团、非政府组织出于不同的原因反对贸易协定。各国民间团体普遍质疑 TTIP 加强了新自由主义的全球化逻辑；英国工会组织认为 TTIP 将削弱国民医疗服务体系，导致公共服务私有化，食品安全、环境保护标准问题都引发针对协议的反对声音。

到 2016 年美国大选前后，美国民主党政府和欧盟委员会都迫切希望尽快通过谈判达成协议，以避免一旦特朗普当选美国就可能退出谈判的局面。然而，欧盟民众对该协议反对呼声很高，并传导到政党乃至政府决策层面。由于协定需要欧盟 28 个成员全体批准，成

---

[1] Sebastian Dullien, Adriana Garcia and Josef Janning, "A Fresh Start for TTIP", European Council on Foreign Relations, February 2015, https://ecfr.eu/publication/a_fresh_start_for_ttip330/.

员国内部民众的质疑和抵制增加了欧盟在谈判中做出妥协的难度，谈判最终未能完成。特朗普上台后宣布退出已基本完成谈判的 TPP 协议，无限期搁置了 TTIP 谈判，并将欧盟作为其"美国优先"贸易战略的针对目标。到 2018 年美欧贸易摩擦有所缓和，提出通过谈判达成货物贸易零关税的目标，被视为可能重新谈判类似 TTIP 贸易协定的信号。然而，此后由于美国在贸易问题上的单边主义立场并未改变，继续威胁对欧盟采取贸易制裁措施，而欧盟民众对欧盟贸易协定的热情下降，特朗普在欧洲不受欢迎，因此重启该协议谈判在欧盟获得的支持度有限。[1]欧盟委员会于 2019 年 4 月 15 日最终宣布，TTIP 谈判已"过时，不再有任何意义"。[2]

2013 年以来，欧美启动这一超大规模自贸协定谈判的初衷是在国际力量对比出现深刻变化的背景下进一步主导国际贸易体制，维护对自身有利的国际规则，选择性地重塑国际规则。在当前国际贸易关系中，西方国家历史上借助资金、技术和殖民扩张形成的优势已经减弱，在制造业等领域新兴市场国家在劳动力、资源等方面的优势开始显现，因而，欧盟和美国近年来开始主张有选择地推动修改国际规则，将汇率、知识产权、环境、劳工标准甚至民主、人权问题与贸易挂钩，加强国际法在这些领域的刚性法律规定，增强自身的竞争优势。这一变化对国际贸易中处理南北关系的基本原则——面向发展中国家的贸易优惠安排构成了新挑战。如前文所述，欧盟对发展中国家采取区别化对待的立场，在拟推行的普惠制

---

[1] 根据 2017 年中皮尤研究中心分析，在奥巴马总统任期的最后几年，相信"奥巴马总统在国际事务中行事妥当"的欧洲人在欧洲总人口中的比例中位数为 77%，而在特朗普任期（2017 年春天）该比例仅为 18%。

[2] Patricia Lewis, Jacob Parakilas, Marianne Schneider-Petsinger et al., "The Future of the United States and Europe: An Irreplaceable Partnership", Chatham House, December 2018, https://www.chathamhouse.org/publication/future-united-states-and-europe-irreplaceable-partnership.

改革中，将中等偏上收入的发展中国家排除在外，中低收入国家一些具有竞争力的产品不再享受进口优惠。这些做法与美国政策日益趋同。同时，欧美在 WTO 规则之外重新界定发展中国家，使未与其缔结自贸协定的新兴市场国家逐渐处于不利地位，会在事实上构成新的不利于发展中国家的贸易壁垒。这一举动无疑加大了 WTO 协定被边缘化的风险，不利于保障发展中国家实现发展的权利，促使发达国家履行促进发展的历史责任；尤其需要避免优惠安排和地区协定成为发达国家出于自身利益强行改变国际规则、规范的工具，或沦为封闭、排他的区域性安排，危及开放的世界市场和自由贸易体系。

欧美围绕国际贸易规则与规范的互动是欧美资本主义模式相互磨合、博弈、建构新共识的过程，同时无法回避新兴市场和广大发展中国家的利益和发展诉求。TTIP 谈判的失败表明，欧美资本主义长期发展过程中形成的一些具体管理制度和安排上的差异在短期内实现趋同并非易事。战后布雷顿森林体系建立之初，西方资本主义世界的嵌入式自由主义共识随着华盛顿共识的出现和社会民主主义色彩的欧洲福利国家模式的发展而出现分歧，在当前大变局下都面临着调整、转型的压力，但欧美两大经济体在贸易关系方面试图建立深度机制化合作、实现规则规范的一体化面临的内外部阻力，特别是内部社会的阻力超乎想象，面临在引入市场导向的改革增强国际竞争力、加强监管防范系统性宏观经济风险和维护福利国家制度间实现平衡的复杂命题。

同样，美欧在 TTIP 的制度设计上带有一定的排斥中国的地缘政治考量，但谈判的失败和国际贸易关系发展的轨迹表明，美国、欧盟和发展中国家间的关系在此过程中并非简单的非此即彼的零和博弈。虽然美欧加强合作带有维护既得利益，追求国际竞争中利益最大化的意图，但在全球化时代，全球和地区价值链正在经历迅速而深刻的变化，生产组织方式的全球化使国家间的经济边界日益模糊，存在通过激发市场潜力抵御贸易保护主义、民粹主义影响的空间。在目前形成的诸多地区性、双边和诸边贸易安排中，欧美发达国家和新兴市场"你中有我"、相互重叠的逻辑并未终结。

第二节 特朗普时期"美国优先"贸易战略与欧盟的应对

2016年以来，特朗普政府四年任期内美欧关系面临前所未有的挑战，这不仅体现在传统的安全、外交领域，双边经贸关系也龃龉不断。

一 特朗普任期前半期美欧贸易摩擦的爆发与暂时缓和

特朗普入主白宫后，美欧围绕多边贸易体制和双边贸易安排的争论日趋明显，特朗普对多边贸易机制表现出根深蒂固的怀疑态度。特朗普当选总统后退出TPP，作为美欧战略接近标志的TTIP谈判遭到无限期搁置。美国的贸易保护主义、单边主义不仅指向中国等竞争对手，而且一再以关税、制裁等惩罚性贸易措施威胁其传统盟友欧盟。

2017年初，共和党提出边境调节税议案，拟对进口商品征税20%，但对出口商品免税。欧盟和其他美国的贸易伙伴对此反应强烈，开始对美国边境税提起法律诉讼的准备工作。虽然美国未采取进一步立法行动，但美国与欧盟特别是德国的贸易争论加剧。

2017年4月20日，美国宣布根据1962年《贸易扩展法》第232条就"进口自欧盟及中国等地的钢铁产品和铝产品是否危害美国国家安全"进行调查。2018年3月，美国决定对进口钢铁产品和进口铝产品分别加征25%和10%的关税，未给予欧盟关税免除，但同时表示可以与相关国家谈判后免除关税。此后，美国政府给予阿根廷、巴西、澳大利亚、韩国、加拿大、墨西哥和欧盟为期40天的钢材关税免除。3月28日，美国以国家安全面临威胁为由开始对进口钢、铝产品分别加征25%与10%的关税。①

欧盟表示无法接受美国的"暂时性关税免除"政策。作为回应，欧盟委员会于2018年3月26日发起针对欧盟进口的26种钢铁产品的调查，目标指向美国。4月底，法国总统马克龙、德国总理默克尔及英国时任首相特蕾莎·梅就"欧盟在必要情况下快速、高效反击"达成共识，希望美国"不要采取会破坏跨大西洋利益的措施"。②

为此，特朗普政府同意与欧盟对话并延长暂时性关税免除期限。2018年5月1日，美国延长钢铝关税免除谈判期限至6月1日。欧盟重申需永久性免除关税的立场，并称愿意继续对话，但"绝对不会在胁迫下进行谈判"，"任何跨大西洋协议都必须是平衡且互惠互利的"。③欧盟委员会还表示："美国上述决定增加了市场的不确定性，钢铝产能过剩并非源于欧盟，因此美国应给予欧盟完全、永久的关税免除待遇。"④时任欧洲理事会主席图斯克也表示"欧盟只有在获得永久性关税免除待遇的情况下才可以和美国进行谈判"。

2018年6月1日，欧美未能就钢、铝产品关税问题达成协议，

---

① "Timeline: How the U.S.-EU Trade Dispute Took Shape", *DHL*, 10 September 2019, https://lot.dhl.com/timeline-how-the-u-s-eu-trade-dispute-took-shape/.
② "France, Germany, Britain Say EU 'Must Be Ready to React' to US TradeTariffs", *EURACTIV*, 30 April 2018, https://www.euractiv.com/section/economy-jobs/news/france-germany-britain-say-eu-must-be-ready-to-react-to-us-trade-tariffs/.
③ "EU Says Metal Tariffs 'Prolong Uncertainty' After US Holds Off", *EUACTIV*, 2 May 2018, https://www.euractiv.com/section/economy-jobs/news/eu-says-metal-tariffs-prolong-uncertainty-after-us-holds-off/.
④ Jorge Valero, "Europe Rules Out Generous Quotas as Solution for Trump Trade Dispute", 17 May 2018, *EURACTIV*, https://www.euractiv.com/section/economy-jobs/news/europe-rules-out-generous-quotas-as-solution-for-trump-trade-dispute/.

特朗普政府向欧盟、加拿大与墨西哥进口钢铁产品和铝产品开征关税。而阿根廷、澳大利亚、巴西与韩国则与美国达成协议，获得了永久性关税免除。同时，美国继续扩大针对欧盟的关税措施范围，并于5月宣布根据《贸易扩展法》第232条对进口汽车是否给美国国家安全带来威胁开展调查。①6月，美国称若欧盟不取消针对汽车行业的关税壁垒和其他贸易壁垒，将对欧盟制造的汽车加征20%关税。

对此，欧盟向WTO发起针对美国的法律诉讼，称特朗普政府的关税措施虽是以国家安全理由提出的，但实质上违反了WTO规定的保障措施（safeguard measures）。②2020年4月，欧盟宣布拟对总额达29.1亿美元的美国出口产品加征10%至25%的报复性关税，包括波本威士忌、李维斯牛仔裤及哈雷摩托车等。③6月，欧盟将报复性关税范围扩大至金属、工业品和农产品。④7月，欧盟警告，若特朗普政府决定对进口汽车采取限制措施，将对总额近3000亿美元的美国出口产品加征报复性关税。⑤

为避免大规模贸易战，欧美双方决定采取行动缓和贸易冲突。特朗普和容克发表声明，提出努力实现"零关税壁垒、零非关税壁垒及零非汽车行业补贴"的目标，"开辟美国和欧盟贸易关系的

---

① U.S. Department of Commerce, "U.S. Department of Commerce Initiates Section 232 Investigation into Auto Imports", 11 September 2018, https://www.commerce.gov/news/press-releases/2018/05/us-department-commerce-initiates-section-232-investigation-auto-imports.
② Roderick Harte, "US Tariffs: EU Response and Fears of a Trade War", European Parliamentary Research Service Blog, 22 June 2018, https://epthinktank.eu/2018/06/22/us-tariffs-eu-response-and-fears-of-a-trade-war/.
③ Kristin Archick, Shayerah Ilias Akhtar, Paul Belkin and Derek E. Mix, "Transatlantic Relations: U.S. Interests and Key Issues", Congressional Research Service, 27 April 2020, https://crsreports.congress.gov/product/pdf/R/R45745.
④ "Timeline: How the U.S.-EU Trade Dispute Took Shape", DHL, 10 September 2019, https://lot.dhl.com/timeline-how-the-u-s-eu-trade-dispute-took-shape/.
⑤ "Timeline: How the U.S.-EU Trade Dispute Took Shape", DHL, 10 September 2019, https://lot.dhl.com/timeline-how-the-u-s-eu-trade-dispute-took-shape/.

新局面"。① 特朗普表示将取消针对欧盟的金属产品关税，并承诺免除其他关税，而欧盟则表示将进口更多的美国大豆以及液态天然气。②

这一阶段，美欧围绕钢、铝产品和汽车业的贸易摩擦是特朗普"美国优先"战略的后果。美国与欧盟货物贸易整体存在逆差，欧盟最大经济体德国2016年贸易顺差达到2970亿美元，位居世界首位。"德国制造"与特朗普希望推动"美国制造"的目标存在根深蒂固的矛盾，因而成为美国首先针对的对象。美国指责德国操纵欧元汇率，导致欧元被严重低估，造成对美国的贸易不公平。时任美国国家贸易委员会主任彼得·纳瓦罗（Peter Navarro）甚至提出美国需要与德国在欧盟和欧元区之外谈判双边协定。围绕欧元汇率、欧美自贸协定、关税以及对欧盟共同市场的态度，德美之间的分歧也给欧美关系的发展带来更大的不确定性。

在此轮贸易摩擦中，特朗普主义在贸易政策方面的轮廓逐渐显现。首先，贸易领域是特朗普反全球化、反多边主义理念和实践的主战场。他不仅将贸易措施对象指向中国，而且对其传统盟友——欧盟施加了巨大压力，特别是表现出明显的反德立场。此外，特朗普政府倾向于诉诸双边机制而非多边对话，频繁依据国内法而不是国际贸易规则挑起争端，被WTO协定排除在外的"国家安全措施"也常常成为美国设置贸易壁垒的依据。总之，此次关税争端体现出美国贸易保护主义和在贸易争端上的强硬态度，给跨大西洋经贸关

---

① Kristin Archick, Shayerah Ilias Akhtar, Paul Belkin and Derek E. Mix, "Transatlantic Relations: U.S. Interests and Key Issues", Congressional Research Service, 27 April 2020, https://crsreports.congress.gov/product/pdf/R/R45745.

② "Timeline: How the U.S.–EU Trade Dispute Took Shape", *DHL*, 10 September 2019, https://lot.dhl.com/timeline-how-the-u-s-eu-trade-dispute-took-shape/.

系乃至政治安全合作带来了诸多不确定性。①

针对特朗普主义的挑战，欧盟处于两难境地：一方面要维护自身的经济利益和政治自主性，另一方面又不得不顾忌对美国的安全依赖。随着 2018 年美国中期选举的临近，特朗普政府出于国内经济考虑，同时为将更多矛头指向中国，对欧贸易政策暂时呈现缓和态势。但由于其"美国优先"的目标并未发生根本改变，欧美达成新的贸易协议的努力未能取得实质进展。美欧提出的"零关税壁垒，零非关税壁垒及零非汽车行业补贴"的谈判目标虽然在一些领域接近 TTIP，双方在农业和汽车等问题上仍存在巨大分歧：美国的谈判目标是"美国农业产品在欧盟全方位的市场准入"，② 而欧盟坚持将农产品排除在谈判范围之外。另外，欧盟方认为此轮贸易对话将最终涉及汽车行业及公共采购问题，而特朗普政府明确表示"不会就政府采购做出承诺，继续对美国国内采购项目采取普惠政策"；③ 贸易谈判也招致欧盟民众及民间团体的抵制，他们担心贸易谈判导致重启 TTIP。尽管欧盟官方已明确表示该贸易谈判不会是 TTIP 的 2.0 版本，欧盟民间团体仍担心 TTIP 中的争议性议题将重新回到谈判

---

① Patricia Lewis et al., "The Future of the United States and Europe: An Irreplaceable Partnership", Chatham House, December 2018, https://www.chathamhouse.org/publication/future-united-states-and-europe-irreplaceable-partnership.

② Office of the United States Trade Representative, "United States - European Union Negotiations: Summary of Specific Negotiating Objectives", January 2019; quoted from Marianne Schneider-Petsinger, "US - EU Trade Relations in the Trump Era: Which Way Forward?", Chatham House, 20 March 2019, https://www.chathamhouse.org/publication/us-eu-trade-relations-trump-era-which-way-forward.

③ Office of the United States Trade Representative, "United States - European Union Negotiations: Summary of Specific Negotiating Objectives", January 2019; quoted from Marianne Schneider-Petsinger, "US - EU Trade Relations in the Trump Era: Which Way Forward?", Chatham House, 20 March 2019, https://www.chathamhouse.org/publication/us-eu-trade-relations-trump-era-which-way-forward.

桌，例如转基因食品及有毒化学试剂使用等问题。[①]

二 美国对华战略竞争加深下美欧贸易摩擦的进一步发展

2018年后美国对华战略竞争加深，打压不断升级，走向贸易战的边缘。欧盟一方面在贸易平衡、市场准入、政府采购等问题上与美国一道对中国施加压力，另一方面也避免在中美之间选边站队。美欧之间的贸易谈判举步维艰，争端的强度虽有所缓和，但数量、频度增加，数字税等新问题浮出水面。

（一）美欧贸易谈判的进展

2018年下半年，美国就世界贸易组织"波音—空客"仲裁、汽车关税、欧盟无激素牛肉出口配额、政府采购、数字贸易、管制竞争以及地理标识等问题向欧盟发难。为应对这些挑战，欧盟表示愿意和美国达成互惠协议，对等削减汽车关税，并同意讨论重新分配无激素牛肉的配额，以回应美国长期以来要求增加牛肉出口数量的需求。[②] 2018年10月，特朗普政府以贸易促进权的名义通知国会，将与欧盟进行新的贸易谈判，以寻求更"公平、均衡"的关系。[③] 然而，由于美欧双方未能就谈判议题范围达成一致，正式谈判未能及时开启：美国的谈判主要目标包括农业产品，而欧盟拒绝将其纳入谈判范围。此后，特朗普政府继续以关税为手段向欧盟施压，而欧

[①] Stratfor, "Truce Aside, U.S.-EU Trade Relations Are In for a Bumpy Ride", 30 July 2018; quoted from Marianne Schneider-Petsinger, "US-EU Trade Relations in the Trump Era: Which Way Forward?", Chatham House, 20 March 2019, https://www.chathamhouse.org/publication/us-eu-trade-relations-trump-era-which-way-forward.

[②] Jorge Valero, "Commission Proposes to Redistribute Beef Quota to Please the US", *EURACTIV*, 3 September 2018, https://www.euractiv.com/section/economy-jobs/news/commission-proposes-to-redistribute-beef-quota-to-please-the-us/.

[③] Kristin Archick, Shayerah Ilias Akhtar, Paul Belkin and Derek E. Mix, "Transatlantic Relations: U.S. Interests and Key Issues", Congressional Research Service, 27 April 2020, https://crsreports.congress.gov/product/pdf/R/R45745.

盟则称，如美国再次加征"232条款"关税，将中止谈判。在双方的对话中，欧盟委员会认为，美方未提出任何有望取得实质性进展的内容，而美国商务部则认为欧盟表态中附加条件过多。[①]

2019年1月18日，欧盟委员会通过了与美国进行谈判的授权，决定就免除对包括汽车在内所有美国工业品征收的关税进行谈判。但同时也警告如果美国决定对欧盟汽车加征新的关税，欧盟也已准备好反制措施。[②]2019年2月，特朗普再次威胁欧盟，"希望欧盟尽快开启谈判，否则将征重税"。[③]然而，由于左翼党团反对，欧洲议会未能通过与美国就免除工业品关税问题进行谈判的决议。该决议提出的谈判条件为：需纳入汽车议题，排除农业议题，如果美国继续加征惩罚性关税，欧盟将中止谈判。但欧盟一些有影响力的议员对此仍持怀疑态度，认为在美国尚未取消对钢铝征收的关税之前，不能开启贸易谈判。欧洲议会贸易委员会主席贝尔恩德·兰格（Bernd Lange）表示，"欧盟已做出许多让步，而美国却没有任何让步的举动"。法国政府也不支持对所有工业产品实行零关税，认为这将会变相重启TTIP。法国总统马克龙提出将环境标准纳入谈判范围，如果美国退出《巴黎协定》则反对重启与美国的谈判，以避免气候标准的差异给法国企业和农民造成不公平。[④]

2020年初，特朗普在与欧盟委员会新任主席冯德莱恩的会晤中

---

① Jorge Valero, "US Blames Europe for Lack of Progress in Trade Talks, Threatens Car Tariffs", *EURACTIV*, 18 October 2018, https://www.euractiv.com/section/economy-jobs/news/us-blames-europe-for-lack-of-progress-in-trade-talks-threatens-car-tariffs/.

② Jorge Valero, "EU Gets Ready to Retaliate If US Adopts Fresh Car Tariffs", *EURACTIV*, 18 January 2019, https://www.euractiv.com/section/economy-jobs/news/eu-gets-ready-to-retaliate-if-us-adopts-fresh-car-tariffs/.

③ "Timeline: How the U.S.-EU Trade Dispute Took Shape", *DHL*, 10 September 2019, https://lot.dhl.com/timeline-how-the-u-s-eu-trade-dispute-took-shape/.

④ Jorge Valero, "France Maintains Blockade to Opening EU-US Trade Negotiations", *EURACTIV*, 3 April 2019, https://www.euractiv.com/section/economy-jobs/news/france-maintains-blockade-to-opening-eu-us-trade-negotiations/.

再次威胁道，如双方无法达成协议就将对欧盟汽车和其他产品加征高额关税。而欧方则重申，如果美国再次对欧盟汽车加征"232条款"关税，将中止谈判。①2020年1月，美国扩大了"232条款"关税征收的范围，纳入了相关衍生产品，并于2020年2月8日生效。作为回应，欧盟于2020年4月宣布了对包括打火机和塑料家具配件在内的美国产品加征关税的计划。2020年7月，欧盟表示准备通过立法，制裁亚马逊、谷歌、脸书等美国公司侵犯知识产权的行为。

（二）"波音—空客"补贴问题的贸易争端

在此背景下，美欧就"波音—空客"补贴问题的贸易争端升级。2019年4月，美国在WTO胜诉后宣布对包括奶酪、红酒、直升机和飞机在内的欧盟产品加征关税的计划，总额达250亿美元，作为对欧盟给予空客不公平补贴的反制措施。②欧盟委员会认为美国反应过度，违背了"报复性关税的数额只能由WTO仲裁决定"的原则，准备以美国给予波音公司违规补贴为由，对总额达220亿美元的美国产品加征报复性关税。③WTO最终确定美国可实施额度75亿美元的惩罚措施，美国据此对法国、德国、英国和西班牙等国的食品与农产品加征了关税。

欧盟希望逐步改变补贴方式，促使美国免除关税。2020年7月，空客公司与西班牙、法国达成一致，将政府给予的补助性贷款利息上调至WTO规定的市场利率。法国表示欧盟愿就完善飞机筹资国

---

① Kristin Archick, Shayerah Ilias Akhtar, Paul Belkin and Derek E. Mix, "Transatlantic Relations: U.S. Interests and Key Issues", Congressional Research Service, 27 April 2020, https://crsreports.congress.gov/product/pdf/R/R45745.
② "Timeline: How the U.S. - EU Trade Dispute Took Shape", *DHL*, 10 September 2019, https://lot.dhl.com/timeline-how-the-u-s-eu-trade-dispute-took-shape/.
③ "EU Plans for Own Retaliation in Aircraft Dispute with US", *EURACTIV*, 9 April 2019, https://www.euractiv.com/section/economy-jobs/news/eu-plans-for-own-retaliation-in-aircraft-dispute-with-us/.

际规则与美方磋商。[①]2020 年 10 月，WTO 争端解决机构正式授权欧盟对美国采取反制措施，欧盟可将对美国产品的征税总额增至 40 亿美元，11 月 10 日起开始生效。欧盟委员会表示"该动作并非旨在升级贸易战，而是在得到 WTO 授权之后的合理反击"。[②]同时，欧盟认为拜登当选美国总统能够为解决美欧贸易战提供契机。

2020 年 12 月 30 日，在波音与空客的贸易争端中，美国调整了对欧盟产品加征的关税，将贸易数据时间段调整到与欧盟一致。根据美国贸易代表声明，调整的原因在于 2020 年 9 月欧盟对美国产品加征关税时，在欧盟所使用的贸易数据时间段中，由于新冠疫情的影响美国贸易量大幅下降，因加征关税总额固定，这直接导致了欧盟扩大了对美国加征关税的产品范围。为使关税反制对等，美国因此决定将数据时间段调整到与欧盟一致。[③]

（三）欧盟数字税争端

2019 年 7 月，法国议会通过《数字服务税法》，成为美欧贸易争端中新的热点问题。根据该法案，将对全球年产值达 7.5 亿欧元或在法国年产值达 2500 万欧元的数字服务供应商征收 3% 的税款。[④]针对法国实行的数字服务税，美国贸易代表发起"301 条款"调查，

[①] Daniel Michaels and Pietro Lombardi, "Airbus Looks to End Trade Dispute with U.S. by Forgoing Some Government Support", *The Wall Street Journal*, 24 July 2020, www.wsj.com/articles/airbus-agrees-to-changes-in-government-support-in-effort-to-avoid-u-s-tariffs-11595580915.

[②] Loren Cook, "EU Puts Tariffs on US But Hopes for Change with Biden", *AP News*, 10 November 2020, https://apnews.com/article/valdis-dombrovskis-global-trade-europe-united-states 8a9c8a48047ce656e853e40162596318.

[③] Office of the United States Trade Representative, "United States Modifies Tariffs on EU Products in Large Civil Aircraft Dispute", 30 December 2020, https://ustr.gov/about-us/policy-offices/press-office/press-releases/2020/december/united-states-modifies-tariffs-eu-products-large-civil-aircraft-dispute.

[④] "France: Digital Services Tax (3%) Is Enacted", *KPMG*, 25 July 2019, https://home.kpmg/us/en/home/insights/2019/07/tnf-france-digital-services-tax-enacted.html.

该调查主要针对数字税歧视美国科技公司的行为。①特朗普威胁将对法国葡萄酒加征关税，美国贸易代表报告提出该数字税歧视美国的谷歌、苹果、脸书和亚马逊等主要数字科技公司，建议对部分法国产品加征100%关税。2020年1月，美国总统特朗普和法国总统马克龙就解决数字税问题达成共识：决定在经合组织框架内，就数字化时代面临的税收挑战等议题开展多边谈判。②

随后，法国同意在达成协议前延迟征收数字税，但拒绝撤回或延迟该法案。美国则表示在法国延迟征税期间放弃对法国的制裁。对于经合组织框架下的协议，法国坚持认为"最低税"（对企业征收的全球最低税）和"数字税"（对数字公司征收）是该协议不可或缺的两大支柱，并希望在2020年底前就该问题达成国际协议。③

2020年6月，法、英、意、西等国提出"限制全球数字税征收的范围"，考虑分阶段实施，在初始阶段仅对自动化数字服务公司征税。④该提议被视为欧盟对美国在数字税问题上做出的让步。随着新冠疫情和美国大选临近，经合组织框架下的数字税国际协议对话一再拖延，全球数字税法的讨论短期内难以取得结果。⑤欧盟委员会表示，如就数字税问题的全球对话未能取得成功，欧盟委员会将制定自己的数字税法律。而由于美国民主党和共和党都反对数字税，

---

① Shayerah Ilias Akhtar, "U.S.-EU Trade and Economic Issues", Congressional Research Service, 28 August 2019, https://crsreports.congress.gov/product/pdf/IF/IF10931.
② "Timeline: How the U.S.-EU Trade Dispute Took Shape", *DHL*, 10 September 2019, https://lot.dhl.com/timeline-how-the-u-s-eu-trade-dispute-took-shape/.
③ French Government, "Digital Tax", 28 January 2020, https://www.gouvernement.fr/en/digital-tax.
④ Alberto Brambilla, "France, U.K. Offer to Limit Digital Tax After U.S. Threat", *Accounting Today*, 26 June 2020, https://www.accountingtoday.com/articles/france-u-k-offer-to-limit-digital-tax-after-u-s-threat.
⑤ Mark Scott, "Amid Political Rancor, Global Digital Tax Deal Pushed Back until Mid-2021", *POLITICO*, 12 October 2020, www.politico.eu/article/amid-political-rancor-global-digital-tax-deal-pushed-back-until-mid-2021/.

拜登政府要在这一问题上取得突破并非易事。

数字经济是跨大西洋贸易的重要组成部分，随着全球产业转型的深入发展，其对经济增长的贡献逐步将超过商品贸易，成为国家竞争的新战场。美法之间的数字税争端不仅是两国的双边贸易问题，而且关系到美欧贸易关系的全局。美国和欧盟之间数据流的密度与整合程度远超世界其他区域，是美亚数据流的两倍，来自欧盟的数字服务对美国实体经济的竞争力至关重要。因此，特朗普政府从执政之初的商品贸易逐渐转向关注跨大西洋数字服务问题。[①]

直到2019年12月美国大选，不稳定的美欧贸易关系未能得到根本上的改善，美国的关税威胁一直存在，欧盟也采取了一系列反制措施，但一直处于斗而不破的状态。2020年8月，美国贸易代表和欧盟贸易委员会就一揽子关税免除达成一致，并发表联合声明，拟增加双方出口产品市场准入。此次关税免除被认为是美欧二十多年来首次通过谈判达成的关税免除。根据该协议，欧盟将基于最惠国待遇免除对从美国进口的部分海鲜产品征收的关税；同样基于最惠国待遇，美国将对从欧盟进口的贸易额达1.6亿美元的产品免除50%关税，产品包括部分熟食、水晶玻璃器皿、表面处理产品、香烟打火机等。[②] 随后，欧盟机构开始推进相关立法工作。欧盟委员会副主席东布罗夫斯基斯（Valdis Dombrovskis）对此表示欢迎，认为这些协议将加强美欧伙伴关系，便利出口产品的准入，降低进口

[①] Patricia Lewis et al., "The Future of the United States and Europe: An Irreplaceable Partnership", Chatham House, December 2018, https://www.chathamhouse.org/publication/future-united-states-and-europe-irreplaceable-partnership.

[②] United States Trade Representative, "Joint Statement of the United States and the European Union on a Tariff Agreement", 21 August 2020, www.ustr.gov/about-us/policy-offices/press-office/press-releases/2020/august/joint-statement-united-states-and-european-union-tariff-agreement.

产品的价格，有利于缓和新冠疫情带来的经济危机。[①] 同时欧盟对拜登当选美国总统后美欧贸易关系的缓和寄予厚望。[②] 在新冠肺炎疫情加速社会数字变革的背景下，欧盟也希望通过经合组织下的全球数字税共识议程和美国一道推动数字问题治理。

三 美国大选前后美欧贸易关系的新发展

美国大选结果对美欧贸易关系的影响引起广泛关注。一般认为，如特朗普重新当选则会变本加厉地坚持"美国优先"的立场，多边主义将面临威胁。最终民主党候选人拜登在大选中获胜，把在气候变化等问题上重拾多边主义、加强与 WTO 的合作都列入了最初的执政议程。特别是美国对华政策将更倚重国际制度，与西方国家结成联盟施加影响，如在对华关税问题上将与盟国协调立场，采取共同行动。在此背景下，美欧贸易战的风险将会有所缓和。尽管如此，造成跨大西洋关系紧张的一些结构性因素依然存在，美欧关系很难回到特朗普时代之前的状态。在具体的贸易问题上同样很难在短期内找到解决办法，例如波音与空客的争端早在特朗普上台之前就已存在。在数字税问题上，美国拥有全球数字公司巨头，不愿看到其竞争优势因欧盟税收受到削弱。

欧美急需面对特朗普时期双方关系中出现的问题。第一，欧美在如何推动多边主义和全球化问题上分歧加剧，在全球治理议题多个领域中出现摩擦和冲突，如关税、防务开支、《巴黎协定》、伊朗核协议、数字税、域外制裁、长臂管辖等。第二，特朗普政府对欧

[①] European Commission, "Commission Adopts Proposals to Make EU-U.S. Agreement on Tariffs Effective", 8 September 2020, www.trade.ec.europa.eu/doclib/press/index.cfm?id=2180.
[②] Bryce Baschuk, "EU's Hogan Sees 'Turbulent' Period Ahead on U.S.-EU Trade Front", *Bloomberg*, 30 June 2020, www.bloomberg.com/news/articles/2020-06-30/eu-s-hogan-sees-turbulent-period-ahead-on-u-s-eu-trade-front?sref=5clhGucw.

洲一体化发展持消极态度，支持英国脱欧，特别是对欧盟主要成员国德国和法国素有敌意。特朗普本人曾称欧洲为敌人、有进攻性；称德国是俄罗斯的傀儡，批评德国因其难民政策成为罪犯天堂。第三，欧盟对美政策也随之表现出为孤岛型、事务型的特征，缺乏整体战略，往往通过分割议题在具体领域与美国交涉，被动应付以获得短期、具体的解决办法。

美国大选结果明朗后，欧盟对深化美欧伙伴关系做出谨慎的积极反应。2020 年 11 月 9 日欧盟委员会主席冯德莱恩第一时间祝贺拜登当选，并提及"重启美欧关系"的可能性。① 德国也表态希望缓和与美国的贸易关系，认为"美欧之间需要达成广泛、综合性的协议"。然而，法国仍坚持继续推动欧盟战略自主的立场，欢迎拜登政府在美欧贸易关系中可能采取的更温和的立场，但同时认为在中美竞争的背景下，欧盟需要维持自身的经济与政治自主性。②

2020 年 12 月 2 日，欧洲委员会和对外事务高级代表共同提出《欧盟与美国：全球变化下全新跨大西洋议程》文件。③ 在美欧贸易关系部分，欧盟希望通过谈判与美国共同解决双边贸易摩擦，共同致力于 WTO 改革，建立欧美贸易和科技理事会。此外，欧盟提出就"网络平台和科技巨头责任"问题与美国对话，致力于实现公平税收的目标，并解决"市场扭曲"问题。拜登团队虽因自身过渡性政府的性质拒绝就该文件做出回应，但仍传递了拜登有意通过欧盟

---

① Silvia Amaro, "Europe Welcomes Biden's Win after Four Fractious Years of Trump", CNBC, 9 November 2020, https://www.cnbc.com/2020/11/09/us-election-2020-what-a-biden-victory-means-for-europe.html.

② Birgit Jennen and Bryce Baschuk, "Germany Reportedly Considers Softening the EU's US Tariffs Threat", *Al Jazeera*, 9 November 2020, https://www.aljazeera.com/economy/2020/11/9/germany-reportedly-considers-softening-the-eus-us-tariffs-threat.

③ European Commission, "EU-US: A New Transatlantic Agenda for Global Change", December 2020, https://ec.europa.eu/commission/presscorner/api/files/document/print/en/ip_20_2279/IP_20_2279_EN.pdf.

和北约重新盘活跨大西洋关系的信息。①

2020年12月3日，欧洲议会发表《美国大选后的对外政策简报——欧盟议题》。②就跨大西洋贸易关系而言，该简报认为拜登政府将采取更有建设性的贸易政策，有望结束特朗普时代的"交易性碎片协议"（transactional mini-deals）模式，进而解决关税问题。然而，就美国阻止WTO上诉机构提名问题而言，该简报认为这从奥巴马时代就已存在，拜登政府的前景也并不乐观。此外，该简报认为拜登政府有望就数字税问题与欧盟达成协议。③尽管如此，欧盟也承认期待拜登政府在贸易政策上有翻天覆地的变化不现实。法国财政部长布鲁诺·勒梅尔（Bruno Le Maire）表示，"美国多年来都未曾友善地对待欧洲国家，大选结果也不会改变美国的国家利益"。④

2021年1月，拜登政府执政后表现出优先考虑与欧洲盟友合作的意图，重视北约的作用，重申跨大西洋关系的价值，重新将欧洲视为其战略伙伴。美国政府已重新加入《巴黎协定》和世卫组织，承诺重新评估对欧盟加征的钢铝、汽车关税等问题，并拟与欧盟就网络安全、数据保护、5G、人工智能以及中国问题展开合作。

---

① Robin Emmott and Philip Blenkinsop, "U.S., EU Must End Trade Conflict, Brussels Says in Biden Wish-list", *Reuters*, 2 December 2020, https://www.reuters.com/article/us-eu-usa/u-s-eu-must-end-trade-conflict-brussels-says-in-biden-wish-list-idUSKBN28C1PR?il=0.

② Elena Lazarou, Jana Titievskaia and Cecilia Handeland, "US Foreign Policy After the 2020 Presidential Election Issues for the European Union", December 2020, European Parliamentary Research Service, https://www.europarl.europa.eu/RegData/etudes/BRIE/2020/659382/EPRS_BRI(2020)659382_EN.pdf.

③ Elena Lazarou, Jana Titievskaia and Cecilia Handeland, "US Foreign Policy After the 2020 Presidential Election Issues for the European Union", December 2020, European Parliamentary Research Service, https://www.europarl.europa.eu/RegData/etudes/BRIE/2020/659382/EPRS_BRI(2020)659382_EN.pdf.

④ Philip Blenkinsop, "Analysis: EU Sees No Abrupt End to Trump Tariffs When Biden Takes Charge", *Reuters*, 8 December 2020, https://www.reuters.com/article/eu-usa-trade-analysis/analysis-eu-sees-no-abrupt-end-to-trump-tariffs-when-biden-takes-charge-idUSKBN28I20C.

第六章　欧盟与美国在贸易政策层面的合作与竞争

然而，有学者认为，拜登政府关注的问题仍然是中美地缘政治与科技竞争、美国国内政治两极化（如收入不均、身份政治）以及新冠肺炎疫情。其政策重点将首先是解决紧迫的国内问题，而非贸易问题。拜登上任伊始即签署法令推行"购买美国货"政策，拜登在大选中对特朗普保护美国产业不力已有诸多批评。这些都表明在贸易政策上大幅改弦更张、与欧盟达成全面贸易协定并非易事。拜登更可能将贸易关系用作与中国进行地缘政治与科技抗衡的手段，而非盟友的保护伞。[1] 在奥巴马政府时期，拜登曾支持北美贸易协定、乌拉圭回合谈判以及与中国建立永久正常贸易关系，有判断认为拜登政府可能回归传统贸易政策立场。然而，考虑到美国两党关于国际形势的判断和美国国内社会撕裂、民粹主义仍有很强基础的现实，尤其是考虑到美国对欧洲贸易逆差已经超过1700亿美元，这一预期很难实现。[2] 在贸易关系上，欧美双方短期内重启大规模综合性贸易协定谈判的可能性不大，拜登也曾明确表示"在美国对其国内企业、社区和工人进行重大投资以前，不会与任何国家达成新的协议"。[3] 但随着美国从新冠疫情中恢复，拜登政府仍可能与欧盟就单个或多个具体议题进行贸易谈判，[4] 不排除双方实现特朗普政府后期提出的零关税和大幅削减非关税壁垒的目标。

在欧美贸易争端的几个具体问题上，一般认为，拜登不会迅速

---

[1] Uri Dadush and Guntram B. Wolf, "What Should Europe Expect from American Trade Policy After the Election?", *Bruegel*, 8 October 2020, www.bruegel.org/2020/10/what-should-europe-expect-from-american-trade-policy-after-the-election/.

[2] Matthew Karnitschnig, "What Biden Means for Europe", *POLITICO*, 8 November 2020, https://www.politico.eu/article/what-joe-biden-means-for-europe/.

[3] Edward Alden, "China and Europe Won't Get Any Relief on Trade from Biden", *Foreign Policy*, 6 November 2020, https://foreignpolicy.com/2020/11/06/biden-china-europe-trade-war-tariffs-protectionism/.

[4] Uri Dadush and Guntram B. Wolf, "What Should Europe Expect from American Trade Policy After the Election?", *Bruegel*, 8 October 2020, www.bruegel.org/2020/10/what-should-europe-expect-from-american-trade-policy-after-the-election/.

取消加征钢铝关税，否则会招致大选中支持自己的"铁锈地带"（包括密歇根州和宾夕法尼亚州）生产者的不满；在"数字税"问题上，法国已对美国互联网公司收入加征了关税，因此拜登政府短期内将延续上任政府对法国奢侈品加征25%关税的政策；"波音—空客"问题关系缓和的可能性最大，欧美双方正在进行实质性谈判。

2020年12月，中欧达成《中欧双边投资协定》，这无疑对拜登政府联合盟国遏制中国的战略形成冲击，体现了欧盟各国实现战略自主的意愿。在欧盟即将和中国达成协定的前夕，拜登呼吁西方盟国共同应对中国在贸易、科技、人权和其他领域中的"不端"行为。[①] 美国国家安全顾问杰克·沙利文（Jake Sullivan）也曾警告欧盟不要急于与中国达成协议，并希望与欧盟就共同应对中国经济挑战问题进行磋商。欧盟认识到在中美中选边站队并不符合自身利益，也利用拜登上台前的窗口期完成了谈判。彼得森国际经济研究所高级研究员雅各布·芬克·柯克加德（Jacob Funk Kirkegaard）认为，"从地缘政治角度看，《中欧双边投资协定》标志着欧盟不再将自己看作中美竞争关系中的美国阵营中的一员，将采取中间派道路"。[②]

[①] Robert Delaney, "Joe Biden Calls for Stronger Trade Coalitions Against China", *South China Morning Post*, 29 December 2020, https://www.scmp.com/news/china/diplomacy/article/3115615/us-president-elect-joe-biden-calls-stronger-trade-coalitions.

[②] Natalie Liu, "EU-China Investment Deal Threatens US-Europe Relations", *VOA*, 1 January 2021, https://www.voanews.com/east-asia-pacific/voa-news-china/eu-china-investment-deal-threatens-us-europe-relations.

第七章　欧盟对新兴市场与发展中国家贸易政策的调整

　　发展中国家是产业链、价值链和供应链的重要一环，并且从制造业扩展到服务业，与发达国家构成了以分工国际化为基础的国际生产网络。国际贸易的发展可以减少贫困，为新兴市场进入全球市场创造巨大机会。国际贸易还会带来国际技术流动，技术从工业化国家传播到工业化程度较低的国家，使新兴市场国家和发展中国家更容易进入全球市场，且产品价格更低廉。此外，国际贸易还可以带来资金、人员的流动。新兴经济体的崛起表明贸易拉动增长能够使大量人口脱贫。发展中国家成为全球贸易的新动力，其出口额占世界出口总额的一半以上。尽管发展中国家之间的贸易壁垒高于发达国家与发展中国家之间的贸易壁垒，2007年之后南南贸易仍超过了南北贸易。

　　欧盟认为贸易协定是为发展中国家创造经济发展机遇的重要手段，正在与许多国家开展双边贸易谈判。双边贸易协定为商品和服务贸易开辟新的市场，增加新的投资机会，取消关税降低贸易成本；贸易协定还通过促进海关过境、制定技术标准以及卫生与植物检疫措施的共同规则，加快贸易进程；贸易协定还强调知识产权等领域的共同承诺，促使政策环境更加具有可预测性。自 2006 年"全球欧洲"贸易战略推出以来，欧盟在贸易协定问题上追求全面贸易议程。一方面，这些协议涉及一系列问题，不仅包括货物贸易、农产品和服务的自由化，还通过监管合作的过程，包含投资保护（包括争端解决）、公共采购、地理标志以及各种非关税壁垒的协调一致，如技术标准、卫生和植物检疫措施、检测和认证程序以及许多传统上被认为是国内监管部分的问题。另一方面，这些协定还包括全面的可持续发展，旨在保护最低限度的劳工和环境标准，并将监督这些承诺的民间社会机制进行制度化。欧盟 2015 年出台的"惠及所有人的贸易"战略更强调公平、有价值和负责任的贸易，这也符合欧盟对可持续发展目标的承诺。然而，这些举措能否成功平衡贸易协定背后的自由化议程，减少国内和全球的不平等，并在全球范围内提供新的"社会"或"可持续发展"契约，仍需要长期观察。总的来说，贸易政策已经成为欧盟最具争议的政治议题之一。

在全球经贸格局大变革、大发展、大调整时期，欧盟与新兴市场国家和发展中国家的贸易政策日益成为欧盟贸易政策的重心。随着全球化进入相对衰退期，部分发达国家领导人和民众排斥开放贸易，一方面因为世界贸易增长乏力、贸易保护主义层出不穷，多边贸易体制出现效率与合法性的双重缺失，另一方面因为全球化带来收入不平等，民众受剥削感增强，这导致欧盟贸易政策在内部和国际社会陷入困境。欧盟对新兴市场和发展中国家的贸易政策也具有成为欧盟贸易政策突破点的潜力。同时，随着新兴经济体的快速发展，新兴市场国家在全球经济治理、气候变化等全球性议题上的诉求也逐步增多，新兴市场国家与发达国家的相对实力地位发生变化，打破了原有的全球经济格局，新兴市场国家与发展中国家一起致力于建设合理的全球经济秩序。随着美国的战略收缩，欧盟与发达国家主导全球多边贸易规则的情况越来难以为继，欧盟将逐渐丧失制定国际贸易规则的主导权。欧盟通过加快调整贸易战略，特别是与新兴市场国家和发展中国家的自贸协定谈判，加快在全球贸易领域的战略布局，既重构全球贸易和投资规定，又稳固全球经贸的领导者地位，强化自身优势；既期望深化与新兴市场国家和发展中国家的贸易，又抑制新兴市场国家在全球贸易体制中的影响力。

第一节　欧盟对新兴市场与发展中国家贸易政策的新发展

贸易对经济发展至关重要。在全球化背景下，新兴市场和发展中国家的影响力不断增强，在世界贸易中发挥着更大的作用，与欧盟共同成为重要国际贸易参与者。随着世界经济格局的变化，欧盟对新兴市场与发展中国家的贸易政策面临新的挑战和机遇。

一　欧盟对新兴市场贸易政策的新发展

随着国际经济格局的变化，新兴市场国家的快速发展和国际地位显著上升，成为当今时代的新趋势之一。欧盟与新兴市场国家共同成为全球经济舞台上的重要角色，不断在多边组织和双边层面进行互动。加强同新兴国家合作是欧盟应对当前挑战的合理选择。欧盟贸易政策的主要支柱之一是通过与主要商业伙伴建立自贸协定来支持贸易自由化。随着欧盟积极推进自贸协定谈判，新兴市场国家和发展中国家面临两种相反效应：贸易转移效应和溢出效应，直接或间接的效应会影响贸易模式和全球价值链。新兴市场国家的崛起成为世界贸易新秩序转变的一部分，金砖国家经济在世界经济中所占比重不断上升。随着 TTIP 和 TPP 无法有效推进，欧盟将积极加深与新兴市场国家的贸易关系。欧盟是许多新兴市场经济体的最大贸易伙伴,与此相关的区域自贸协定将会占据重要位置,给欧盟带来挑战与机遇。

欧盟与新兴市场面临着各种挑战和变革。一方面,欧盟由不同政治和经济实力的国家组成,这使得欧盟成员国必须聚拢在一起才能保证其综合实力;另一方面,欧盟在对外贸易领域具有独享权能,需要在对外经贸关系中保持一个统一、一致的行为体角色。金砖国家(如中国、俄罗斯、巴西、印度和南非)是最重要的新兴市场国家。这些国家在国际舞台上越来越重要,成为新兴国家对话与合作的重要平台,在全球治理中的地位凸显。然而,新兴市场国家面临着不同的国内条件(政治、经济、社会和文化特征)和不同的挑战(经济增长缓慢、经济衰退或政治动荡),这些国家不一定有共同议程,并不是一个像欧盟一样深度一体化的国家集团。在欧盟看来,新兴市场提供的商品价格与质量和其他原材料的获取加剧了国际经贸竞争。[1]但欧盟仍试图寻求一个统一的战略以应对不断变化的现实——特别是金砖国家。欧盟希望与新兴市场国家实施积极贸易政策,从而助推新兴市场国家的进一步贸易开放。

由于新兴市场国家的影响力和贸易力量不断增强,新兴市场在世界贸易治理中发挥着更大的作用。欧盟试图影响新兴市场并塑造新兴市场参与世界经济的进程。在多边层面,欧盟和新兴市场共同推动多边进程,有助于促进不同行为体之间的关系,如寻求推进多哈回合谈判的新方式,为恢复 WTO 的活力铺路;在双边层面,欧盟从这些新兴市场中获取的利益将是贸易政策对欧盟就业和增长贡献的重要体现。欧盟与中国、印度、巴西、南非等几个新兴市场国家已经达成或正在进行优惠贸易或投资协议的谈判,但与一些新兴

---

[1] European Commission, "Trade, Growth and Jobs: Commission Contribution to the European Council", 2013, https://mgimo.ru/files2/y11_2013/243404/10.1.1_trade_grouth_jobs.pdf.

市场国家的谈判进展缓慢。[1]对中欧关系而言，中欧全面战略伙伴关系（包括《中欧全面投资协定》）是欧盟与新兴大国合作的重要组成部分。

在过去15年中，欧盟与新兴市场国家的贸易迅速增长，为推动全球经济复苏与增长发挥了积极作用。然而在可预见的未来，欧盟与新兴经济体的贸易可能会面临一些挑战。随着贸易快速增长的时代趋于结束，欧洲需要考虑与新兴市场之间贸易合作的模式。虽然几乎所有部门的贸易都有增长，但增长并不一定遵循预期的贸易模式，重点是高附加值和知识产权敏感的部门的出口贸易。一方面，随着生产率提高和劳动力成本上升，一些新兴市场国家逐渐从初级产品出口国向工业制成品出口国过渡，从产品贸易向服务贸易拓展，在产业链中的位势不断提高；另一方面，随着发达国家再工业化进程加快、能源成本下降以及劳动生产率的提高，新兴市场国家在高端制造领域的优势再度显现。因此，欧盟与新兴市场国家的关系在本质上发生了变化，欧盟可能更多地强调基于相互利益、日益平衡的伙伴关系，以及平等分担全球责任。

欧盟认为自身最大的战略挑战是将新兴市场国家稳固在全球贸易体系中，因为新兴市场国家也在世界贸易中获益，这需要新兴市场国家承担相应的角色和责任。所以，欧盟在与新兴市场国家打交道时，"在雄心与现实之间寻求适当平衡"，要求实现所谓的互惠性。[2]打交道的方式也发生变化。欧盟强调谈判相互性，给予与获得共存，如果欧盟无法做出有效决定，也不会期待合作伙伴做出有意义的承诺。尽管部门利益会影响到相关协议的谈判，但欧盟必须

---

[1] Juliane Schmidt, "The EU and Emerging Market Economies, Transformations and New Challenges", *EPC Project Report,* July 2017, https://www.epc.eu/pub_details.php?cat_id=17&pub_id=7852.

[2] European Commission, "Trade, Growth and Jobs: Commission Contribution to the European Council", 2013, https://mgimo.ru/files2/y11_2013/243404/10.1.1_trade_grouth_jobs.pdf.

在整体利益的基础上决定欧盟的经济命运,这需要欧盟在与新兴市场国家进行贸易谈判时平衡整个经济的所有部门。

二 欧盟对发展中国家政策的新发展

贸易对经济增长和发展至关重要。然而,发展中国家既面临内部约束阻碍了获得扩大贸易带来的经济利益,又面临外部挑战制约了发展中国家在全球贸易体系的竞争能力。2005年12月,WTO部长级会议将《促贸援助倡议》(Aid for Trade Initiative)作为多哈回合谈判的补充部分。《促贸援助倡议》旨在提高贸易援助的数量和质量,使WTO协定能更好地帮助发展中国家发展——扩大生产部门,更充分地融入国际贸易体系。贸易援助包括以下类别:(1)为贸易政策和规制提供技术援助;(2)建设贸易相关的基础设施;(3)提升生产能力;(4)支持与贸易相关的调整;(5)与贸易相关的其他需求。[1]

20世纪90年代中期,欧盟对发展中国家的贸易政策发生了重大变化,从支持前殖民地国家转为支持世界上最贫穷的国家。欧盟政策也从非互惠的市场准入变为互惠的贸易自由化。2007年10月,欧盟采取促贸援助战略(Aid for Trade Strategy),帮助发展中国家更好地融入国际贸易体系、更多地利用经济开放发挥减贫效益,进而提升贸易有效性。欧盟贸易和发展政策的目的之一是通过贸易为发展中国家提供包容性增长和发展服务。欧盟提供促贸援助战略支持伙伴国家发展和扩大贸易的努力,以此作为国家发展和减贫的一种方式。其中包括支持建设新的交通、能源或电信基础设施,投资农业、渔业和服务业。

---

[1] "Aid for Trade Sector Code", *OECD*, http://www.oecd.org/dac/aft/Aid-for-trade-sector-codes.pdf.

普惠制方案是欧盟支持发展中国家的主要贸易手段。普惠制是根据联合国贸易和发展会议的建议而设立，[①]也是 WTO 中允许发达国家为发展中国家创造贸易优惠的授权条款。[②]1971 年以来，欧盟（欧共体）为发展中国家产品进入欧盟市场实行普惠制优惠。欧盟是第一个对发展中国家实施普惠制的施惠方，实施规模最大、范围最广的普惠制方案。[③]2006 年 1 月起，欧盟实施新的普惠制。一般而言，欧盟普惠制每 10 年调整一次，其中 3 年为一个周期。欧盟普惠制允许所有发展中国家出口到欧盟的产品减少关税或不缴关税，致力于简化和统一相关管理，强化社会、劳工和环境标准。普惠制有三个目标：(1) 通过扩大最需要援助国家的出口来消除贫困；(2) 促进可持续发展和善治；(3) 确保欧盟的金融和经济利益得到保障。欧盟普惠制还规定了毕业标准。一旦某受惠国或其某行业达到毕业标准，该国产品或该类产品就不再享受普惠制待遇。

2011 年，欧盟委员会提议从 2014 年开始对欧盟普惠制方案进行实质性改革，大幅减少享受贸易优惠待遇的发展中国家数量。欧盟委员会提议，将普惠制重点放在最需要的国家，排除那些已经成功融入全球市场的国家和出口部门。[④]该改革对发展中国家更为宽松，让更多国家将能够参与其中，但对各国履行 27 个国际公约的情况实施更为严格的审查。委员会认为 EBA 倡议应保持不变，对受益

---

① United Nation Conference on Trade and Development, "Generalized System of Preferences", http://unctad.org/en/Pages/DITC/GSP/Generalized-System-of-Preferences.aspx.

② World Trade Organization, "Differential and More Favourable Treatment Reciprocity and Fuller Participation of Developing Countries", https://www.wto.org/english/docs_e/legal_e/enabling1979_e.htm.

③ 曾令良：《欧债危机背景下欧盟普惠制改革及其对中国的影响》，《法学评论》2013 年第 3 期。

④ European Commission, "Proposal for a Regulation Applying a Scheme of Generalised Tariff Preference", 10 May 2011, https://eur-lex.europa.eu/legal-content/EN/ALL/?uri=CELEX%3A52011PC0241.

国家更为有利，因为普惠制国家被排除在外导致竞争力减弱。2016年1月，欧盟委员会向欧洲议会和理事会发布关于改革普惠制（包括超普惠制支持可持续发展和善治）的影响。为了让不同国家更顺利地进入欧盟市场，根据发展中国家的不同需求，普惠制包括三种形式，一是标准普惠制，这是针对低收入和中低收入国家，减少23个国家的所有类型产品66%的欧盟进口关税；[1]二是超普惠制，这是针对最脆弱的低收入和中低收入国家，取消10个脆弱国家（亚美尼亚、玻利维亚、佛得角、格鲁吉亚、吉尔吉斯斯坦、蒙古、巴基斯坦、巴拉圭、菲律宾和斯里兰卡）的2/3产品的所有进口关税，致力于应用27个国际公约中关于人权和劳工权利、环境保护和善治的规则；三是"除武器之外所有免税"，这是针对最不发达的国家，是2011年欧盟与非加太国家签署的一项协议。EBA倡议是欧盟普惠制的一部分，是欧盟对最不发达国家除武器外的商品进入欧盟市场给予免税、免配额的优惠待遇。普惠制通过增加出口收入来支持受益国的经济增长和创造就业机会。同时，普惠制通过降低进口零部件的成本来支持欧盟企业的竞争力。

  欧盟对发展中国家的贸易政策还有其他大量贸易优惠。除最惠国待遇外，技术协作、金融补贴、出口融资、风险保证、债务展期或免除、经济援助、能力建设、合作训练等政策项目均用来促进发展中国家的经济发展。然而，欧盟认为仅贸易政策不能带来发展中国家的经济发展，因为发展中国家的治理能力、政治制度、社会文化等差异性带来经济发展状况的迥异。欧盟将政治、经济、法律、社会等方面融合在一起纳入欧盟贸易政策。最明显的例子是欧盟与发展中国家签署协议时的"人权条款"。1998年3月，欧盟委员会

---

[1] European Commission, "Report on the Generalised Scheme of Preferences Covering the Period 2016-2017", 19 January 2018, http://europa.eu/rapid/press-release_IP-18-301_en.htm.

提出,"历史显示,《洛美协定》修正第 5 条人权条款是经济可持续与社会发展的前提条件。最近几十年证明人类可持续发展需要一个尊重人权、民主原则及法制的组织和政治环境。联合国发展宣言公开承认发展与人权的联系。因此,各国要自由选择社会政治经济模式,但也需要符合人权价值与区域和国际相关公约及法律决议等"。[①] 所以说,人权条款成为欧盟贸易政策中的重要部分,特别是针对发展中国家的贸易协定。

表 7-1 欧盟对发展中国家的优惠方案

优惠方案	目标国家	时间段
《洛美协定》	非加太国家	1975~2000 年
《科托努协定》	非加太国家	2000~2020 年
普惠制	所有发展中国家	1971 年至今
超普惠制	部分发展中国家	2005 年至今
经济伙伴协定	最不发达国家	2001 年至今
自贸协定	具体国家	依国家而定

资料来源:作者自制。European Commission, "Generalised Scheme of Preferences", https://ec.europa.eu/trade/policy/countries-and-regions/development/generalised-scheme-of-preferences/.

2018 年 1 月 19 日,欧盟委员会和欧盟对外行动署联合发布报告,指出欧盟关税折扣计划对发展中国家的正面影响。[②] 在欧盟看来,贸易不仅是增长的引擎,也能够促进人权和劳工权利、善治和

[①] European Commission, "Democratisation, the Rule of Law, Respect for Human Rights and Good Governance: The Challenges of the Partnership Between the European Union and the ACP Countries", 12 March 1998, p. 4, http://ec.europa.eu/development/lex/en/pdf/com_98_0146.pdf.
[②] European Commission, "Report on the Generalised Scheme of Preferences covering the period 2016-2017", 19 January 2018, http://edz.bib.uni-mannheim.de/edz/pdf/kom/kom-2018-0036-en.pdf.

可持续发展。欧盟报告中指出，2014年新普惠制生效以来，相关国家向欧盟出口产品的关税减免每年达630亿欧元。最不发达国家获益最大，向欧盟出口总额增长接近40%，2016年达到235亿欧元。除了经济效益，妇女赋权、童工和强迫劳动、酷刑和气候变化等议题也取得进展。欧盟外交事务和安全政策最高代表费代丽卡·莫盖里尼（Federica Mogherini）认为，普惠制方案是对欧盟与其伙伴政治参与的有效补充。

第二节　欧盟对新兴市场国家贸易政策的国别案例研究

就欧盟与新兴市场国家的贸易关系而言，贸易协定不仅刺激了贸易流通，还能促进国内经济和政治制度改革。因为新兴市场国家通过进入世界市场，与全球供应链和全球价值链相结合，实现经济转型与社会改革，贸易成为制度发展和社会转型的推动力量。在迅速变化的世界中，欧盟与新兴市场国家正面临各种挑战和变革。它们都是世界舞台上的重要参与者，塑造着世界秩序的变革及其所在的多边组织。欧盟与世界其他国家的贸易协定会带来贸易转移，或者对它们的交易模式和全球价值链产生直接和间接的溢出效应。

近些年来，欧盟与新兴市场国家的贸易往来显著增加，各经济体的经济发展与全球贸易紧密相关，也影响到彼此关系。欧盟与新兴市场国家的贸易至关重要，特别是体现在欧盟与多个新兴市场经济体已经完成或者正在进行的贸易和投资协定。[1]但欧盟与新兴市场国家的谈判进展缓慢，有的甚至几乎没有进展，欧盟与印度的自贸

---

[1] European Union, "The State of EU Trade", 2017, http://trade.ec.europa.eu/doclib/docs/2012/june/tradoc_149622.pdf.

协定谈判始于 2007 年，欧盟与南方共同市场国家（包括巴西）的谈判始于 1999 年，进展均非常缓慢。随着全球贸易权力格局的变化，亚洲地位开始强化，中国地位更加显要，但中国市场经济地位、反倾销问题（特别是钢铁和太阳能电池板）困扰着中欧经贸关系。

随着美国前总统特朗普的上台，"美国优先"战略在贸易领域的直接影响是日益增长的贸易保护主义，具体体现包括"贸易战"层出不穷、TPP 终止，TTIP 谈判陷入停滞等。对欧盟而言，这既给欧盟带来了挑战，也为欧盟与新兴市场国家的合作带来了诸多机会，欧盟期望加快与新兴市场国家的贸易谈判。这就带来一个悖论：欧盟与新兴市场国家可能从与彼此的贸易中获益，但地区和双边协定可能导致全球贸易的碎片化和小型俱乐部化。

欧盟在与新兴市场国家签订贸易协定时，既关注商业利益，又重视政治诉求；既关注开放贸易，又期望主导规则。2006 年"全球欧洲"贸易战略出台后，欧盟委员会强调通过更加开放来强化欧盟的竞争力，特别是与新兴市场国家的自贸协定。新一代自贸协定合作伙伴的主要经济标准是市场潜力、对欧盟出口利益的保护水平以及合作伙伴与欧盟竞争者的谈判。此外，自贸协定超越（工业）商品贸易，还包含 WTO 谈判范围之外的议题，包括投资、公共采购、竞争、知识产权等。

一 巴西

巴西是拉美地区最大的经济体，欧盟与巴西 2016 年的贸易额占欧盟与拉美地区贸易总额的 30.8%。欧盟是巴西的第一大贸易伙伴，欧盟与巴西的贸易额占巴西贸易总额的 19.6%。巴西是欧盟的第十一大贸易伙伴，巴西与欧盟的贸易额占欧盟贸易总额的 1.7%。欧盟主要从巴西进口初级产品，尤其是食品、饮料和烟草制品（贸易额占欧盟从巴西进口总额的18.2%），其次是蔬菜产品（17.9%）和矿产（16.35%）。巴西是向欧盟出口农产品最多的国家。欧盟主要向巴西出口机械和电器（25.7%）、化工产品（24.4%）和运输设备（18.1%）。欧盟是巴西大多数经济部门的最大外国投资者，欧盟2015年在巴西的投资额占当年欧盟在拉美地区投资总额的48.5%。据估计，2006~2015年，欧盟企业的外国直接投资在巴西创造了超过27.8万个就业机会，占外国企业宣布的绿地投资所产生就业机会的一半（50.7%）。目前来看，与欧盟投资有关的工作机会的部门分布高度多样化。欧盟投资在巴西创造就业的主要部门是汽车、金属和通信部门，这三个部门创造的工作岗位占总工作岗位的36%。关于巴西在欧盟的投资情况，2006~2015年巴西企业在欧洲有115个绿地投资项目，共计21亿欧元，分布在15个欧盟国家。①

巴西和欧盟不仅有长期商业关系，而且还有强大的经济相互依存关系，双边投资强劲，涉及不同部门，从采矿业到农业、再到高附加值的商品和服务。巴西是欧盟对外直接投资的第三大目的地，欧盟是巴西的主要外国投资者。这给双方的市场多元化、技术转让、人才获取和全球价值链业务创造了新机遇，为欧洲和巴西公民提供更多的就业机会和更安全、更实惠的产品与服务。

同时，巴西是G20中限制性贸易措施数量最多的国家。巴西市场受到高度保护，关税平均税率是13.5%。所以，欧盟鼓励巴西降低关税和减少非关税壁垒，为欧盟投资者和贸易商提供一个稳定和开放的监管环境。欧盟正在与巴西进行自贸协定谈判，由于巴西是南方共同市场的成员国，欧盟与巴西的谈判属于欧盟与南方共同市场（还有阿根廷、乌拉圭和巴拉圭）协定谈判的一部分。欧盟与南

---

① European Commission, "Launch of the Bilateral Map of Brazil-European Union Investment", 21 September 2017, http://trade.ec.europa.eu/doclib/press/index.cfm?id=1726.

方共同市场的协定包括自由贸易区，能够促进南方共同市场成员国之间的区域贸易一体化，还将通过消除关税和非关税壁垒来增加南方共同市场与欧盟的贸易和投资机会。欧盟与南方共同市场的协定包括货物和服务贸易、投资、知识产权、地理标志、政府采购、技术贸易壁垒、卫生和植物检疫。2019年7月，欧盟与南方共同市场达成自贸协定，结束了长达20年的谈判，这个协定将巩固两大区域的战略性政治经济伙伴关系。但欧盟与巴西的分歧立场仍然存在，比如在农业、某些工业部门的部门保护主义和政府招标领域都存在分歧。

欧盟对巴西的贸易政策是欧盟与巴西政治经济关系的重要补充。2007举行了第一届欧盟与巴西首脑峰会，双方建立了战略合作伙伴关系，开启新的伙伴关系。2017年，双方正式建立欧盟与巴西战略伙伴关系。巴西是欧盟重要的全球合作伙伴之一，将探讨气候变化、可持续能源、脱贫、南方共同市场一体化进程、拉美地区的稳定与繁荣等议题。2017年9月21日，巴西和欧盟投资双边路线图启动。巴西在欧盟对外贸易政策中的地位更为特殊：一方面，巴西是南方共同市场成员；另一方面，巴西是新兴市场国家，更是金砖国家之一，致力于解决气候变化、可持续发展、公平和开放贸易政策等问题。但由于巴西的特殊地位，欧盟与巴西在贸易格局与政策中的竞争与冲突也会增加。一方面，巴西政治经常变化，国家领导人更替频繁，不利于巴西与欧盟关系的延续。另一方面，经济与商业利益和价值观与规范的比重此消彼长，特别是巴西在环境、人权、劳工权利等议题的表现并不能完全符合欧盟的要求。

二 俄罗斯

1997年以来，欧盟与俄罗斯之间的伙伴关系与合作协定是欧盟与俄罗斯关系的框架，管治欧盟与俄罗斯的政治和经济关系，促进双方的贸易和投资，发展双方之间的经济关系。俄罗斯是欧盟的第三大贸易伙伴，欧盟是俄罗斯的第一大贸易伙伴。欧盟出口到俄罗斯的产品主要集中在机械与运输设备、化学品、医药与农产品。俄罗斯出口到欧盟的产品主要是原材料，特别是石油和天然气。欧盟是俄罗斯最重要的投资者。高达75%的对俄外国直接投资来自欧盟（及其成员国）。新的欧盟与俄罗斯协定是双边关系的一个全面框架，为双边贸易和投资关系提供稳定、可预测的平衡规则。

2012年8月22日，俄罗斯加入WTO，经历了19年断断续续的艰难谈判，成为最后一个加入WTO的新兴经济体。俄罗斯最初被纳入全球贸易体系时，一般认为欧盟会面临更加稳定和可预测的环境，因为可预测的立法框架将促进双边的投资与贸易。俄罗斯的进口关税水平将降至一个更合理的水平，从而改善服务提供商在内的欧盟企业的市场准入。根据欧盟预测，削减关税每年将为欧盟带来40亿欧元出口额且节省25亿欧元税收。

但俄罗斯与欧盟的贸易关系面临众多挑战。首先，俄罗斯正在积极构建以它为主导的经济一体化进程，深化与哈萨克斯坦、白俄罗斯、亚美尼亚、吉尔吉斯斯坦的关税同盟，加快欧亚经济联盟一体化进程，才能继续经济和政治合作。其次，俄罗斯与欧盟的制裁与反制裁问题并未得到改善。最后，欧盟与俄罗斯之间贸易摩擦不断，欧盟认为俄罗斯不尊重加入WTO的承诺，所以利用双边和多边活动确保俄罗斯遵守WTO规则。

2019年俄罗斯和欧盟的双边货物贸易总额为2320亿欧元。2019年，欧盟40%的进口天然气和27%的进口石油均来自俄罗斯。由于这些进口商品的价值很高，欧盟对俄罗斯的贸易逆差仅次于欧盟对中国的贸易逆差，2019年欧盟对俄罗斯的贸易逆差为570亿欧元。2012年，欧盟与俄罗斯的双边商品贸易额达到顶峰。乌克兰危机后，欧俄之间的制裁与反制裁影响了双边贸易，2012~2016年双边贸易额下降了43%，从2012年的3220亿欧元降至2016年的1830亿欧元。自2016年以来，双边贸易已部分恢复。但2019年欧盟对俄罗斯的整体出口额比2012年下降25%，其中农产品出口额下降38%。①

2019年，欧盟出口到俄罗斯的贸易额占欧盟全球出口贸易额的4.1%，低于2012年的6.7%。俄罗斯从欧盟进口贸易额在俄罗斯总进口额所占比例在2019年是35%，低于2012年的39%。至于俄罗斯的出口贸易，2019年有42%出口到欧盟，比2012年的50%有所下降。欧盟出口到俄罗斯的主要产品是机械、运输设备、药品、化学药品和其他制成品。欧盟从俄罗斯进口的主要商品是原材料，特别是石油（粗制和精制）、天然气和金属（尤其是铁、钢、铝、镍）。在服务贸易方面，2019年欧盟对俄罗斯的出口额为262亿欧元，进口额为120亿欧元。欧盟是俄罗斯最大的投资国，2018年的对俄直接投资存量估计为2768亿欧元，占俄罗斯外国直接投资总存量的75%。俄罗斯对欧盟的直接投资存量在2018年达到893亿欧元，约占欧盟域外直接投资总量的1%。

欧盟与新兴市场国家的贸易政策既是一种多边层面的互动，也是一种双边层面的互动。总体而言，欧盟与新兴市场国家更多体现在欧盟与某个新兴市场国家的政策互动，比如欧盟与金砖国家的双边政策。但欧盟也期望与新兴市场国家在多边平台（如G20、WTO）上的整体互动，共同塑造世界贸易治理的结构与过程，有助于满足不同类型经济体（发展中国家、发达国家和新兴市场国家）的利益，更有助于维护世界贸易组织的议程。

---

① European Commission, "Countries and Regions: Russia", https://ec.europa.eu/trade/policy/countries-and-regions/countries/russia/.

三 印度

印度是近年来世界上增长最快的经济体之一，拥有庞大而充满活力的12.5亿人口市场，是欧盟的战略合作伙伴。2007年，欧盟和印度启动自贸协定谈判，希望进一步促进双边贸易和投资。欧盟与印度自贸协定谈判于2008年10月开始，到2020年7月已经进行16轮谈判。欧盟与印度自贸协定的谈判主要集中在对方市场准入，商品、服务和公共采购合同；投资框架，包括投资保护；框架交易的规则，比如知识产权和竞争；可持续发展，确保贸易增长与环境、社会和劳工权利同步等问题。与此同时，印度在普惠制方案下进入欧盟市场时继续享受单边贸易优惠。

欧盟是印度最大的贸易伙伴。2019年，印度与欧盟的双边商品贸易总额接近800亿欧元，占印度贸易总额的11.1%，与美国持平，领先于中国（10.7%）。2020年，欧盟保持了印度第三大贸易伙伴的地位。同时，欧盟是仅次于美国的第二大印度出口目的地（占印度出口总额的14%）。印度是欧盟的第十大贸易伙伴，2020年印度与欧盟商品贸易总额占欧盟商品贸易总额的1.8%，远落后于中国（16.1%），美国（15.2%）和英国（12.2%）。[1] 过去十年中，欧盟和印度的商品贸易增长了72%。欧盟和印度的服务贸易从2015年的223亿欧元迅速增长到2018年的296亿欧元。过去十年，欧盟在流入印度的外国投资中的占比从8%到18%，翻了一番以上，使欧盟成为印度的第一大外国投资者。2019年，欧盟在印度的外国直接投资存量达758亿欧元，远低于欧盟在中国（1750亿欧元）以及欧盟在巴西（3120亿欧元）的外国直接投资存量。大量欧洲企业在印度设立了约6000家办事机构，并为印度直接提供了170万个工作岗位

---

[1] European Commission, "Countries and Regions: India", https://ec.europa.eu/trade/policy/countries-and-regions/countries/india/.

以及间接提供了500万个工作岗位。同时，自2000年以来，印度企业在欧洲的投资超过500亿欧元。

尽管双方已启动谈判，但并未签署涉及商品、服务和投资贸易的欧盟—印度《双边贸易和投资协定》（BTIA）。2013年后，欧盟—印度自贸协定谈判事实上陷入了停滞。此后，在2016年3月的欧印峰会双方仍未能就重启自贸谈判取得共识。双方希望恢复谈判，拟议的讨论涵盖货物和服务贸易、投资、贸易便利化、海关合作、知识产权保护和公共采购。2017年10月的欧印峰会上，双方领导人"表示共同致力于加强欧印经济伙伴关系，并注意到双方正在做出积极努力，以尽早重启全面、互利的自贸协定谈判"。此外，还有一部分官员在2017年12月举行的WTO部长级会议讨论渔业补贴和解决粮食安全等。2018年11月20日，欧盟理事会通过欧盟对印度的战略结论文件，欧盟欢迎印度雄心勃勃的外交政策和快速增长的经济在全球舞台上发挥越来越大的作用并承担更大责任。[①]欧盟和印度都将以联合国和WTO为核心的多边主义作为参与全球治理的基础。但欧盟期待印度改善营商环境，提高市场准入的公平程度，遵循国际标准和惯例，加强知识产权执法和投资保护。尽管存在上述分歧，欧盟仍致力于同印度达成一项全面、具有雄心且互利的贸易投资协定。

欧盟和印度自贸协定的谈判已经开展10余年，谈判进展较慢，双方在农产品、汽车市场开放、服务业特别是银行业开放、政府采购、环境及劳工等问题上存在较大分歧，有待双方政治解决。欧盟与印度自贸协定谈判在短期内取得成功的概率仍有限。首先，欧盟与印度自由贸易区的目标宏大，不仅涉及商品和服务贸易的自由化、投资

---

① Council of the European Union, "EU Strategy on Inida-Council conclusions", 10 December 2018, https://www.consilium.europa.eu/media/37410/st14638-en18.pdf.

自由化和削减非关税壁垒，还有推动知识产权保护、完善竞争法规等多项内容。这对印度国内有巨大压力。其次，欧盟与印度自由贸易区的积极性已受制于多种因素。欧盟面对内部债务危机应接不暇，推动双边自由贸易的动力也被减弱。印度目前外商投资和贸易处于低位，莫迪政府期待恢复正常水平。印度服务业约占 GDP 的 57%，欧盟寻求改善服务市场准入条件，期待印度进一步开放零售业和保险业，特别是会计和法律服务部门。[①] 尚未充分利用的银行业务空间、知识产权、对汽车和葡萄酒及酒精类饮品征收的税、农贸产品的补贴和关税等问题是欧盟与印度自贸协定谈判进一步关注的议题。

2020 年下半年以来，欧盟和印度都高调表态推进欧印自由贸易区谈判，特别是《区域全面经济伙伴关系协定》（Regional Comprehensive Economic Partnership，RCEP）谈判完成后，如果印度拒绝加入就会面临被边缘化的风险。因此与欧盟达成协定的紧迫感增强，但双方经济诉求上依然存在差异制约。2021 年 5 月，欧盟与印度同意恢复"平衡、雄心勃勃、全面、互利的"贸易协定（"balanced, ambitious, comprehensive and mutually beneficial" trade agreement）谈判，分别启动投资保护协定和地理标志协定谈判。

第三节　欧盟对最不发达国家的优惠贸易安排与援助政策

欧盟将发展与贸易政策联系在一起，希望通过提供更有针对性和系统性的发展援助，以建设和支持发展中国家，特别是最不发达国家和其他需要援助国家的生产和贸易能力。为此，欧盟制定了一系列援助制度政策，但在实施过程中欧盟贸易与发展政策之间存在

---

① Sangeeta Khorana, "The FTA: A Strategic call for the EU and India?" in François Godement, ed., *What does India Think?*, European Council on Foreign Relations, November 2015.

自相矛盾之处。

一 欧盟对最不发达国家的优惠贸易安排

欧盟意图改善贸易和发展政策的互补性,特别是提高贸易援助对最不发达国家的有效性。欧盟期望通过贸易提升最不发达国家的生产水平,推动当地经济和基础设施多元化,改善国家治理。欧盟的贸易和发展政策强调最不发达国家应该拥有自己的发展战略、执行健全的国内政策、进行必要的内部改革、刺激贸易和投资、确保贫穷人群从贸易带来的经济发展中获益并确保国家的长期发展。

欧盟的目标是利用贸易和发展政策为发展中国家,特别是最不发达国家和其他最需要援助的国家带来利益。欧盟的官方立场具体包括:(1)欧盟对最不发达国家开放市场,不设关税和配额,因为欧盟是全球最开放的市场,所以对最不发达国家不收税,也不限制出口数量;(2)欧盟帮助最不发达国家增加出口,为最不发达国家提供贸易援助,如建设道路、桥梁和港口,从而帮助这些国家在世界上提高竞争力、增加出口;(3)欧盟向最不发达国家提供更多帮助,区别对待最不发达国家和发展中国家,为最不发达国家提供完全自由的市场准入;(4)欧盟帮助最不发达国家出口更多服务,如工程、管理咨询和计算机服务,也帮助最不发达国家发展自身服务产业部门;(5)欧盟为最不发达国家的创新提供特殊规则,如知识产权和药品;(6)欧盟促使最不发达国家把贸易作为发展的重中之重,使贸易成为其发展计划的核心部分;(7)欧盟支持最不发达国家发展农业,与获得更多补贴的发达国家竞争;(8)欧盟支持公平贸易,欧盟贸易协定中包含公平和道德贸易的措施;(9)欧盟帮助最不发达国家增加出口,欧盟是 WTO 贸易便利化协议的支持者,因此最不发达国家货物清关更轻松和更廉价；（10）欧盟在国际舞台上支持最不发达国家，欧盟成员国也是 WTO、联合国和联合国贸易和发展会议（UNCTAD）的成员，确保最不发达国家的需求有优先权，并鼓励更先进的发展中国家向最不发达国家开放市场，并为其提供资金。①

二 欧盟与非洲国家的贸易制度安排

获得资源和扩大市场一直是非洲与欧盟贸易关系的重心，资源丰富的非洲国家和欧盟的贸易活动尤其活跃。矿产品是非洲国家向欧盟出口的主要产品，而机械产品是欧盟对非洲出口的主要产品。欧盟一直是非洲出口的重要市场。非洲国家主要向欧洲出口原材料，并为欧洲产品提供市场。一方面，非洲主要出口石油、矿产品、农产品、鱼类和较少的制造产品到欧盟。另一方面，欧盟主要向非洲国家出口加工食品、车辆、机械产品和医药产品。

尽管欧盟一直宣称给予非洲国家很多优惠贸易政策，但欧盟及其成员国对非洲出口仍有许多不利于非洲与欧盟贸易的贸易壁垒。在非洲与欧盟贸易关系中，欧盟对一些主要出口国（特别是那些具有比较优势的非洲国家）存在贸易壁垒，从而限制了贸易。为了改变非洲国家和欧盟之间的贸易格局，与发展相关的贸易政策（如贸易援助）已经出台。此外，在经过 WTO 的讨论后，欧盟 2001 年启动了 EBA 倡议，促进非洲国家向欧盟市场出口，这是 1975 年《洛美协定》以来欧盟与非洲之间的最重要的贸易倡议。不同的原则（贸易、缔造和平、预防冲突和解决冲突等方面的联合政治对话）适

---

① European Commission, "10 Ways the EU Supports the World's Least Developed Countries", 2016, http://trade.ec.europa.eu/doclib/docs/2016/September/tradoc_154961.pdf.

用于欧盟的 EBA 倡议。但很快就出现了对 EBA 的质疑。[①]

虽然 EBA 贸易政策能够促使非洲国家商品出口到欧盟市场，经济伙伴关系协定是促进欧洲向非洲国家出口的另一项政策。经济伙伴关系协定是欧盟与非洲、加勒比和太平洋国家签署的贸易和发展协定。这要追溯到《科托努协定》的签署，经济伙伴关系是量身定制的，符合 WTO 规则，可以立即全面开放欧盟市场，但允许非加太国家在转型期间保护敏感的经济部门。同时，经济伙伴关系协定还会促使非加太国家迅速启动改革，有利于实现良好经济治理。非洲在全球贸易中的份额依然微不足道，因为非洲目前面临诸多挑战：海关程序烦琐、缺乏基础设施和信息以及市场一体化程度不高。虽然很多人预计欧盟的贸易政策和 WTO 谈判可以改善非洲的贸易，但非洲国家越来越需要考虑其他贸易伙伴。通过经济伙伴关系协定，欧盟意图为欧洲产品打开非洲市场，这将带来非洲市场和产业之间的竞争，反而不利于非洲的区域贸易一体化。欧盟与非洲国家的贸易协定更侧重双边层面和地区层面，而不是多边层面。此外，EBA 贸易政策的主要目标是改变非洲国家与欧盟之间的贸易格局，提高生产率并对就业产生积极影响，但由于欧盟某些贸易措施（例如关税和优惠措施），这些目标可能无法实现。经济伙伴关系协定并不会帮助非洲的就业增加和技术转移。实际上，非洲向欧盟的出口将面临技术壁垒、卫生和植物检疫法规带来的不利影响等。所以说，经济伙伴关系协定并不等同于发展合作。

欧盟促贸援助战略框架将发展与贸易政策联系在一起，并提供更有针对性和系统性的发展援助，以建设和支持发展中国家的生产和贸易能力，并使其融入全球贸易体系。2001 年，欧盟通过 EBA

[①] Gerrit Faber and Jan Orbie, "The EU's Insistence on Reciprocal Trade with the ACP Group, Economic Interests in the Driving Seat?", *EUSA Tenth Biennial International Conference*, May 2007, https://core.ac.uk/download/pdf/5080667.pdf.

倡议，启动了将最不发达国家（其中 33 个是非洲国家）纳入全球经济的举措，为最不发达国家的所有出口产品提供免税和免配额进入欧盟市场的机会，不包括武器和军备。为了修改 EBA 倡议的安排，欧盟决定扩大普惠制涉及的产品范围，包括一些原材料（例如氧化铝、铅和镉）。2014 年 1 月，EBA 倡议得到加强，减少最不发达国家的竞争压力，增加优惠对最不发达国家的意义，如提供更多的出口机会。[①]EBA 倡议使最不发达国家有可能增加在欧盟市场的份额，并使它们能够拥有更多出口机会。这也在一定程度上取决于最不发达国家是否具有能够满足需求的生产能力，以及是否适应欧盟市场的要求。

在新的贸易战略中，欧盟宣称将通过普惠制来创造与非洲国家更好的贸易关系，增加最不发达国家的贸易和经济利益，强调欧盟的开放市场是发展中国家民众收入的重要来源。但欧盟给予非洲最不发达国家的贸易优惠并不足以提高非洲国家的出口额。欧盟需要与其他贸易伙伴合作，特别是新兴市场国家，从而提高非洲农业部门的生产力。非洲国家更需要发展制造业，实现出口的多样化、提升出口能力。欧盟在制定这些类型的协定时会考虑技术、社会和环境等问题。市场准入和开放本身不足以促进贸易，贸易开放是促进发展的必要条件。贸易多元化政策、产业政策（如加强制造业）和体制改革对于长期实现贸易增长和可持续发展至关重要。

三　发展、援助与贸易的关系

发展在欧盟贸易政策的不同政策子系统中呈现出不同程度的牵引力。发展援助是欧盟和成员国之间的共享权能，除了欧盟成员国

---

① European Commission, "Everything But Arms (EBA) – Who Benefits?", 30 April 2013, https://eeas.europa.eu/sites/default/files/tradoc_150983_0.pdf.

开展的援助项目之外,欧盟也拥有自己的援助资金,并独立开展援助项目。2017年,欧盟(及其成员国)是世界上的第一大发展援助方。在欧盟新一轮的多年度(2021~2027年)财政预算框架中,用于欧盟周边和撒哈拉以南非洲的资金安排大幅度增加(约23%),这表明了欧盟将受安全、稳定和移民等问题困扰的周边地区作为新一轮发展援助实施重点的政策取向。[1]

欧盟2006年发布《欧洲发展共识》、2011年制定《增强发展政策的作用:变革议程》、2017年6月发表题为《我们的世界,我们的尊严,我们的未来》的报告。这些文件都将消除贫困和实现可持续发展作为欧盟发展援助政策的核心。[2] 可以说,欧盟的目标和手段并未发生根本改变,而是将重点放在最需要的国家,以及避免相似发展中国家之间的歧视。但在探究欧盟贸易政策中的发展维度时发现,欧盟并未进一步强调对发展中国家做出让步,也未缓和欧盟具有攻击性的谈判目标。同时,欧盟正在加大对双边自贸协定的追求,虽然附有大量规范性内容,但主要是经济利益考量,这将侵蚀发展政策中贸易维度赋予的优惠政策的价值。

与此同时,欧盟内部政策的政治竞争非常激烈,几乎没有考虑发展维度,同时出现了一些对发展中国家不利的贸易政策。欧盟经济利益的强度和方向以及与不同政策目标相关的决策者偏好尤为关键。新一代优惠贸易协定和单一市场管制由于缺乏发展方面的考虑而备受关注。因此,虽然欧盟可以合理宣称它更关心发展和减贫,

---

[1] Mikaela Gavas, "Development Cooperation Has Emerged a Winner in the EU's 2021-2027 Budget Proposal, but the Odds Are Stacked Against It", *Center for Global Development,* 4 May 2018, https://www.cgdev.org/blog/development-cooperation-has-emerged-winner-eus-2021-2027-budget.

[2] European Commission, "The European Consensus on Development", June 2006, https://ec.europa.eu/international-partnerships/system/files/publication-the-european-consensus-on-development-200606_en.pdf.

但并没有将发展或减贫列为优先事项。由此，欧盟贸易政策的内在矛盾破坏了欧盟可能成为全球发展倡导者的机会。

发展与贸易之间的关系涉及三个维度：首先，贸易是发展政策；其次，贸易政策的发展考量是更为广泛的；最后，欧盟内部政策的发展效应。欧盟贸易政策中都包括这三个维度，但考量的比重有差异，最后反映在政策结果中。因此，欧盟贸易政策的不同组成部分对发展中国家的影响是有矛盾的。作为发展政策的贸易由互惠贸易谈判和普惠制下的贸易自由化组成，作为贸易政策的发展包括多哈回合谈判和经济驱动的优惠贸易协定。[①] 在发展政策的贸易维度中，欧盟企业的预期成本和收益相对较低，因为发展政策的对象国是较为贫穷的，欧盟政策的互惠性还是非互惠性显得并不重要，反而政策制定者的偏好更为重要。反观贸易政策中的发展维度，欧洲的社会团体或其他利益团体更期望积极参与其中。但是，出口主导的利益行为体更多体现在欧盟贸易政策制定过程中，这也导致欧盟政策制定者更关注提升欧盟企业的市场准入，较少关注发展目标。

因此，欧盟的贸易政策与发展政策存在矛盾之处。一方面，欧盟更加重视贸易作为发展的政策工具，采取了诸多促进发展的贸易政策，如 EBA 倡议。另一方面，欧盟贸易政策主要目的之一是寻求多边的贸易自由化，特别是 2006 年之后欧盟追求具有重要商业意义的双边自贸协定，但这一定程度上会损害优惠市场准入（这是欧盟将贸易作为发展政策的核心）的政策。

---

① Alasdair R. Young and John Peterson, "'We Care About You, but...': The Politics of EU Trade Policy and Development", *Cambridge Review of International Affairs*, Vol. 26, No. 3, March 2013, p. 499.

第八章　欧盟在贸易相关问题上的立场强化

共同商业政策是欧洲经济共同体独享权限的政策议题。建立关税同盟和共同市场是欧盟共同商业政策的起始阶段。1968年7月，欧洲经济共同体取消了各成员国之间的所有关税，建立了统一的海关税则，初步建成了关税同盟。1985年《完成内部市场白皮书》发布之后，欧盟委员会制定了近300项立法措施，《单一欧洲法案》于1987年生效。1993年，欧盟建立内部市场，还带来更为统一的共同商业政策。欧盟内部市场的建立带动欧盟与第三国的贸易协定的发展，比如欧盟与欧洲自由贸易联盟签署《欧洲经济区协议》，与南地中海国家签署欧洲—地中海伙伴关系协定，与中东欧国家签署欧洲协定，与独联体国家签署伙伴关系和合作协定，与土耳其签署关税同盟协定，与一些非欧盟国家签署双边自贸协定。

然而，《马斯特里赫特条约》并未改变欧盟共同商业政策的条款。随着乌拉圭回合谈判的开展，一些立法需要进行修订。1995年，在起草《阿姆斯特丹条约》时，欧盟打算修改共同商业政策的某些条款，从而覆盖所有WTO议题。在1997年《阿姆斯特丹条约》中，成员的最终妥协结果是加入一个新的"授权条款"（enabling clause），增加到 133TEC 条款中，欧洲理事会可能会一致决定将该共同体的权限扩大到关于服务和知识产权的国际协议，而无须修改该条约。这一补充旨在涵盖 WTO 的谈判。但并未改变落实到任何制度层面的改革。2003 年的《尼斯条约》落实了关于共同商业政策的新条款，但政治上比较敏感的议题（如文化和视听服务、教育服务、社会和人类健康服务等）被排除在欧盟权限之外。在多哈回合谈判的背景下，2004 年的《欧盟宪法条约》草案进一步修改、简化了共同商业政策的条款。《里斯本条约》大部分保留了贸易议题的文本，并且赋予欧盟法律人格。2009 年 12 月生效后，共同商业政策成为欧盟独享权能的议题范围，其范围进一步明确，并增加了外国直接投资。同时，欧洲议会在实施贸易政策和缔结国际贸易协定方面获得新的权力。目前，共同商业政策涵盖所有 WTO 事项，商品贸易、服务贸易（交通除外）、知识产权的商业方面和外国直接投资。欧盟成员国的权限主要局限于举办贸易博览会、促进本国出口和对外投资或者提供贸易咨询等。

传统上看，欧盟贸易政策的目标是国际贸易自由化。《里斯本条约》指出，欧盟贸易政策是为了世界贸易的和谐发展，在共同利益基础上逐步取消国际贸易和外国直接投资的限制、减少关税和其他壁垒。[1] 此外，《里斯本条约》还首次将欧盟共同商业政策视为欧盟对外行动的一部分。这意味着欧盟贸易政策的目标并不简单地局限于贸易和投资的自由化。欧盟贸易政策试图将经济利益、政治价值和其他规范综合起来，"欧盟对外行动的'准宪法'框架为欧盟贸易政策与其他外交政策的协调提供了法律基础，以及为通过贸易追求

---

[1] European Union, "Consolidated Version of the Treaty on European Union and the Treaty on the Functioning of the European Union", *Official Journal of the European Union*, 7 June 2016, https://eur-lex.europa.eu/legal-content/EN/TXT/PDF/?uri=OJ:C:2016:202:FULL&from=EN.

非贸易目标创造了法律基础"。①这带来的副作用是欧盟无法有效协调这些多样化的目标,也很难保证政策的连续性。

欧盟贸易战略涉及有效性、透明性、价值和欧盟谈判计划。首先,解决新经济现实并履行其承诺实行更有效的政策,包括考虑到全球价值链、数字经济和服务的重要性,更新贸易政策;支持专家、高级管理人员和服务提供者的流动;与成员国、欧洲议会和利益攸关方建立更好的伙伴关系,更好地执行贸易和投资协议;在未来的贸易协定中包含有效的中小企业条款。其次,更透明的贸易和投资政策,包括将TTIP透明度倡议扩大到所有欧盟的贸易谈判。再次,以价值为基础的贸易和投资政策,包括明确保障欧盟监管保护的承诺和引导全球改革投资政策的策略;扩大支持可持续发展、公平和人权的措施,确保有效实施相关的自贸协定条款和普遍优惠制;在未来的贸易协议中包括反腐败规则。最后,塑造全球化的谈判程序,包括重新启动多边谈判,并设计双边和区域协议的开放式方法;扩大欧盟在亚太地区的影响力;确保经济伙伴关系协定得到有效实施,深化与愿意走向更远的非洲伙伴和非洲联盟的关系。

欧盟致力于以公平、国际化和基于规则的秩序来驾驭全球化,通过加强合作和强化多边机构的作用来实现引领全球化的地位。为此,一方面,欧盟对联合国可持续发展目标和欧盟就业和增长的议程做出承诺,另一方面,欧盟与国际合作伙伴进行贸易也将遵守这些承诺,欧盟贸易战略将贸易与可持续发展章节纳入贸易和投资协定中,作为欧盟价值为基础的贸易议程的一部分。这些章节包括三个支柱:缔约方对国际劳工组织的一系列多边环境协定和公约的约束性承诺、民间社会组织参与履行这些承诺的结构和专门的争端解

---

① Angelos Dimopoulos, "The Effects of the Lisbon Treaty on the Principles and Objectives of the Common Commercial Policy", *European Foreign Affairs Review*, Vol. 15, No. 2, 2010, p. 161.

决机制。这些不仅与欧盟的规范性目标一致，也可以提高欧盟在国际市场的竞争力，因而，欧盟不仅对环境保护做出承诺，还支持劳工标准和知识产权保护。欧盟最大限度地利用贸易和投资这两个杠杆，提升劳工标准、保护环境和应对气候变化。

第一节　环境及气候政策

欧盟有权在环境政策的所有领域采取行动，但欧盟须遵从辅助性原则以及理事会一致通过的要求。欧盟环境及气候政策的法律基础是《欧洲联盟运行条约》的第 11 条和第 191 条至 193 条。《里斯本条约》规定应对气候变化是欧盟的一项具体目标，可持续发展成为欧盟发展与第三国关系中的一个目标。因此，这意味着欧盟具有的独立法律人格能使其成为国际协议的缔约方。

欧盟贸易政策与环境及气候政策密切相关。欧盟贸易政策纳入了对环境议题的考量，希望在自由化的贸易和投资规则中实现促进可持续发展、保护环境的目标。欧盟法律要求所有相关的欧盟政策（包括贸易政策）都要促进可持续发展。所以，欧盟贸易政策要求在确保经济发展的同时，促进社会正义、尊重人权、高劳工标准和高环境标准。在双边和区域层次，欧盟贸易政策的关键内容是环境条款的谈判与执行。欧盟缔结的贸易协定中通常都会包含"贸易与可持续发展"章节。在多边领域，欧盟积极参与 WTO 贸易与环境委员会例会和 WTO 贸易与环境委员会特别会议的工作。2014 年 1 月 24 日，欧盟与 WTO 其他 13 个成员国发起了"绿色商品倡议"，旨在达成一项协议以消除对一系列绿色商品的关税，并在将来解决其他贸易壁垒。

欧盟通过一些方式确保贸易政策促进可持续发展，包括欧盟贸易协定、对发展中国家的特别奖励、贸易和发展政策。欧盟通过贸易政策支持国际环境规则的执行实施主要体现在多边贸易协定中，包括《濒危野生动植物种国际贸易公约》《气候变化框架公约》《巴黎协定》《关于气候变化的京都议定书》《关于臭氧层保护的蒙特利尔议定书》《生物多样性公约》《关于持久性有机污染物的斯德哥尔摩公约》《关于危险化学品和农药国际贸易的鹿特丹公约》《关于危险废物运输和处置的巴塞尔公约》。欧盟与加拿大、中美洲国家、哥伦比亚、秘鲁、厄瓜多尔、格鲁吉亚、摩尔多瓦、新加坡、韩国、乌克兰和越南等诸多国家的贸易协定包括贸易和可持续发展的规则。欧盟定期与贸易伙伴国讨论如何在贸易协定中实施贸易和可持续发展规则，比如，特别市民社会咨询团体或者官方咨询小组促进这些规则的落实。

此外，欧盟还通过一些方式帮助应对气候变化和向低碳经济转型，包括鼓励创新、鼓励投资低碳生产和使环境商品和服务更实惠。在 WTO 内，欧盟正与 16 个贸易伙伴国缔结环境商品协定，将取消关于环境技术的关税，包括对缓解气候变化至关重要的商品。除多边贸易协定，欧盟还利用双边贸易协定来促进气候行动。欧盟在贸易协定中重申执行国际气候公约的承诺，尽早开放环境商品的贸易，促进环境商品和服务的贸易和投资，消除可再生能源贸易和投资的非关税壁垒。在欧盟的超普惠制计划中，发展中国家可以获得进入欧盟市场的额外权限，这需要批准和实施包括上述大多数多边环境协定的 27 项国际公约。[1] 根据可持续发展的目标，贸易并不是目的本身，促进所有人的可持续发展和繁荣才是目的。世界各国领导人就 2030 年议程达成一致，即 2015 年联合国提出的一套有 17 项可持续发展目标和 169 项具体目标的议程。尽管贸易不是 2030 年议程的

---

[1] European Commission, "Sustainable Development", http://ec.europa.eu/trade/policy/policy-making/sustainable-development/#_environmental-protection.

17 项可持续发展目标之一，但贸易在 2030 年议程中的 169 个地方均有提及。例如，第 17 个目标——伙伴关系将贸易视为实现可持续发展的工具。

过去三十年来，环境及气候政策与贸易政策的紧密度越来越高，气候体制与贸易体制的相互作用一直在增加。大多数开创性的区域贸易协定和 WTO 都为保护环境采取贸易措施案例法。贸易政策和气候政策有大量共同点，两者都通过政治举措实现相互联系，比如《环境产品协定》。欧盟、美国、中国等 14 个 WTO 成员在 2014 年启动该贸易协定谈判，目标是实现减免对环境产品征收的关税，推动环境产品自由贸易。但 2016 年 12 月，参与各方并未对这份《巴黎协定》生效后的首份贸易协定形成一致意见。其次，越来越多的制度规则和规范相互关联，确定 WTO 成员的气候行动能够与 WTO 规则相一致。最后，制度和进程重叠度越来越高，例如在联合国气候变化框架公约的缔约方与 WTO 之间的谈判，两者互相重叠。根据可持续发展目标，发展中国家应该继续接受"特殊和差别待遇"。但可持续发展目标仍然意味着较贫穷的国家需要积极参与多边贸易体制，并制定符合其利益的新规则。伯杰发现，谈判双方的不对称有助于工业化国家将环境条款和其他议题纳入与新兴市场国家有关的区域贸易协定。[①] 这存在一个风险，气候议题和贸易政策联系起来可能被作为保护主义的依据，损害发展中国家的贸易。

欧盟致力于塑造 2030 年议程，欧盟及其成员国努力将 2030 年议程及其可持续发展目标纳入欧盟政策。2016 年，为了继续执行国家自主贡献目标，欧盟开始了 2020 年后的立法修订进程。2017 年

---

① Berger Axel et al., *Towards "Greening" Trade? Tracking Environmental Provisions in the Preferential Trade Agreements of Emerging Markets*, German Development Institute, 2017, p. 15.

11月达成立法折中方案，即增加拍卖数量和加强供应。[①] 这些变化旨在实现欧盟到2030年减排43%（与1990年相比）的目标。为此，到2030年，欧盟碳排放交易体系必须将工业和电力部门的排放量减少43%（与2005年相比）。[②] 在第三阶段，欧盟委员会免费配额以缓解某些部门成本压力。在立法过程中，欧洲议会环境委员会建议采用边界调整价格。

从国际气候制度启动之初，欧盟就一直有倡导气候政策的野心。2015年，《巴黎协定》通过后，欧盟为新的全球气候体制铺平道路。对欧盟和其他提出气候目标的国家而言，绩效将取决于气候政策是否纳入其他各种政策领域（包括贸易政策）以及纳入的程度。2016年11月4日，《巴黎协定》生效，欧盟和美国政治环境发生了重大变化。特朗普强调"美国优先"战略，因此美国气候政策和贸易政策都出现战略收缩，更强调美国自身利益，而对国际气候保护政策和开放贸易政策产生严重影响。欧盟认为，贸易自由化可以促进快速提升环境友好型商品和服务的质量，也可以促进清洁技术的部署。某些国家采取国家自主贡献后续行动，需要获得涉及提高能源效率、可再生能源生产或减少所有温室气体的技术。但由于贸易保护主义，各个国家的气候政策措施可能与贸易规则相冲突。这需要评估和讨论，从而在不影响贸易的情况下支持气候政策。

根据《巴黎协定》，气候机制是通过国家行动、审查的逐步协调来实现的。气候政策目标、时间表和措施目前由《巴黎协定》的缔约方决定。目前来看，大约90个制定国家自主贡献的国家中有38个使用国际市场机制。国家自主贡献不同于《巴黎协定》之前的

[①] European Commission, "Energy Union: Commission Takes Action to Reinforce EU's Global Leadership in Clean Vehicles", 8 November 2017, https://ec.europa.eu/commission/presscorner/detail/en/IP_17_4242.

[②] European Commission, "Revision for Phase 4 (2021–2030)", EU Emissions Trading System (EU ETS) Directive, https://ec.europa.eu/clima/policies/ets/revision_en.

松散和自由性质，对贸易影响更大，市场或非市场机制、技术转让规则和限制，或源于航空和海运部门的气候行动都可能会影响贸易。因为税收、补贴或国家经济活动的管理等活动，均会直接或间接地影响贸易合作伙伴。大多数低收入国家打算出售减排单位，可能导致碳金融（carbon finance）流动，这种交易方案体现在《巴黎协定》第6条。[①] 但这会存在一个问题，如果排放贸易或碳定价俱乐部出现了歧视 WTO 成员的规则，将会出现一个更具有争议性和政治上比较敏感的议题。例如，基于排放贸易框架排斥与非缔约方的贸易。环境完整性已经成为欧盟排放交易体系中的议题。在这种情况下，合作方式将可能受到贸易制度范围的影响。

欧盟一直是气候变化政策的积极倡导者。2015年《巴黎协定》签署后，欧盟为新的全球气候治理体制铺平了道路，其中包括协定缔约方（不管是工业化国家还是发展中国家）应该采取的行动。气候行动需要几乎所有国家和国际政策制定领域的支持。因此，气候政策措施可能会对贸易产生影响。这就是为什么包括 WTO 在内的国际贸易体系和大量区域贸易协定在气候变化政策方面发挥越来越重要的作用。《巴黎协定》的缔约方在2018年底就具体实施细则进行谈判。在中国建立全面的碳排放交易体系之前，欧盟的碳排放交易体系是全球最大的配额市场。因为欧盟是执行以国际市场为基础的新环境监管方法的关键谈判方，所以环境完整性议题和欧盟排放交易体系配额价格的暴跌，这限制了第三阶段（2013~2020年）[②] 外国抵消项目的信贷准入。然而，如果欧盟排放交易体系与其他国家

---

① 联合国：《巴黎协定》，联合国气候变化框架公约（UNFCCC），FCCC/CP/2015/10/Add.1，2015年10月，http://unfccc.int/files/meetings/paris_nov_2015/application/pdf/paris_agreement_chinese.pdf。
② Bagchi Chandreyee and Eike Velten, "The EU Emissions Trading System: Regulating the Environment in the EU", Climate Policy Info Hub, 13 May 2014, http://climatepolicyinfohub.eu/eu-emissions-trading-system-introduction.

和地区的谈判方交易体系的兼容程度较低，或者欧盟部分行业对碳价上升感到不满，担心国际竞争力削弱，再或者消费者担心可支配收入下降，欧盟碳市场面临着诸多挑战，这也就造成全球统一的碳市场尚未形成可行路径。

碳定价在西方国家和新兴经济体中的应用会影响能源价格和产业竞争，同时还可能会促使技术创新。由于生产商面临碳成本，所以需要在国际市场上运作，但额外的成本可能会导致碳泄漏，这是碳定价政策不统一的副作用。不实施碳定价的国家排放量增加主要由于其他国家将部分或全部生产转移到不实施碳定价的国家，这就没有碳成本。碳泄漏对单边碳定价或规制的环境有效性提出了质疑。然而，贸易政策可以在防止碳泄漏方面发挥关键作用，使碳定价成为贸易与气候政策相互连结的关键点。如果进口货物处于进口国家的碳定价政策（税收或排放配额覆盖率）规定之内，则可以防止碳泄漏，称为"边界碳调整"（border carbon adjustments）。然而，这可能导致更严重的保护主义或者更多的报复性政策。

第二节 人权及劳工标准等问题

欧盟贸易政策、外交政策和发展合作支持贸易伙伴国家的尊重人权和劳工权利。目前，在欧盟双边、区域投资协定中，欧盟建立起国际投资与劳工权利之间的法律联系，把劳工和投资联系起来予以法律规制。同时，劳工条款也被纳入欧盟双边和多边贸易协定，一些单边贸易安排也包含劳工条款，作为促进体面劳动和包容性增长的主要手段来促进劳工标准和加强劳工条款的实施。欧盟劳工政策制定依据主要有三类：首先是欧盟条约，为欧盟立法提供了方向和确定目标、权限划分等；其次是条例、指令等二级欧盟法，欧盟劳动法领域存在大量指令规范指导具体领域；最后是一些软法、案例法或判决等。目前，欧盟劳工政策主要来自《欧洲联盟运行条约》《欧洲联盟条约》和《欧洲联盟基本权利宪章》。在劳工政策层面，欧盟与成员国共享权能，但也具有辅助性权能（complementary competence）的维度。

欧盟会评估自身及其贸易伙伴的贸易协定对人权的影响。这体现在贸易谈判之前和谈判过程中的影响评估[①]，以及对贸易协定签署后的实施情况进行评估。此外，欧盟利用增加贸易机会来促进劳工标准的提高，同时防止"向下看齐式的竞争"。欧盟还加强了与国际劳工组织的合作，监督和改善发展中国家的劳工条件。欧盟贸易协定要求欧盟及其贸易伙伴应尊重和执行国际劳工公约，包括允许自由结社和集体谈判权、摆脱一切形式的强迫劳动或强制劳动、废除童工、消除工作场所的歧视。

1995年起，欧盟就将劳工标准纳入贸易政策，如普惠制方案、自贸协定等其他贸易协定中。欧盟自贸协定中的劳工标准模式独特，"劳工条款不具有执行力，且拒绝用贸易制裁的方法解决劳工争端"。[②] 标准普惠制和EBA倡议允许发展中国家的出口商支付较低的关税。但如果存在严重的侵犯人权情况，欧盟可以取消这些优惠措施，直至情况得到充分改善。在超普惠制框架下，发展中国家可以获得进入欧盟市场的额外权限，这需要发展中国家批准和实施包括国际人权公约和国际劳工公约在内的27项国际公约。2002年1月，欧盟推出了针对发展中国家的新的普惠方案，即如果欧盟认为对象国能有效保护工人的基本权利，欧盟就将对象国产品征收的关税减半。欧盟宣称将致力于促进所有发展中国家保护劳工基本权利，如组织工会的权利、就工资问题进行集体谈判

[①] European Commission, "Impact Assessments", http://ec.europa.eu/trade/policy/policy-making/analysis/policy-evaluation/impact-assessments/.

[②] 李西霞：《欧盟自贸协定中的劳工标准及其启示》，《法学》2017年第1期。

的权利、免受就业歧视的权利、使童工离开工厂进入学校、保障最低限度的工作条件。①

在 2015 年欧盟委员会发布的贸易投资政策通讯文件中，价值观是该通讯文件的主要内容之一，即维护欧洲社会和监管模式。欧盟通过贸易协定和优惠贸易安排作为平台，在全球范围内推广欧洲价值观、包括人权、公平和有道德的贸易以及打击腐败等。这意味着欧盟贸易协定将监督欧盟贸易伙伴执行核心劳工标准条款情况。截至 2015 年，欧盟签署的 28 个自贸协定中有 6 个纳入了劳工条款。②欧盟自贸协定中的劳工标准并非一刀切，而是根据对象国的情况有所调整。但欧盟劳工条款的变化有限，似乎不适合处理与其签署自贸协定国家的复杂劳工议题。因为欧盟自贸协定劳工标准多为"促进性条款，不具执行力，且明确拒绝采用贸易制裁方法解决劳工争端"，③目的是服务欧盟全球经济政策的协调统一。可以说，在"新一代"自贸协定中，劳工和环境问题已在贸易和可持续发展章节中得到明确阐述。在劳工方面，这些章节通常要求参与方实施和维护国际劳工组织的核心劳工标准；保护现有的劳动法水平；并为双方内部和双方之间可持续发展的国家与国家和民间社会对话建立体制结构。在 2016 年的欧盟全球战略报告中，欧盟强调将培育合法经济（legitimate economy）能够扎根和巩固的空间。④ 这需要人道主义援

---

① Sandra Polaski, "Trade and Labor Standards: A Strategy for Developing Countries, Carnegie Endowment for International Peace", 9 January 2003, https://carnegieendowment.org/2003/01/09/trade-and-labor-standards-strategy-for-developing-countries-pub-1148.
② 这些自贸协定包括《欧盟与韩国自贸协定》《欧盟与非洲、加勒比和太平洋地区国家集团贸易协定》《欧盟与南非贸易协定》《欧盟与智利联系协定》《欧盟与秘鲁/哥伦比亚综合贸易协定》《欧盟与加勒比论坛国经济伙伴关系协定》。
③ 李西霞:《欧盟自贸协定中的劳工标准及其启示》,《法学》2017 年第 1 期。
④ European Commission, "Shared Vision, Common Action: A Stronger Europe, A Global Strategy for the European Union's Foreign and Security Policy", June 2016, p. 31, https://eeas.europa.eu/archives/docs/top_stories/pdf/eugs_review_web.pdf.

助与发展援助之间的协同增效作用,提供保健、教育、保护、基本商品和合法就业方面的支持。当出现稳定的前景时,贸易和发展才能共同支撑长期和平。

在欧盟—韩国自贸协定中,明确提出劳工标准并纳入谈判章节,即劳工有结社自由及有效承认集体谈判权、消除一切形式的强迫劳动、有效废除童工、消除就业与职业歧视。[①]此外,欧盟与哥伦比亚、秘鲁、中美洲、格鲁吉亚、摩尔多瓦、乌克兰、南部非洲发展共同体、越南、加拿大、厄瓜多尔、突尼斯、新加坡签署的协定中都有劳工和可持续发展的标准。欧洲议会也提议将贸易和可持续发展章节纳入与中国的双边投资条约。在其他自贸协定中,劳工标准服务于欧盟的新全球贸易战略。欧洲理事会同意欧盟大力支持保护核心劳工标准,支持国际劳工组织的工作及其与WTO的合作等。从更广的视角看,欧洲理事会的立场是把协调制定全球经济政策的作为其总体目标。在全球劳工治理中,贸易和可持续发展章节中的规定已经越来越有影响力。

但值得注意的是,欧盟委员会官员优先考虑的是贸易协定的商业层面,而不是劳工标准议程。一方面因为欧盟成员国内部对是否在欧盟贸易协定中纳入包括劳工标准在内的可持续发展议题存在不同的声音;另一方面因为欧盟机构之间也未达成完全共识,比如欧洲议会主要关注人权和劳工标准议程,并且更依赖民间社会机制为贸易协定中与劳工有关的议题提供主要推动力。但是社会机制的能力和资源有限,并且劳工议题上的进展并未受到欧盟资助项目的激励。部分欧盟内部官员和机构认为劳工标准议题必须与贸易有关,

---

① Giovanni Gruni, "Labor Standards in the EU–South Korea Free Trade Agreement: Pushing Labor Standards into Global Trade Law?", *Korean Journal of International and Comparative Laws*, Vol. 5, Issue 1, 2017, pp. 100–121.

工会和非政府组织认为没必要将劳工议题与贸易绑定。①与此相关的是，自贸协定劳工与人权治理的危险在于劳工标准与人权条款在其他地方是纯粹推动善治的促进机制，而不是让政府考虑法律颁布和执行方式的机制。这就需要欧盟单独考虑试图通过其贸易协定实现多重社会目标的问题。如果目的是利用贸易协定对贸易伙伴中最恶伤的劳工侵权行为采取行动，无论这些行为是否与贸易有关，都需要对每个单独的贸易伙伴实现这一目标的可行性进行更详细的审查。如果要理解贸易和劳工关系并采取行动，那么就需要更仔细地监督每项协定实际发生的情况，并制定管理不良影响的手段。

总的来看，欧盟在对外贸易谈判中强调劳工标准的重要性，但人权和劳工标准存在差异性，依据对象国而变动，与国际劳动组织的标准不一致，也与欧盟内部市场的标准不同。另外，欧盟自贸协定中的劳工条款主要是促进性条款，集中在政府磋商、执法监督和能力建设方面，劳工标准争端不适用强制性的争端解决机制。②

第三节　知识产权

知识产权产品是研究开发、矿产勘查和挖掘、计算机软件和数据库、娱乐、文学或艺术等产品的总和。为了保证欧洲企业在国际上的比较优势，欧盟委员会在双边贸易协定中就保护和执行知识产权条款进行谈判。③在自贸协定谈判中，欧盟委员会最重要的目的是降低进口关税、消除非关税壁垒，并给予企业更好的机会进入对

---

① James Harrison et al., "Labour Standards in EU Free Trade Agreements: Working Towards What End?", *GREAT Insights Magazine,* Vol. 5, No. 6, December 2016/January 2017, http://ecdpm.org/great-insights/shifts-trade-development/labour-standards-eu-free-trade-agreements-working-towards-end/.
② 李西霞：《欧盟自贸协定中的劳工标准及其启示》，《法学》2017年第1期。
③ Josef Drexl, Henning Grosse Ruse-Khan and Souheir Nadde-Phlix, eds., *EU Bilateral Trade Agreements and Intellectual Property: For Better or Worse,* Berlin: Springer, 2014.

方市场。为此，欧盟需要一系列基本共同规则来保证公平竞争环境，特别是保护和执行知识产权，包括专利、商标、外观设计、版权和地理标识等。欧盟委员会开展的自贸协定中的所有知识产权条款都要符合欧盟现行规定并符合《欧盟基本权利宪章》。

欧盟委员会在知识产权保护方面采取强硬立场，因为它认为知识产权是刺激绿色技术投资的关键因素，也是将气候友好型技术引入第三国的关键因素。欧盟意识到减排的困难性，在发展中国家更快地推广气候友好型技术是非常重要的。这不仅能帮助发展中国家实施国家自主贡献，还可以扩大欧盟的朋友圈。但考虑到发展中国家和发达国家关切点不同，知识产权议题不会在全球层面尽快得到解决。这会阻碍气候技术和专有技术等具体方面的保护。[1]

欧盟技术法规指定机构是欧盟委员会、欧盟理事会和欧洲议会，三者在各自的职权范围内参与欧盟技术法规立法过程。欧洲标准由三个欧洲标准化组织制定，包括欧洲标准化委员，欧洲电信标准化协会和欧洲电工标准化委员会。三个机构负责不同领域的标准化工作，是欧盟委员会正式认可的标准化组织（根据指令98/34/EC）。欧盟委员会代表欧盟成员国与第三国针对自贸协定谈判，最终结果需要获得理事会和欧洲议会的批准。在知识产权条款中，欧盟根据现行的欧洲立法和国际协议与第三国谈判，主要是WTO框架内的《与贸易有关的知识产权协定》（Agreement on Trade-Related Aspects of Intellectual Property Rights, TRIPS）。

大多数国家的知识产权立法可能符合WTO要求的国际标准，但欧盟仍在自贸协定中列入知识产权保护条款来维护欧盟企业更多权利，并保证欧盟企业的竞争优势。欧盟在知识产权章节中规定双方

---

[1] EU Commission, "Trade, Growth and Intellectual Property– Strategy for the Protection and Enforcement of Intellectual Property Rights in Third Countries", 1 July 2014, http://trade.ec.europa.eu/doclib/docs/2014/july/tradoc_ 152643.pdf.

的共同运行机制，如信息和经验交流、能力建设、提高认识和培训等。欧盟特别关注与发展中国家开展知识产权对话，欧盟委员会与有关国家开展定期会谈，开展一个确保互利、合适的知识产权制度，讨论相关的任何知识产权问题。《巴黎协定》中强调，工业化国家必须向发展中国家提供执行手段（如金融、技术和能力建设等），但并未规定如何转让气候友好型技术及相应的知识产权。

保护和执行知识产权对于欧盟激发创新和在全球经济中保持竞争能力至关重要。欧盟贸易政策的目标之一是加强对第三国知识产权的保护和执法。[1] 这个目标正在以不同的方式进行。一是有效的执行机制，欧盟已经通过"在第三国执行知识产权保护的战略",[2] 审视国际知识产权环境的主要变化，旨在确保欧盟委员会拥有适当的工具来更有效地应对挑战。二是多边协定，欧盟作为WTO和世界知识产权组织的成员，是《与贸易有关的知识产权协定》的主要支持者，改善知识产权保护和执行。三是双边贸易协定，欧盟目前进行的双边贸易协定中包括诸多知识产权保护章节。四是其他双边活动，欧盟委员会开展知识产权对话和工作组，有一些国家优先在知识产权领域进行合作。[3] 五是其他类型的支持，如技术援助计划，帮助第三国完善知识产权制度，以及知识产权技术支持，如欧盟与中国的知识产权中小企业服务平台。[4]

在欧洲一体化进程中，欧盟形成五个核心规范，即和平、自由、民主、法制和人权；四个次级规范，即社会团结、反歧视、可持续

---

[1] European Commission, "Intellectual Property", July 2014, http://ec.europa.eu/trade/policy/accessing-markets/intellectual-property/.

[2] European Commission, "Trade, Growth and Intellectual Property-Strategic for the Protection and Enforcement of Intellectual Property Rights in Third Countries", 2014, http://trade.ec.europa.eu/doclib/docs/2014/july/tradoc_152643.pdf.

[3] European Commission, "EU Dialogues with Priority Countries on Intellectual Property Issues", April 2013, http://trade.ec.europa.eu/doclib/docs/2013/april/tradoc_151009.pdf.

[4] European Commission, "China IP SME Helpdesk", http://www.china-iprhelpdesk.eu/.

发展和善治。欧洲（欧盟）成为一支"力量"的政治基础，具有在全球层面产生并确立一套规范系统的能力。这套规范系统影响深远、无所不包，以至于可以影响整个世界的规则与规范，约束行为体之间的相互作用，让这些行为体的行为具有可预见性，在行为体之间发展出集体责任意识。欧盟运用一种稳定持续和可预见的方式替代零和冲突模式来实现规范性外交。规范性外交源于一种跨国界的社会化及适当性逻辑，继而影响到规范性外交行为体的理性考量。规范性行为体一方面积极通过规范扩散，比如说通过全方位的劝说战略或者条件性条款来影响其他行为体；另一面通过运用其政体或者政策作为一个模式为其他行为体设定榜样。在气候变化的全球治理中，欧盟被普遍视为"领导者"和其他国际社会行为体的榜样。这是因为无论是在欧盟内部的政策构建还是技术资金投入方面，欧盟能够以相对较高的标准来对成员国提出要求并妥善协调成员国之间的不同利益偏好；在国际谈判和国际合作中，欧盟注重对不发达国家提供技术和资金方面的支持，并致力于将可持续发展、多边主义、尊重国际法等规范性原则推广到全世界。

总体来看，1958年的《罗马条约》确立了欧盟四项自由，即货物、服务、资本和人员的自由流动。除了在内部实现经济一体化和单一市场，欧盟在外部致力于实现世界贸易自由化，将内部的一体化逻辑应用到国际舞台，即在WTO规范范围内与第三国签署贸易协定。在外界看来，欧盟是规范倡导者而非规范接受者，欧盟的市场规范是欧盟主要规范之一。欧盟主要追求市场一体化和全球经济一体化和相互依赖的自由主义。在欧盟看来，自贸协定是抵消贸易伙伴对抗与反对的方式，也是贸易伙伴成功内化国际的社会标准和多边的采购自由化标准的跳板。

欧盟希望通过贸易和投资协定将自身对外贸易政策的有效、透明、价值原则转化为实践。由于欧盟自贸协定也是欧盟及其成员国一般外交政策的工具，欧盟在贸易协定中特别是在人权、劳工条件和环境保护等议题上，强调规则和价值，这有助于欧盟塑造全球化。但贸易伙伴认为欧盟贸易协定具有以利益为导向的动机，不支持欧盟通过贸易协定来实现多边规范的愿望。此外，外界在与欧盟打交道时，外界将欧盟视为一个贸易集团，更倾向于与成员国就政治和安全议题建立双边伙伴关系，因为欧盟偏好支持西方的自由主义意识形态。[①] 尽管欧盟一直在努力掌握国际贸易规则制定中的话语权和领导权，但特朗普的美国优先战略破坏了欧盟的尝试，使得欧盟试图主导全球多边贸易规则的努力受挫，欧盟作为一个贸易行为体的有效性与影响力出现下降趋势。

---

① Fabienne Bossuyt, Jan Orbie and Lotte Drieghe, "EU External Policy Coherence in the Trade-Foreign Policy Nexus: Foreign Policy Through Trade or Strictly Business?", *Journal of International Relations and Development*, Vol. 23, Issue 1, 2018, pp. 1–22.

第九章　欧盟贸易政策调整对全球治理的影响

在全球化时代，参与经济活动的行为体深嵌其中，消费者越来越容易获得资源、产品、服务。在消费者对效率的预期改变了的情况下，生产者改变了生产模式，这导致世界经济的竞争性质发生了改变。经济学家普遍认为贸易自由化政策对贸易伙伴双方都有利，因为贸易自由化增加了消费者的商品种类，并通过比较优势促进了企业生产力水平的提高。然而，贸易收益在国家之间和国家内部分布不均，这是行业萎缩造成的短期调整成本。2017年1月，习近平主席在达沃斯世界经济论坛上指出，"困扰世界的很多问题，并不是经济全球化造成的"。[①] 经济全球化确实带来了一些问题，但应该适应和引导经济全球化，化解经济全球化的负面影响，让开放贸易惠及每个国家。首先，贸易自由化促进专业化，反过来又依赖于每个商业合作伙伴的比较优势。其次，它能够进入更大的市场，形成规模经济，进而降低价格并增加消费者的选择。最后，资源获得重

[①] 《习近平主席在世界经济论坛2017年年会开幕式上的主旨演讲》，新华网，2017年1月18日，http://www.xinhuanet.com/world/2017-01/18/c_1120331545.htm。

新分配，生产力最高的企业蓬勃发展，生产力最低的公司失去市场份额，有时甚至被迫退出市场。事实上，当双边关税被取消，贸易自由化对有比较优势的企业更有利，也对整个经济有利。

西方主导的全球化是新自由主义信念指导下的全球化。在这个体系下的工人阶级陷入全球劳务竞争中，境地尴尬——他们不像资本一样流动性极强，被国家间、地域间的竞争所束缚，又无法拥有精英层的资源。西方社会保障体系被侵蚀削弱了民众对国家的认同和尊重，收入不平等加重了民众的被剥夺感，这对内部经济治理提出新要求。开放贸易带来的一个负面后果是欧盟劳动力暂时性、特定部门、本地化的负面调整成本。如果处理不好，全球化和自由贸易就会受到影响，继而危害到全球经济繁荣的合法性来源。欧盟的贸易政策可能导致一些成员国、部门或地区获得更大的收益，而调整成本由其他成员国、部门或地区承担。因此，欧盟需要采用再分配手段，确保成员国在欧盟贸易政策中获得相对均衡的收益，这对欧洲一体化具有政治和经济意义。

欧盟是世界上最大的商品与服务进出口地区经济体，不仅保证欧洲单一市场的顺利发展，还深深内嵌于全球价值链。经过数十年的开放贸易和投资，欧盟贸易政策成为应对全球治理和地区治理的有效途径。但现在有观点认为双边和多边自贸协定是造成收入不平等的主要原因。由于欧盟内部竞争力因素的结构性差异，开放贸易的好处在于能调整成员国之间的不均衡分配。但这也带来一个问题，欧盟贸易政策的输家无法得到有效的再分配，欧盟成员国因此面临欧盟贸易政策释放的离心力量。这容易带来更严重的保守主义、国家主义和民粹主义，再加上既有的内部多重挑战，欧盟内部治理压力也映射到了欧盟自贸协定的进程中。

在经过前所未有的贸易一体化后，全球经济治理与贸易政治出现了变化与动荡，因此欧盟自贸协定进入了新一轮调整期。首先，作为最大的区域性经济合作组织,欧盟正面临着英国脱欧以及部分成员国意图收回主权的挑战,英国转向全球自由贸易体系而非区域自由贸易体系。其次,特朗普治下的美国追求美国优先战略,重启北美自贸协定的谈判,高调退出 TTIP 谈判和 TPP 谈判。再次,尽管欧盟内部挑战重重,欧盟与其他国家的自贸协定谈判还是有所进展,比如 2018 年与日本签署了自贸协定。最后,由于过去的自贸协定没有满足政策制定者在签署时承诺的经济利益前景,在经济全球化的深化阶段,全球化输家(国家或民众)产生了政治反弹,自贸协定遭到某些国家以及某些群体的强烈反对,全球自由贸易制度正面临新的调整与变动。

为了提升欧盟从贸易和投资中获益的能力,欧盟委员会制定了一个双边议程,来补充欧盟在 WTO 多边框架下的参与模式。欧盟已经与各大洲的合作伙伴达成自贸协定或正在进行自贸协定谈判。欧盟贸易政策多线铺开。目前来看,欧盟与美国的 TTIP 谈判遇到诸多困境,现在陷入停滞;欧盟与加拿大的《综合经济与贸易协定》谈判已经结束。欧盟与韩国、日本、新加坡、越南也已经签署自贸协定。此外,欧盟与澳大利亚和新西兰将自贸协定谈判视为优先事项。欧盟与中国进行的双边投资谈判取得突破。欧盟与马来西亚、泰国、缅甸、印度的谈判并不是特别顺利,但仍留有谈判的可能性。欧盟与非洲加紧区域、双边贸易协定,同时欧盟还帮助非盟建立区域架构。欧盟与南方共同市场在自贸协定方面进行沟通。十年之前,欧盟自贸协定不到欧盟贸易协定的四分之一,但目前三分之一的欧盟贸易协定是自贸协定。如果加上目前正在进行的谈判,自贸协定将覆盖欧盟贸易的三分之二,可以说"这是迄今为止世界上最雄心勃勃的贸易议程"。[1]

---

[1] European Commission, "Trade for All: Towards a More Responsible Trade and Investment Policy", 14 October 2015.

第一节　欧盟力量性质及其在全球治理中角色的新变化

欧盟的国际角色问题由来已久，从政府间组织到超国家组织，从民事性力量到规范性力量，从地区性力量到全球性力量。尽管欧盟在很多方面一直被诟病，比如说"能力与期望的差距""非有效的外交政策"[1]等，但对于欧盟作为一个能够发挥影响力的国际行为体这一观点基本达成普遍共识[2]。欧盟具备作为国际社会行为体的基本标准，比如说能力、拥有共同的价值与原则、具有政策工具、政策制定过程的合法性等。当然，欧盟既不是一个民族国家也不是一个非国家行为体，既不是一个传统意义上的国际组织或者一个国际机制。[3]一方面，欧盟满足了目前这个以民族国家为主导的国际体系的游戏规则，比如拥有共同利益、控制共同体资源以及进行危机管理的体系结构和对外机构网络，在此基础上拥有对国际体系中其他行为体积极主动发挥作用的能力。另一方面，与其他行为体相比，欧盟也拥有自己的独特性和自主性。目前，学者们普遍倾向于将欧盟视为一个独立的、统一的国际行为体，以此为基础从概念与理论上对欧盟行为体角色进行分析。然而，这类观点往往强调欧盟某一方面的特殊性，描述性色彩浓厚。

从1951年《欧洲煤钢共同体条约》签署、欧洲煤钢联营成立，到1958年欧洲共同体建立，再到欧洲联盟的建立，欧盟历经几次扩大以及政府间会议，从经济一体化延伸到政治、安全一体化。发展

---

[1] 首先，欧盟怀有一种康德式的世界观，因此致使欧盟外交政策工具的脆弱性与政策的不连贯性。其次，任何一个行为体（包括民族国家，更不用说那些失败国家），在其外交政策层面均存在这类问题。

[2] Charlotte Bretherton and John Vogler, *The European Union as a Global Actor*, 2nd Edition, NY: Routledge, 2005.

[3] Roy H. Ginsberg, "Conceptualizing the European Union as an International Actor: Narrowing the Theoretical Capability-Expectations Gap", *Journal of Common Market Studies*, Vol. 37, No. 3, 1999, pp. 429–454.

至今，欧盟被视为一个具有内部合法性与外部合法性的政治实体[①]，也是民族国家合作共同解决问题的一种积极尝试，成为国际社会的新兴典范，也为其他地区一体化提供了学习榜样。总体来看，欧盟成员国数量在扩展、涉及政策领域在增加，欧洲一体化展现出的是一个不断发展深入的趋势。在理论层面，欧盟及其发展也吸引了众多学者的关注，从一体化理论到国际关系理论再到比较政治学理论，从欧洲化到差异化，从民事性力量到规范性力量，学者们从不同视角对欧盟的身份定位及欧洲一体化过程中出现的问题进行了解读。[②] 但是，经历了多重危机之后，欧洲内部分化严重，并且欧盟治理困境与大国地缘政治博弈加剧同步。欧洲一体化进入调整期，欧洲一体化多向多速发展的趋势逐渐成为新常态。[③]

欧盟力量性质的争论一直伴随着欧洲一体化进程，特别是20世纪70年代以后的一体化进程。欧盟力量性质的研究基础是欧盟在国际社会中行为体身份的独特性。由于欧盟不同于国际组织和民族国家，欧盟被认为是一种力量，最主要的三个解读分别是民事性力量、军事性力量和规范性力量。除此之外，欧盟还被认为是柔性的力量、超级力量、中等力量等等。[④] 规范性力量占据了论述欧盟力量性质的大量文献的主流，根据曼纳斯的定义，"塑造欧盟国际角色最重要的

[①] 虽然合法性问题伴随着欧洲一体化进程，欧盟遇到诸多合法性问题，但总体上欧盟是具有合法性的国际行为体。详见贺之杲：《欧盟合法性及其合法化策略》，《世界经济与政治》2016年第2期。

[②] Helene Sjursen, "What Kind of Power?", *Journal of European Public Policy*, Vol. 13, No. 2, 2006, pp. 169-181; Joseph Jupille, "A Thousand Flowers Blooming? Methodology Practices in European Union Studies", *EPS Newsletter*, Spring/Summer 2005, pp. 2-6.

[③] 贺之杲、巩潇泫：《经济收益、规范认同与欧洲差异性一体化路径》，《世界经济与政治》2021年第2期。

[④] Jan Orbie ed., *Europe's Global Role: External Policies of the European Union*, Farnham: Ashgate Publishing Ltd., 2008, p. 2.

因素并不是欧盟做了什么或者谈论了什么，而是欧盟是什么"。[1] 后有学者将欧盟视为市场力量，这意味着欧盟外交政策更多体现在市场相关的政策领域，而不是安全和防卫政策领域。

欧盟作为一种贸易力量[2]更是值得关注，因为欧盟在结构上拥有庞大的市场规模，还有丰富的国际贸易协议谈判经验。欧盟正是通过贸易成为重要的国际行为体。2006年以后，欧盟自贸协定是一种全面性的、创新性的、超越WTO规则的新自贸协定。欧盟将市场准入作为讨价还价的筹码，获取贸易伙伴的内部政策，从劳工标准到发展政策。此外，欧盟利用其贸易政策在全球治理和外交政策中发挥作用。在更为互联互通的世界里，特别是全球价值链形成、技术进步、移民不断增加的背景下，欧盟积极参与全球市场并共同塑造规则。此外，欧盟有选择地与核心合作伙伴、目标相近的国家和区域集团进行合作，提供全球公共产品并应对共同挑战。欧盟宣称将致力于在网络化的世界中深化与市民社会和私营部门等行为体之间的对话与沟通。2016年的《欧盟外交与安全政策的全球战略》中提出"有原则的实用主义"、联合一致、积极参与、责任意识以及建设负责任的伙伴关系五项对外行动原则，其中"有原则的实用主义"作为欧盟对外行动的总原则，[3] 这意味着欧盟从原有的以价值规范为主导的外交路径转向以实用主义为指导的务实政策。但由于欧盟深陷内部治理困境，欧元区改革停滞不前，成员国之间龃龉不断，欧盟外部地缘局势紧张，欧盟内部社会裂痕加大，这都不利

---

[1] Ian Manners, "Normative Power Europe: A Contradiction in Terms?", *Journal of Common Market Studie*s, Vol. 40, No. 2, 2002, p. 252.

[2] Sophie Meunier and Kalypso Nicolaïdis, "The European Union as a Conflicted Trade Power", *Journal of European Public Polic*y, Vol. 13, No. 6, 2006, pp. 906-925.

[3] European Union, "Shared Vision, Common Action: A Stronger Europe, A Global Strategy for the European Union's Foreign and Security Policy", June 2016, http://eeas.europa.eu/top_stories/pdf/eugs_review_web.pdf.

于欧盟在地区治理和全球治理中发挥作用，甚至遇到诸多阻碍。在欧盟看来，只有得到内部改革的支持，贸易政策才会有所帮助；只有进行结构改革、减少繁文缛节，才能更好地获得基础设施的投资、技术开发等有利于进一步利用开放市场的优势。最新的经验表明，成员国实施的结构改革有助于改善贸易表现。因此，欧洲学期（European Semester）是实现贸易与国内政策之间协同效应最大化的重要工具。

英国脱欧构成了对欧盟力量性质最大的挑战。对全球化和欧盟贸易政策不满意是英国脱欧公投的争论焦点之一。欧盟对英国脱欧持强硬立场，因为欧盟担心其他成员国效仿英国脱欧路径，打消英国保留单一市场的可能性。[1] 根据欧洲理事会关于脱欧谈判的指导方针，英国须履行其在欧盟成员国范围内签订的所有国际承诺。[2] 2020 年 12 月 31 日，英欧在过渡期截止日期前达成了有关贸易关系安排的协议。尽管如此，英国脱欧还是会给欧盟经济带来重大冲击。首先，英国脱欧后欧盟经济总量下降，因为英国是欧盟中仅次于德国的经济体，英国生产总值占欧盟生产总值的 12%，英国脱欧后的欧盟经济总量小于美国；其次，英国是欧盟经济增长的引擎之一，没有英国的欧盟经济增长将会减慢，这会导致 27 个欧盟成员国经济受到影响，特别是没有英国对欧盟的资金贡献后欧盟凝聚基金（EU Cohesion Fund）减少也会影响众多新入盟的成员国；最后，英国脱离欧盟将会增加贸易成本，英国与欧盟单一市场和关税联盟的脱钩导致即便达成新贸易协议，双方的经济成本仍会上

---

[1] 贺之杲：《欧洲反全球化浪潮的表现及原因》，《新视野》2017 年第 4 期。
[2] European Council, "European Council (Art.50) Guidelines for Brexit Negotiations", 29 April 2017, https://www.consilium.europa.eu/en/press/press-releases/2017/04/29/euco-brexit-guidelines/#.

升。① 这样看来，英国脱欧后双方都面临风险，贸易关税成本和货物跨境费用将会增加。鉴于英国在欧盟预算中是仅次于德国的第二大分摊国，在失去英国缴纳"会费"的情况下，欧盟多年度财政预算（2021~2027年）的谈判涉及欧盟未来优先发展领域，这将成为欧盟内部博弈的主要议题。

英国脱欧在较大程度上会导致贸易壁垒增加，这将阻碍英国与欧盟及其成员国的自由贸易。英国脱欧后的英欧贸易关系会更加复杂多样，自贸协定内容繁杂，新的关税和监管障碍意味着英国对欧盟的出口将受到影响，从欧盟进口的商品将变得更加昂贵。从英国与其他欧洲国家的贸易情况来看，欧盟更需要英国市场而不是英国更需要欧盟单一市场。随着英国公投确定脱离欧盟，作为欧盟经济成功的原动力的欧洲内部统一市场也遇到了信任危机。英国脱欧为欧盟的分化与倒退提供了危险的先例。总的来说，英国脱欧将给欧盟自贸协定带来新的课题，即欧盟如何重新定位自己在全球化进程中的角色以及如何应对英国脱欧带来的政策震荡。

在英国脱欧后，欧盟将思考如何在全球舞台上发挥自己的作用，最重要的是欧盟与大国的关系，即在大国竞争时代如何重获欧盟战略自主。欧盟在与美国、俄罗斯、中国等大国的战略互动中寻求更强的对称性关系，继而扩大欧洲自身的外交政策选项。对中欧关系来说，中欧关系也面临着新的机遇和挑战，在英国脱欧背景下，中国如何应对欧盟力量重构是新课题，特别是如何保证中国和欧盟的合作空间、妥善处理分歧。中国作为世界上第二大经济体，是新全球化的积极推动者。中国和欧盟互为最重要的贸易伙伴之一，但双方在贸易上也存在分歧和潜在的冲突。比如，2017年12月21日，

---

① Richard Partington, "No-deal Brexit Would Cost EU Economy 100bn GBP", *The Guardian*, 15 January 2018, https://www.theguardian.com/politics/2018/jan/15/no-deal-brexit-would-cost-eu-economy-100bn-report-claims.

欧盟发布了一份关于中国"市场扭曲"的报告。[①]但欧盟强调这并不是针对任何一个国家，报告选择中国市场是因为中国在欧盟的反倾销调查和贸易防御措施中占比最大。对中国而言，欧盟出台的这个报告将会改变欧盟处理反倾销案件的方式，因为在重大"市场扭曲"的情况下，欧盟要征收反倾销税。但中国与欧盟的利益共同点更多，在特朗普"美国优先"政策的背景下，中欧要致力于实现多边自由贸易世界秩序，并与保护主义做斗争，提振经济增长，创造就业和提升社会福利水平。在面临欧盟多重力量性质及角色转变的情况，中国始终重视欧洲的作用，支持欧洲一体化，强调欧盟在国际社会中的地位与作用，特别是在全球经济治理的合作，为充满不确定的世界注入更多稳定性和正能量。

第二节　欧盟贸易政策调整对全球和地区格局的影响

自贸协定与区域经济一体化是 21 世纪全球经济贸易体系与进程的特色之一。全球贸易继续增长，但这种增长速度正在减缓，甚至出现短期下降，全球产业链和价值链正在重组，既包括链条中行为体的位置重组，也包括链条中行为体的范围扩展。当前国际贸易构成也发生变化，一方面，服务贸易的增长高于商品贸易，服务贸易与商品贸易的界限变得更加模糊。另一方面，去碳化成为贸易关系中的一个新特点，这也符合消费者关注可持续发展的问题，既会带来生产模式和分配方式的变化，也会带来环境和社会标准的重新平衡。

[①] European Commission, "Commission Staff Working Document on Significant Distortions in the Economy of the People's Republic of China for the Purposes of Trade Defence Investigations", SWD (2017) 483 final/2, December 2017, http://trade.ec.europa.eu/doclib/docs/2017/december/tradoc_156474.pdf.

从理论上来看，全球化与碎片化伴随着一体化的发展，更加地区化的世界体系是冷战后的世界常态，地区逐渐被认为是国际关系研究的一个分析层次和分析变量。地区既是一个地缘政治范畴的概念，也是一个社会政治文化的综合性概念。地区主义和地区一体化不仅是一个国际关系问题，也不仅是地区如何自我组织经济和政治空间的问题，而是地区、国家和全球三个层次如何相互关联和相互塑造的问题。地区治理是全球治理和国家治理之间的桥梁和阶梯，当然也有悲观主义者认为地区化是全球化的断裂，[1]是经济民族主义和保护主义的扩大形式。欧盟是地区主义和地区治理的典范。欧盟既是全球治理的积极支持者，又是地区治理的示范。

各类双边、多边和区域性贸易和投资体制安排快速发展。与此同时，由于多哈回合谈判陷入停滞，全球多边贸易规则谈判的影响力逐渐削弱，造成WTO的作用相对下降。更重要的是，WTO的争端解决机制遭到破坏，无法确保成员国全面遵守多边规则，这背后是美国政府对法官任命行使了否决权。大量成员国从这个拥有众多成员的多边贸易规则体系中走出来，寻求地区和双边的贸易协定。其直接表现是双边主义和地区主义贸易协定的快速发展，出现了众多大型区域和多边贸易协定。目前来看，全球主义、区域主义和单边主义共存于全球经济关系中，这对全球贸易产生重大影响。

欧盟贸易政策是全球治理和地区治理的结合体。一方面，欧盟贸易政策可以成为应对、管理全球化的有效途径。[2]另一方面，欧盟贸易政策是保护和引领一体化的应有之义。有学者提出欧盟作为一种贸易力量[3]，在结构上拥有庞大的市场规模及国际贸易协议谈判

---

[1] 耿协峰：《呼唤新地区主义研究的中国视角》，《教学与研究》2005年第11期。
[2] Wade Jacoby and Sohie Meunier, "Europe and the Management of Globalization", *Journal of European Public Policy*, Vol. 17, No. 3, 2010, pp. 299–317.
[3] Sophie Meunier and Kalypso Nicolaïdis, "The European Union as a Conflicted Trade Power", *Journal of European Public Policy*, Vol. 13, No. 6, 2006, pp. 906–925.

经验，并且欧盟正是通过贸易成为重要的国际行为体。由于欧盟贸易政策的调整，导致越来越多双边和区域贸易谈判机制并存。欧盟自贸协定导致全球主义的地区化趋势加强，更带来地区主义的竞合状态。反过来，这会使得多边贸易体系的作用获得新的生命力，因为区域集团的竞争和摩擦还需要多边贸易体系的解决机制。

欧盟既是全球化的积极支持者，又是地区主义的模范示范力量。区域主义与全球化是塑造当今世界经济格局的两种重要力量。从多边主义来看，国际贸易机制是一种公共物品，乌拉圭回合谈判是一种全球主义的供给模式，指超越不同的民族和国家，使世界在某种全球机制的管理下成为一个整体。[1] 从全球主义与区域主义的关系来看，一方面此消彼长，正是因为全球主义公共物品供给不足，区域主义才有机会提供公共物品，因为乌拉圭回合谈判进展迟缓并且陷入停滞，区域贸易协定开始成为替代方案，并占据上风；另一方面互相补充，全球化赋予区域一体化新的内涵，同时，如果全球化受到干扰，那么区域一体化也可能会出现停滞，全球主义与区域主义共同依赖于民族国家的支持力度与合作态度。随着多边化区域主义的出现，多边化区域主义成为连接区域主义和多边主义的桥梁。[2]

欧盟贸易政策调整的体现之一是越来越多的欧盟自贸协定，导致越来越多双边和区域贸易谈判机制的存在。欧盟正通过自贸协定在亚太地区布局，已与中国许多周边国家增强了经济联系。长期来看，未来几年英国和欧盟之间对亚洲贸易的竞争可能有利于该地区。脱欧进程结束后，英国将积极寻求与欧洲以外的市场进行更深入的

---

[1] 张建新：《霸权、全球主义和地区主义——全球化背景下国际公共物品供给的多元化》，《世界经济与政治》2005 年第 8 期。

[2] Richard Baldwin, "Multilateralism Regionalism: Spaghetti Bowls as Building Blocs on the Path to Global Free Trade", The World Economy, Vol. 28, No. 11, 2006, pp. 1451–1518.

接触，这可以为亚洲国家带来回报。考虑到中国、日本、韩国、印度等亚洲国家是欧盟主要贸易伙伴，欧洲企业将其全球价值链嵌入亚洲国家，利用亚洲国家较低的生产成本。因此，欧盟与亚洲的投资和贸易关系将不会放缓。

在欧盟贸易政策加速区域主义与全球主义共同发展的背景下，中国积极实施自由贸易区战略：一方面实现中国内部经济结构升级和发展模式转型，从高速度发展转向高质量发展；另一方面实现中国与区域组织的经济合作，利用区域组织深化组织内国家的合作，从而更有利于中国积极参与全球治理。习近平主席强调，"世界上的事情越来越需要各国共同商量着办，建立国际机制、遵守国际规则、追求国际正义，成为多数国家的共识"。[1] 然而，全球主义、地区主义和单边主义共存于全球经济结构中，这给全球治理体系带来极大挑战，既要谨防各国为了自利和自保损害全球贸易规则，又要积极发挥区域一体化贸易规则对全球贸易规则改善的引领作用。欧洲区域一体化和欧盟自贸协定将是全球经济治理体系的重要组成部分。在旧有的西方主导的全球主义遇到阻碍的背景下，欧盟主导的地区主义框架也面临着挑战与困境。因此，经济全球化将各国利益和命运紧密地联系在一起，贸易政策议题不再局限于一国内部，全球贸易挑战需要各国通力合作。

全球主义与区域主义进入新一轮调整时期，中国应积极推动区域合作与全球治理的中国方案，既要推动区域全面经济伙伴关系的平台建设，也要加强与"一带一路"倡议的共建国家的合作，实现地区与全球的联动，既参与地区贸易规则的构建，也引导全球贸易规则的发展，既实现与全球贸易规则的接轨，也将中国理念映射到

---

[1] 习近平：《推动全球治理体制更加公正更加合理　为我国发展和世界和平创造有利条件》，中国共产党新闻网，2015年10月14日，http://cpc.people.com.cn/n/2015/1014/c64094-27694665.html。

地区和全球贸易规则中。中国将以"共商共建共享"的合作理念指导与包括欧盟在内的合作伙伴的合作。当中国与欧盟出现矛盾与摩擦时，中国坚持"和平合作、开放包容、互学互鉴、互利共赢"的丝路精神，加强与欧盟的沟通与对话，以"一带一路"倡议和"中国—中东欧国家合作"为平台，开展贸易、投资、基础设施等方面的合作，实现中国与欧盟的政策对接、项目对接。在加强中欧经贸合作的同时，中国还要深化同周边国家的区域合作，以及强化同金砖国家的合作。当中国与周边地区和新兴经济体的合作较为顺畅时，会给中国与其他"一带一路"倡议共建国家的合作带来示范效应。它一方面会吸引更多的行为体接受中国的合作理念，另一方面会有助于提升中国在全球治理中的话语权和领导权。比如说，中国发挥区域主义建设中的平台作用，促进中国同欧亚联盟、欧盟等区域组织的战略对接，这会吸引更多的行为体加入中国合作框架，形成凝聚力和路径依赖，反过来有助于"一带一路"倡议发展。

第三节　西方国家试图主导国际贸易规则、规范的挑战

全球政治和经济秩序进入大调整、大变革的时期。在一个相互依赖的世界中，在价值链碎片化的时代，全球贸易较容易进入一个保护和报复的循环中，并随着国际行为体权力平衡的变化而演变。多边贸易协定是秩序变迁的助推力，发展中国家被纳入全球经济，西方跨国公司主导的产业链和价值链被打破。发展中国家，尤其是中国等新兴市场国家经济和人均 GDP 增长速度要明显快于西方国家。贸易政策是"超级全球化"的杠杆，但在西方的"失落阶层"看来，贸易政策成为一种时代错误。金融危机以来，全球增长速度明显放缓，全球化与贸易政策的争论更加激烈。大多数行为体均希望通过扩大贸易和投资来提振经济和创造就业。

新一轮的国际贸易规则、标准和规范将是"以区域贸易规则创建为基础，辅以规范某一领域的诸边贸易规则的发展，通过货物贸易、投资、服务贸易规则的融合后逐渐形成新的多边贸易规则"。[①] 目前的国际贸易规则和全球贸易治理体系正处于调整时期，现有的贸易规则无法满足国际经济结构的新需求：一是新兴发展中国家的诉求无法得到回应，二是美国和欧盟也在修正既有的贸易投资规则。比如，欧盟积极推进自贸协定的谈判，旨在重构和引导国际贸易和投资的新规则，保证欧盟在全球经济体系中的主导地位和竞争优势，更重要的是通过国际贸易新规则的重构来影响新兴行为体在国际贸易体系中的作用。

美国曾经是国际贸易自由化的最大推手，欧盟也一直在追求自由贸易。两大经济体曾试图建立最大和最发达的自由贸易区，通过建立一套贸易和投资领域的规则（包括监管标准、服务贸易标准、工业标准）来约束全球多边贸易体系。但是两大经济体仍存在众多分歧，较难找到双方接受的利益平衡点，所以进展缓慢，最终陷入停滞。比如欧盟需要协调内部立场，美国期望设立一个全面协议消除贸易壁垒，特别是农产品领域的非关税壁垒。特朗普就任美国总统后，美国成为贸易自由化的反对者。在经济民族主义、国家安全和"美国优先"战略的推动下，特朗普对国际自由贸易表现出明显的对抗性，严重破坏了二战后发展起来的全球贸易体系。这套贸易体系是复杂的，很大程度上是通过WTO来管理，辅以一些国家间或地区间的贸易协定来实现更深层次的经济合作。2018年2月发布的美国贸易政策年度报告中提出，美国贸易政策的总目标和基本原则是"以对美国人更自由更公平的方式扩大贸易"，四个优先事项

---

① 东艳：《全球贸易规则的发展趋势与中国的机遇》，《国际经济评论》2014年第1期，第45页。

是"捍卫美国对贸易政策的主权；严格执行美国有关贸易的法律；利用一切可能的方法鼓励其他国家向美国商品和服务开放市场，充分有效保护美国知识产权；与全球主要国家谈判新的、更佳的服务协定"。[①] 对于贸易，特朗普认为因为美国贸易壁垒较低，其他国家占了美国便宜，所以贸易协定是有缺陷的和不公平的。美国对国外产品加征关税的手段是对现有国际贸易规则的忽视，美国还放弃了既有的多边贸易谈判，在多边贸易中强调对等贸易，无视贸易发展规律和互利共赢的贸易规则。因此，特朗普以捍卫美国国家安全和打击不公平贸易为由实行一系列单方面贸易制裁措施。

随着特朗普的贸易政策变得更加激进，国际贸易秩序重构的可能性也日益增加。如前文所述，特朗普于2018年宣布对进口的钢铁和铝加征关税，随后对欧盟、韩国和其他国家给予临时豁免，主要就是针对中国。但是2018年6月，美国对欧盟、加拿大、墨西哥等盟友的钢铁和铝产品分别征收额外的关税。随后，欧盟委员会前主席容克与美国总统特朗普于同年7月达成关于暂缓关税的联合声明。但这一妥协并未持续多长时间，2019年4月美欧贸易争端重燃战火。美国与欧盟的经贸关系因美国对欧盟钢铝征收惩罚性关税而受连累。虽然美欧贸易争端多次出现升级迹象，但最终又缓和了，所以仍未出现全面的贸易战。在本轮加征关税过程中，直到最后一天，欧盟希望能够避免被加征惩罚性关税，这表明欧盟不希望与美国进行全面经贸对抗。这并不意味着欧盟不会反制美国，欧盟也将会采取措施，如欧盟有对（美国）进口商品征收碳排放税的计划。

美国利用粗暴的单边主义方式来解决贸易赤字问题，甚至发动贸易战，这意味着基于强大多边体系的旧贸易秩序如果不是事实上

---

① 周琪：《特朗普政府的贸易政策及其实施》，《当代世界》2018年第5期，第21~24页。

被破坏就是在法律上已经受到破坏。特朗普的政策给现行全球贸易规则体系带来重大冲击和挑战。不可否认，支持合作与支持竞争的内部力量将会共存，这两股力量的消长会影响未来的发展趋势。美欧贸易争端形成经济竞争的激烈态势，具有重大的政治、经济甚至地缘战略影响。如果美欧贸易争端迟迟未得到解决，不仅会影响跨大西洋关系的未来方向，还会辐射到美国与欧盟成员国及其他国家的关系上。美国向欧盟施加压力可以释放出四个信号。首先，美国将强化与英国的贸易伙伴关系，特别是英国脱离欧盟后的经贸战略选择；其次，美国将继续对以德国为主的欧盟国家施加压力，掌握贸易争端的主动权；其三，美国与欧盟的贸易摩擦将会进一步分化核心欧洲与边缘欧洲；其四，美国与欧盟的贸易摩擦将影响到与欧盟贸易关系密切的国家和地区。

美国可以通过商品和服务贸易的关税征收对欧盟内部合作施加分化策略，进而影响成员国内部的团结一致从而受到影响。此外，美国对欧盟的关税政策是期待在与欧盟及成员国的交往过程中继续保持优势地位，并能够对欧盟施加政策影响和主导跨大西洋关系。"美国优先"战略是全球贸易体系中不稳定的一环；美国贸易"大棒政策"随机性不因贸易对象国而改变。从全球层面来看，美国挥舞"贸易大棒"，不断给贸易伙伴施压，从中国到欧盟、从日本到墨西哥。美国贸易"大棒政策"将给已经陷入困境的全球经济秩序增添新的承重负担。再加上，关税水平上涨、出口限制激增、投资限制趋紧，各国疲于应对美国贸易"大棒政策"，WTO 的规则与程序流于形式。如果 WTO 分崩离析，或者成为政治化的对象，WTO 无法发挥作为贸易争端解决的机制和框架，全球贸易规则和规范及战后贸易秩序将遭到破坏，全球经济治理将很可能会陷入丛林法则。贸易争端只会带来双输的局面，因为关税会使进口商品更加昂贵，进而降低消费者的购买力；关税还会增加中间产品的生产成本，最后是由消费者承担关税的全部成本；关税也会减少贸易伙伴对本国产品的需求，最后导致降低产量。但是欧盟别无选择，只能对美国贸易"大棒政策"进行回应。欧盟控制损害的最佳选择是在捍卫国家贸易多边体系的同时，保证在双边层面与美国博弈（或斗争）的能力，并与世界其他国家保持开放和自由贸易。拜登上台后，欧美贸易争端有所缓和，但一些固有矛盾仍然存在。

尽管欧盟一直努力掌握在国际贸易规则制定中的话语权和领导权，特朗普的"美国优先"战略打破了欧盟的尝试，使得欧盟试图主导全球多边贸易规则的努力破灭。欧盟开始寻求与第三方的合作。2017年的G20主题之一是贸易和保护主义。在G20峰会上，欧盟与中国一起回应美国的单边主义行动。但中国与欧盟在维护国际气候协议方面的成功可能很难在贸易领域复制。事实上，国际社会孤立美国贸易行为，并在面对美国阻力的情况下保护多边体系是不太可能的，因为全球贸易体系已经开始出现裂缝。例如特朗普时期，美国对一些国家实施豁免政策，这在被豁免国家和中国之间嵌入一个楔子，韩国、日本等国接受了豁免或考虑接受豁免，这意味着气候变化领域的一致性无法落实到贸易领域。对欧盟而言，真正的问题是美国是否迫使欧盟一起反对中国。迄今为止，欧洲理事会已宣布继续支持多边贸易体系，并希望欧盟签署更多的自贸协定。欧洲理事会还宣布准备采取适合WTO的适当对策来回应美国的措施。尽管如此，欧盟宣称它仍重视与美国的战略伙伴关系，包括安全事务方面。欧盟与美国的纽带更为强大，一是安全层面，如果没有对欧洲安全保障的重大关切，就很难严重破坏跨大西洋关系；二是规范层面，尽管美国违背多边主义规范，但欧盟与美国在规范的诸多维度较为相近。

欧盟需要做的是更加关注其内部经济政策，以减少对全球贸易的依赖。然而，这个战略并不容易实现。只有当欧盟设法逐渐增加欧洲内部投资时，欧洲经济才会不易受到全球贸易带来的冲击。只有欧盟加强自身安全能力建设，欧洲才会减少对美国跨大西洋安全构架的依赖。只有加强云计算和5G网络等数字技术领域的创新能力，欧洲才有可能在技术创新领域与美国、中国平等竞争。欧洲需要用其主张积极参与重新定义世界，这就需要寻求新的伙伴关系，找到全球化在不同维度的一致性。根据2013年的欧洲晴雨表民调，82%的受访者认为欧盟成员国在贸易议题上共同行动时更加强大，15%的受访者持相反意见。[①] 根据2017年的欧洲晴雨表民调，73%的受访者认为自由贸易是积极正面的，这比2016年秋季的民调增加5%，其中22%的受访者认为自由贸易非常积极，51%的受访者认为自由贸易比较积极。但21%的受访者认为自由贸易是消极负面的。[②] 45%的受访者认为欧盟能够保护欧洲公民免受全球化的负面影响，43%的受访者持相反观点。考虑到更多的行为体（如议会、非政府组织）参与制定欧盟贸易政策，民众在全球化和自由贸易议题上的裂痕增加了欧盟自贸协定谈判的难度与复杂性。

在气候规范等议题上，欧盟与大国的自贸协定谈判可能会促进气候友好型技术领域的贸易活动，并进一步确保监管的一致性。但欧盟与小国——如新加坡——的自贸协定就不具有这种杠杆作用。特朗普担任美国总统后，跨大西洋关系出现困境，TTIP谈判陷入停滞，这增加了对新贸易议程的需求。在保守主义、保护主义等理念主导部分国家的贸易议程和《巴黎协定》执行气候政策紧迫性增强的情况下，欧盟可以通过加强与经合组织和新兴市场国家的贸易合

[①] European Commission, "Flash Eurobarometer 380a, Trade Issue", June 2013, http://ec.europa.eu/commfrontoffice/publicopinion/index.cfm/Survey/getSurveyDetail/yearFrom/1974/yearTo/2018/search/trade/surveyKy/1122.

[②] European Commission, "Designing Europe's Future: Trust in Institutions; Globalisation; Support for the Euro, Opinions about Free Trade and Solidarity", April 2017, https://ec.europa.eu/commfrontoffice/publicopinion/index.cfm/ResultDoc/download/DocumentKy/79157.

作，充分发挥自身作为可靠的气候行动者的角色。如果欧盟成员国能够给予充分支持，那么区域或双边协议有可能会带来气候—贸易相互作用的多边协议。欧盟在与加拿大的自贸协定中，就环境监管单独进行交易，目的是相互接受同等标准。欧加《综合经济与贸易协定》第 21 章提到了建立监管合作论坛，在论坛上定期讨论管理问题和监管方法。①

欧盟贸易政策提升了欧盟在国际体系中的影响力，推进欧盟根据欧洲的价值观和利益塑造全球化的目标。②欧盟贸易政策是恢复欧盟外部行动的制度效力的手段，这将在一定程度上带来更多的和更深入的一体化，意味着欧盟层面拥有更多的权力。但在特朗普担任美国总统后，欧盟无法在国际舞台上采取主动行动，因为其成员在项目目标和价值观上都存在分歧，更重要的欧盟无法放下姿态与其他国家真正合作。原则上，区域贸易协定可以为多边贸易体系提供榜样作用，通过检验创新规则和程序或纳入难以在多边层面中谈判的具体议题。区域贸易协定通过开放性来逐渐扩大成员资格，为更多全球合作提供了辅助性工具。但欧盟与第三方的贸易政策从关税削减转换为减少非关税壁垒和投资议题，谈判交易的复杂性一直在增加，这降低了欧盟贸易规则和规范的吸引力。值得注意的是，随着新兴经济体在全球经济体系中地位的提升，中国等新兴经济体与欧盟的贸易规则竞争频繁出现。中欧之间的贸易额增长，贸易不平衡扩大，贸易合作领域拓展，短期内很难减少中国与欧盟的贸易竞争。中国在知识产权、公共采购等方面不断改进，积极与国际接轨的同时，也要警惕欧盟对中国提出的更苛刻的要求。

---

① EU-Canada Comprehensive Economic and Trade Agreement (CETA), September 2014, http://trade.ec.europa.eu/doclib/docs/2014/september/tradoc_152806.pdf.
② European Commission, "A Balanced and Progressive Trade Policy to Harness Globalization", 13 September 2017, https://ec.europa.eu/transparency/regdoc/rep/1/2017/EN/COM-2017-492-F1-EN-MAIN-PART-1.PDF.

同时，中国可把握好中美欧三边关系重新调整的机会窗口。从经济层面来看，中国加快推进与欧盟的双边投资协定，不仅仅是聚焦于深度的市场融合，而是真正包容、开放的经济协定。从非经济层面来看，中国认真考虑贸易规则的非经济影响，中国企业积极履行社会和环境责任。所有国际经济政策都落脚在可持续发展，包括经济、社会和环境三个支柱。"可持续贸易"取代了"自由贸易"，贸易政策成为"可持续贸易的政治"，将获得公民的更多支持。中国在国内推进生态文明建设，将生态文明建设纳入"一带一路"倡议，将经济、社会和环境规则规范外溢到"一带一路"倡议共建国家。从贸易规则来看，如果国际组织都局限于其专业领域，全球化的治理就仍然是不完全、不充分的。中国需要积极倡导开放贸易。但在美欧保护主义、民粹主义兴起的背景下，贸易成为某些问题的替罪羊，贸易政策陷入停滞。全球范围内看，贸易自由化在生产系统和工作方式的转变中发挥的作用比技术进步、数字化要小得多。这些国家的民众由于无法左右技术进步或者人工智能，只能对自贸协定发表看法。中欧贸易合作和协定将会降低货物和服务的价格并扩大选择范围，同时保持对消费者的保护以及社会权利和环境法规的高标准。在现代全球经济中，贸易对于增长、就业和竞争力至关重要。欧盟致力于维持一个开放和基于规则的贸易体系，中国与欧盟必须带头发挥积极的引导作用，中国与欧盟的贸易合作应为大型企业和中小企业创造新的就业机会和新的贸易和投资机会。

第四节　欧盟贸易政策调整对全球治理结构的影响

全球权力转移伴随着全球化日益加深，带来了大量社会和经济影响。多边贸易协定和跨国公司共同推动全球化的发展。在这个过程中，中国经济和中国人均 GDP 的增长速度要比世界其他国家快。

但金融危机以来,全球增长速度明显放缓,全球化的性质发生变化,从生产的全球化到消费、知识和创新的全球化,非西方经济体和公司在变化进程中发挥了更积极主动的作用。① 但随着新兴市场国家融入全球化,大量人口涌入产业链,冲击了发达国家的老龄化社会,也加剧了发达国家与发展中国家的竞争。同时,全球经济正被经济民族主义笼罩,发达国家和部分新兴经济体的贸易保护主义和民粹主义对全球贸易、投资和全球经济治理带来新的挑战。因此,技术和创新对全球化商业模式带来冲击,既带来了新的经济机会,也加剧了现有经济模式的竞争,既促进了经济全球化,又增加了全球经济的膨胀风险。

每个国家在某种程度上都是全球化及自由贸易的受益国,只不过各个国家的获益程度并非完全一致。更重要的是各国内部不同群体也并非平等受益,一些群体收益较多,一些群体收益较少,甚至受损。当不平等被民众所感知或实实在在出现不平等时,社会经济的剥夺感就会影响到政治,继而体现到国内政策和外交政策的制定。② 目前,部分西方国家在全球化过程中的被剥夺感越来越强,反映到政治层面就是民粹主义的快速发展。尽管部分欧洲国家的民粹主义力量发展迅猛,欧盟经济仍是世界经济的一个重要组成部分,比其他经济体更依赖开放自由贸易环境。鉴于世界其他地区的增长速度可能比欧盟快,欧盟贸易总额中欧盟对外贸易所占比重比欧盟内部贸易更高,并可能随着时间的推移而增加。与欧盟内部贸易相比,欧盟对外贸易中增值贸易占比更高,这是创造就业机会的重要措施。此外,欧盟过去一段时期的重点是放在货物出口行业,利用新的服务和数字经济来驱动经济增长。同时,欧盟研发支出占GDP

---

① Richard Baldwin, *The Great Convergence: Information Technology and the New Globalization*, Cambridge, MA: Belknap Press of Harvard University Press, 2016.
② 贺之杲:《欧洲反全球化浪潮的表现及原因》,《新视野》2017 年第 4 期。

的比例低于经济与合作组织国家的平均水平，[①]因为欧盟缺乏统一协调连贯的政策能力，创新领域的投资需要 27 个国家共同支出。另外，欧盟风险资本市场不太发达，高科技公司和专利方面也落后于美国。

欧盟自贸协定政策在自由贸易和保护主义之间徘徊。特别是欧债危机后，欧盟贸易政策体现为持续自由化与有争议的保护主义（防御性改革）的共存。[②]随着中美经济和战略竞争的全面展开，在经贸议题上，欧盟采取次优的防御型立场，即以安全为理由的经济行动。2017 年 12 月 20 日，欧盟委员会制定了新的贸易防御规则。2018 年 11 月，欧盟就对外直接投资审查框架达成一致，加大对外国公司收购的审查力度。随着这项新立法和一套即将实施的新型现代化工具的诞生，欧盟委员会前主席容克宣称，"欧洲会跟上步伐，更加有效地应对国际贸易环境不断变化的现实"。[③]这是"保护欧洲"议程的一部分，将改变欧盟处理在所谓"市场扭曲"国家倾销和补贴进口的方式。其一，欧盟虽然积极抵制美国的保护主义，强调自由主义的开放型贸易，但又具有保护主义倾向，会根据主观意愿去修改规则。其二，欧盟虽然在积极加快自贸协定的谈判进程，但在与未和欧盟签署自贸协定的国家打交道时，欧盟仍有贸易保护主义倾向。其三，欧盟在某些产业上采取保护主义的立场，比如农业仍然是欧盟重点保护的产业，欧盟是农业贸易保护措施的重要行为体。总的来说，在变化迅猛的国际政治经济环境下，欧盟需要加强和巩

[①] "Gross Domestic Spending on R&D", *OECD*, https://data.oecd.org/rd/gross-domestic-spending-on-r-d.htm.

[②] Yelter Bollen, Ferdi De Ville and Jan Orbie, "EU Trade Policy: Persistent Liberalisation, Contentious Protectionism", *Journal of European Integration*, Vol. 38, No. 3, 2016, pp. 279-294.

[③] European Commission, "EU Puts in Place New Trade Defence Rules", 20 December 2017, http://europa.eu/rapid/press-release_IP-17-5346_en.html.

固经济手段，应对内部治理困境，但也要致力于维持开放的国际经济体系，避免走向经济民族主义的牢笼。

在贸易和投资方面，中国和欧盟都是重要的全球参与者。2014年以后，中国超过欧盟成为世界上最大的货物出口国。2020年，中国货物与服务贸易总额跃居全球第一。欧盟是世界上第二大商品进口地区，中国是欧盟第一大进口来源国。但从货物贸易结构来看，欧盟与中国存在较大差异。2014年，中国GDP中工业产品产值占43%，欧盟这一比例为24%。随着走出去和引进来政策的开展，中国积累了大量经常账户盈余。对欧盟而言，欧盟成员国内部差异较大，比如说，2016年德国经常项目盈余占GDP的8.3%，英国经常项目赤字占GDP的4.4%。在外国直接投资方面，欧盟对外直接投资最多，美国仅次于其后。中国对外直接投资也有后来居上的势头，2016年中国对外直接投资达到1700亿美元。

中国正进入新发展阶段。如果中国供给侧结构性改革进展顺利，结构性失衡问题得到缓解，中国GDP将稳定增长。但如果经济结构性矛盾无法得到有效缓解，部分产业的产能过程会导致债务偿还负担加重，中国经济就可能无法实现高质量发展。目前来看，经济供给侧改革仍在进行，消费和服务将成为经济增长的引擎，新型城镇化将扩大内需，创新可以使中国产品和服务在价值链和产业链向上移动。2020年以来，新冠肺炎疫情给中国经济和世界经济带来冲击，中国不仅要进行供给侧改革，还要进行需求侧改革，不仅要发展国际大循环，还要着力发展国内大循环，逐步形成以国内大循环为主体、国内国际双循环相互促进的新发展格局。

目前来看，全球分工和生产体系短期内并不会轻易改变，发展中国家和新兴经济体仍需要借重西方主导的国际经济治理体系，通过全球市场来实现资源配置。在这个过程中，新兴经济体可能需要实现产业转型升级。这意味着新兴经济体更依赖全球经济治理，包括自由流动的要素、开放的市场和有序的国际贸易规则。当然，随之而来的是中国等新兴经济体的经济规模和影响力不断扩大，从而可能推动和引领新一轮全球化。因此，当中国提出的全球化理念被发展中国家接受和认同时，中国包容、开放、普惠的全球经济治理理念更容易成为一种规则、规范。同时，国际经济规则制定的主导权"取决于一国的政治经济实力、市场经济的发展程度、国际经济协调能力、贸易政策的自由度及国内经济规则的完善程度"。[1]特朗普在强调自由贸易时增加了对等条件，这意味着美国要求贸易伙伴国按照美国的关税水平和开放程度的标准来开展贸易合作。经济影响力是欧盟可以利用的最有力的工具，它在对外关系中寻求缔结横向协议，以贸易为杠杆实现其政治目标和核心价值。

如果缺乏全球经贸规范和执行这些规范的有效方式，和平、安全、繁荣和民主将会被置于危险之中。欧盟致力于建立一个以国际法为基础（包括联合国宪章原则）的全球秩序，确保和平、人权、可持续发展和能持久获得全球公共产品。这个承诺意味着改革，而不是简单地保留现有系统。欧盟需要把联合国作为基于多边规则的秩序的基石，并与国际和地区组织、国家和非国家行为体开展全球协调。欧盟通过履行对可持续发展和气候变化的承诺来实现榜样的力量。欧盟将增加气候资助、推动多边论坛中的气候议题、提高《巴黎协定》中的评估期望值、降低清洁能源成本。可持续发展的目标将为"后《科托努协定》伙伴关系"提供新内容，推动发展政策的改革，包括欧盟发展共识。此外，可持续发展目标的实施需要改变内部和外部政策，刺激公私伙伴关系，并利用欧洲投资银行在发展中国家和中等收入国家提供技术援助和能力建设方面的经验。

---

[1] 东艳：《全球贸易规则的发展趋势与中国的机遇》，《国际经济评论》2014年第1期，第46页。

欧盟作为世界上最大的经济体，是全球贸易和投资的主要推动者，这些领域的规则需要进一步深化。对欧盟而言，其繁荣取决于基于规则的开放经济体系，创造真正公平的竞争环境。[1]欧盟与诸多国家达成全面的自贸协定，将其作为全球自由贸易的重要途径。欧盟期望通过这些自贸协定来促进国际监管标准、消费者保护、劳工、环境、健康和安全规范。新一代贸易协定包括服务、数字经济、能源和原材料，将会减少法律碎片化和壁垒，管治对自然资源的获取。欧盟支持通过贸易协定协调好与 WTO 的关系。

中欧经贸和投资领域的合作将有发挥重要引擎作用的潜力，需要提升至多领域联动的复合型经贸合作，并尽可能外溢到中欧关系的其他议题领域。习近平指出："中国和欧盟要做增长伙伴，相互提供发展机遇。""……启动自贸协定可行性研究，共同提高中欧贸易质量和水平。希望欧方扩大对华高技术贸易。要把中欧合作和丝绸之路经济带等重大洲际合作倡议结合起来，以构建亚欧大市场为目标，加强基础设施互联互通。要坚持市场开放，携手维护多边贸易体制，共同致力于发展开放型世界经济。"[2]

---

[1] European Union, "Shared Vision, Common Action: A Stronger Europe, A Global Strategy for the European Union's Foreign and Security Policy", June 2016, p. 41, http://eeas.europa.eu/top_stories/pdf/eugs_review_web.pdf.

[2]《习近平同欧洲理事会主席范佩龙举行会谈 赋予中欧全面战略伙伴关系新的战略内涵 共同打造中欧和平、增长、改革、文明四大伙伴关系》，新华网，2014 年 3 月 31 日，http://www.xinhuanet.com/world/2014-03/31/c_1110032444.htm。

第十章　欧盟贸易政策调整对中欧关系的影响

中国与欧盟的经贸关系发展前景广阔。2020年欧盟从中国进口商品3835亿欧元，比上年增长5.6%；向中国出口商品2025亿欧元，增长2.2%。据统计，欧盟前十大货物贸易伙伴中，中国是唯一实现贸易双向增长的。中欧货物贸易在疫情中逆势双向增长，中国首次取代美国成为欧盟最大贸易伙伴。[1]欧盟与中国的经贸关系之所以能够取得显著发展，在很大程度上得益于中欧双方经济结构的互补性，使中欧双方可以通过经贸合作推动各自经济发展，并为民众带来发展红利。

但我们也要注意到中欧之间长期存在的贸易摩擦。中国对欧贸易的持续顺差增加了贸易争端风险。近年来，中国成为欧盟反倾销和反补贴调查的主要目标，诉讼和调查案件主要集中在工业制成品和金属制品领域。除货物贸易外，服务业也可能成为中欧贸易摩擦的高发地。除贸易摩擦涉及商品类型的多元化之外，欧盟对华贸易

---

[1]《欧盟统计局：中国2020年成为欧盟最大贸易伙伴》，中华人民共和国中央人民政府网，2021年2月16日，http://www.gov.cn/xinwen/2021-02/16/content_5587302.htm。

摩擦的形式也具有多样化的特点，大致可分为两大类：首先是"两反两保"，也就是反倾销、反补贴和保障措施、特保措施；其次是WTO难以限制的绿色贸易壁垒、技术标准、劳工条件和对环境和知识产权的保护等。2019年3月，欧盟委员会发布了《欧中关系战略展望》报告，强调欧盟与中国在经贸、投资领域"对等"和"互惠"原则，并逐步立法加以保障。[①]贸易上，采取贸易保护措施、不承认完全市场经济地位、拉平贸易对等优惠的幅度。投资上，通过投资安全审查限制中国企业进入高新技术领域。同时，催促中方加快开放市场准入、国企改革和支持产权保护等。因此，在双边经贸合作中，我们应关切贸易摩擦带来的利益冲突。此外，当前在中美贸易摩擦的背景下，中国与欧盟的投资贸易关系呈现出新的潜力，今后一段时期也需要更加重视中美欧的多边多向互动关系。同时，由于新冠肺炎疫情，欧洲对于产业链重组的考虑增加，部分欧洲政治家认为对中国产业链的依赖会影响国家主权安全，加上保护主义、民粹主义、反全球化等思潮，加快供应链回迁、推动供应链的本土化已得到了越来越多欧洲精英阶层的支持，中欧产业链合作面临重组的风险。

第一节 欧盟在WTO框架下实行保护主义的挑战

目前，国际社会对经济全球化存在消极甚至怀疑的态度。一般而言，自由贸易带来的经济收益或损失被不平等、不均衡地分配到国家和社会中。高技能、高教育程度的劳动者更容易从自由贸易中获益，低技能劳动者更可能处于不利地位；某些经济部门可能受到国际经济一体化的竞争压力。但这并不是区分全球化赢家和输家的

---

① European Commission, "EU–China–A strategic outlook", 12 March 2019, https://ec.europa.eu/commission/sites/beta-political/files/communication-eu-china-a-strategic-outlook.pdf.

唯一标准,因为低收入消费者从自由贸易中获得的收益可能比高收入消费者更多,再就是全球化赢家或输家可能取决于不同地区的经济发展程度。各国政府一方面鼓励公民和企业参与竞争激烈的全球经济,另一方面保护公民和企业不受全球化的负面影响。因此,我们需要更加明晰三个问题。首先是世界各国人民最关心全球化的哪些维度,是经济收益文化认同,抑或政治发展?其次是经济全球化的收益如何分配,因为就业部门、技能水平和教育水平都会受到全球化的影响,这反过来会塑造民众对全球化的态度。最后是各个国家会如何影响民众和企业从全球化中获得的收益,有些国家提供失业补助或投资职业发展等帮助,最大限度地避免全球化的负面影响。WTO是避免全球化负面影响和防范保护主义的重要平台。

WTO的宗旨之一是在提高生活水平和保证充分就业的前提下,扩大货物和服务的生产与贸易,按照可持续发展的原则实现全球资源的最佳配置。WTO多边谈判陷入停滞,再加上保护主义威胁加剧和美国对全球贸易治理的承诺减弱,所以(区域性)自贸协定快速发展,相关行为体寻求在更有限的环境中加快互惠贸易自由化进程。[1]欧盟期望在贸易领域起到领导者的作用。欧盟的领导者角色部分源自欧盟的原则与规范,因为欧盟希望通过自由贸易来扩散其规范(如人权、环境、劳工标准);[2]部分源自欧盟的权宜之计,因为欧盟是以出口为导向的经济模式。自贸协定为欧盟提供了灵活性,既可以选择合作伙伴国家,也可以选择这些协定的内容。在全球治理与地区治理遭遇困境的情况下,欧盟加紧开展自贸协定的谈判来实现欧盟的战略自主性甚至掌握主导权。

---

[1] Bernard H. Hoekman, "Multilateral Cooperation in a World of Preferential Trade Agreements", *The Brown Journal of World Affairs*, Vol. 21, No. 2, 2015, pp. 131-144.

[2] Ian Manners, "The Social Dimension of EU Trade Policies: Reflections from a Normative Power Perspective", *European Foreign Affairs Review*, Vol. 14, Issue 5, 2009, pp. 785-803.

目前，欧盟贸易政策面临内部矛盾与外部竞争的双重压力。特别是国际金融危机、欧债危机后，欧盟贸易政策体现为持续自由化与有争议的保护主义（防御性改革）的共存。① 欧盟委员会发布的国别报告选择中国作为第一个报告的国家，因为欧盟反倾销活动主要针对从中国进口的商品。2017年12月20日，欧盟委员会制定了新的贸易防御规则。② 2018年1月23日，欧洲议会和理事会就欧盟贸易防御工具现代化的提案达成一致。2018年5月底，新规则落实和执行。③ 目前认为，国家干预导致经济扭曲，继而带来产能过剩。欧盟新立法旨在确保欧盟拥有贸易防御手段。欧盟委员会贸易委员马尔姆斯特伦认为，"欧盟新的反倾销和反补贴立法的生效是欧盟贸易防御政策的一个重要时刻，将保护欧盟产业免受来自进口产品的不公平竞争，特别是那些国家干预造成的严重扭曲"。基于欧盟计算倾销的新方法，社会和环境标准也会发挥一定作用。在欧盟选择第三国同类产品的替代成本时，除了人均GDP或其他相关经济指标外，还要考虑第三国的社会和环境保护水平。新规定希望保护欧盟的高标准，避免欧洲工业在应用贸易防御措施方面处于不利地位。此外，欧盟通常不会接受来自在国际劳工组织核心公约和多边环境协定方面有不良记录的第三国的价格承诺。欧盟委员会还打算在社会和环境标准发生变化的情况下对现有措施进行审查。欧盟委员会关于贸易防御工具的年度报告也包括一个专门讨论可持续性问题的部分。

---

① Yelter Bollen, Ferdi De Ville and Jan Orbie, "EU Trade Policy: Persistent Liberalisation, Contentious Protectionism", *Journal of European Integration*, Vol. 38, No. 3, 2016, pp. 279-294.
② European Commission, "EU puts in place new trade defence rules", 20 December 2017, https://trade.ec.europa.eu/doclib/press/index.cfm?id=1774.
③ European Commission, "EU modernises its trade defence instruments", 23 January 2018, https://ec.europa.eu/commission/presscorner/detail/en/MEMO_18_396.

欧盟贸易防御政策是利用 WTO 规则，保护欧盟企业在国外市场的利益的做法。首先，反倾销措施是试图通过提高进口产品的价格来恢复市场状况。当某一国的制造商在第三国销售的产品价格低于其在国内市场的销售价格或低于生产成本时，就会产生倾销行为。但只有倾销行为对某个行业造成重大损害时，才会出现反倾销措施。其次，反补贴措施是防止某一国向本国制造商提供补贴以降低生产成本或产品的出口价格来扭曲贸易的不公平现象。最后，保障性措施是暂时限制进口，防止进口额激增对国内产业造成严重损害。

此外，欧洲全球化调整基金是欧盟层面的独特政策工具，支持那些由于全球化和经济危机而被淘汰的劳动者，这是共同融资的劳动力市场政策。欧洲全球化调整基金是为因全球化进程而失业的劳动者提供及时支持。欧洲全球化调整基金的目标是为积极劳动力市场政策（重新培训和雇佣员工）提供 60% 的共同融资。欧洲社会基金是应对欧盟贸易与劳动力调整的另一个政策工具。欧洲社会基金为应对全球化进程带来的挑战提供长期战略响应的财务支持。

面对保护主义和经济民族主义的压力，欧盟既积极争取区域和双边自贸协定谈判，又利用 WTO 框架来压制包括中国在内的其他国家。中国在 2001 年 12 月加入 WTO，之后中国大胆改革，开放经济。中国融入全球经济秩序使中国和其他 WTO 成员大大受益。但欧盟认为中国需要做出更大力度的改革，加强市场主体作用，提高透明度和开放性，包括减少过度的国家干预，特别是技术、知识产权和创新领域的过度行为和做法。

欧盟与中国是世界上两个最大的贸易地区。2020 年中国首次上升为欧盟最大的贸易伙伴，而欧盟是中国第二大贸易伙伴。因此，欧盟与中国对彼此的可持续发展与繁荣至关重要。欧盟提出了贸易公平、知识产权和履行 WTO 义务等问题，以及中国一些工业部门尤其是钢铁业出现产能过剩的问题。随着中欧贸易规模不断扩大，中国正成为欧盟贸易救济措施的主要对象国。中欧经贸合作成果丰硕的背后隐藏着一些结构性矛盾，欧盟频繁对中国商品进行反倾销和反补贴调查，引发了外界关注的中欧贸易摩擦。以钢铁行业为例，欧盟针对钢铁产品共采取了 53 项措施，其中 27 项针对来自中国的钢铁产品。[①] 从近几年看，中欧贸易摩擦已从产品摩擦变为规则制度摩擦，摩擦领域由货物贸易转向相关的服务贸易、知识产权、技术标准、环境保护、劳工标准。欧盟是对中国立案反倾销调查和实施反倾销措施最多的 WTO 成员之一，中国是欧盟反倾销最大的目标国。

尽管仍然存在许多挑战，欧盟同中国已经展现出通过对话与合作解决贸易问题的意愿和能力。欧盟目前有选择多边下注的倾向。例如，2019 年 1 月 9 日，欧美日贸易部长会议中确认共同促进数字领域的贸易，将重建并主导国际贸易规则的制定。2018 年 7 月，欧盟与中国承诺建立 WTO 改革的联合工作组。2018 年 12 月，中国对欧政策文件中强调"通过中欧世贸组织改革联合工作组等渠道，就世贸组织改革事务加强沟通"。[②] 双边贸易与投资关系中出现的问题在各种对话中得到商讨。除中欧领导人年度会晤外，贸易领域的主要年度对话还包括：由欧盟委员会一位副主席和中方一位副总理主持的中欧经贸高层对话；欧盟委员/部长级别的中欧经贸混委会；技术层面的中欧贸易与投资政策对话和中欧经贸工作组会议。中国的市场和快速发展将继续提供巨大的机遇，带来进一步扩大贸易与投资的显著可能，从而加强欧盟与中国的整体关系。中国与欧盟共同建立一个普遍的、基于规则的、开放的、非歧视的和公平的多边

---

① 中华人民共和国商务部：2018 年版《对外投资合作国别（地区）指南：欧盟》，2019 年 1 月 29 日，http://images.sh-itc.net/201903/20190304154509427.pdf。
② 中华人民共和国外交部：《中国对欧盟政策文件》，2018 年 12 月 18 日，新华网，http://www.xinhuanet.com/world/2018-12/18/c_1123868707.htm。

贸易体系，既要保证发展中国家出口的增长，又要对最不发达国家及时实施免税和无配额市场准入。但值得注意的是，贸易优惠并不等于高枕无忧，因为如果受优惠国家不参与国际贸易的谈判与讨论，将难以应对国际贸易的竞争。

第二节　通过双边经贸战略互动化解矛盾、实现共赢

鉴于欧洲需要通过扩大与中国的经贸合作来促进增长和开拓市场，与中国保持牢固的经济联系符合欧盟的根本利益。在经贸合作纽带的作用下，中欧之间形成巨大的共同利益和愈发紧密的相互依赖关系。欧盟作为世界上重要的经济体，是全球贸易和投资的主要推动者，中国等新兴经济体的经济规模和影响力不断扩大，中欧都需要一个开放的、基于规则的国际经济体系。但是，欧盟可能在地缘政治和高科技领域对中国进行遏制，并通过法律、规则的修订来构建更符合欧盟企业利益的市场环境。

1978年，中国与欧共体签署了《贸易协定》，这是中欧第一个经贸领域协议。1985年，中国与欧盟签署《中欧贸易与经济合作协定》，为深化双边合作、促进中欧经济发展和扩大中欧贸易发挥了重要作用。2006年10月，欧盟首份对华贸易政策文件《竞争与合作——更紧密的伙伴关系和不断增加的责任》正式出台，文件强调"当中欧之间出现贸易摩擦时，欧盟将继续寻求通过对话和协商加以解决"，但如果"这一努力失败，欧盟将使用世界贸易组织纠纷解决机制"，并通过反倾销和反补贴等贸易保护措施"确保中欧间公平的贸易环境"。[1] 2013年11月21日，第16次中欧领导人会晤宣布正式启动全面的中欧投资协定的谈判。2015年，在中欧建交40周

---

[1] European Commission, "Competition and Partnership: A policy for EU-China trade and investment", 24 October 2006, http://aei.pitt.edu/38108/1/COM_(2006)_632.pdf.

年之际，中欧领导人提出深化和平、增长、改革、文明四大伙伴关系，在过去的十多年里，中欧经贸合作取得了长足进步和相对平稳的发展。根据中国海关统计，中欧贸易总额从 2004 年的不足 2000 亿美元增长到 2017 年的 6169 亿美元，增长超过三倍。欧盟连续 13 年成为中国第一大贸易伙伴。其中，中国对欧盟出口 3720 亿美元，增长 9.7%，占中国出口总额的 16.4%，欧盟是中国第二大出口市场。中国自欧盟进口 2449 亿美元，增长 17.7%，占中国进口总额的 13.3%。在投资领域，2017 年中国对欧盟直接投资 102.7 亿美元，截至 2017 年底，中国对欧盟直接投资存量达 860.1 亿美元。[①] 欧盟已经成为中国企业"走出去"对外投资和海外并购的重要目的地。据欧盟统计，2017 年，欧盟前 10 大贸易伙伴国分别是美国、中国、瑞士、俄罗斯、土耳其、日本、挪威、韩国、印度、加拿大。其中，欧盟第一大出口国是美国，第一大进口来源国是中国。截至 2017 年 12 月，进入欧盟的国际投资价值约为 5.4 万亿欧元，约占欧盟每年生产财富的 36%，这直接给欧盟创造了 760 万个就业机会。同时，欧盟境外投资约为 6.9 万亿欧元，约占欧盟每年生产财富的 46%，直接给海外带来 1440 万个就业岗位。[②] 这能够促使欧洲企业优化生产，获取原材料和零部件，并更好地服务于欧盟境内外市场。欧洲企业在国外投资与非欧洲企业在欧盟投资共同组成了全球价值链，成为当今全球经济的主要特征。据估计，80% 的贸易是通过这种全球价值链进行的，即交换中间产品与服务来完成最终产品。2019 年 11 月 6 日，时任中国商务部部长钟山与时任欧盟农业委员菲尔·霍根共同签署了《关于结束中华人民共和国政府与欧洲联盟地理标志

---

① 中华人民共和国商务部：2018 年版《对外投资合作国别（地区）指南：欧盟》，"序言"，2019 年 1 月 29 日，http://images.sh-itc.net/201903/20190304154509427.pdf。
② European Commission, "Investment", http://ec.europa.eu/trade/policy/accessing-markets/investment/.

保护与合作协定谈判的联合声明》，宣布中欧地理标志保护与合作协定谈判结束。该协定是中国对外商签的第一个全面、高水平的地理标志双边协定，涉及275项产品，对加强中欧经贸关系具有里程碑式的意义。[①] 地理标志属于知识产权的一种，中欧地理标志互认后彼此商品进入对方市场更加便利。中国是欧盟农产品第二大出口国，是欧盟农产品第五大进口国，《中欧地理标志协定》的签署将成为中欧经贸发展的新增长点，推动中欧经贸关系高质量发展，因为高层次的市场需求会带来相关产业链的升级转型。

《里斯本条约》之后，欧盟加快获得外国直接投资的独享权能，[②] 成为共同商业政策的一部分。2010年7月，欧盟委员会公布了欧盟投资政策，[③] 这是根据《里斯本条约》的授权布局的欧盟共同投资政策，欧盟作为一个整体与第三国缔结投资协定，欧盟委员会希望改革投资保护的运作方式，提高谈判筹码；进一步改革投资争端解决方式，并与其他贸易伙伴一起努力设立一个多边投资法庭来处理投资争端。2017年，欧盟提出了一个关于投资的新欧盟框架，用于审查引起欧盟或其成员国安全或公共秩序问题的外国投资。欧盟投资政策完全保留了东道国为公共利益调节经济的权利。欧盟投资政策的目标是为欧盟企业打开国外市场；确保欧盟企业在国外不受歧视；有一个可预测和透明的商业环境；吸引国际投资进入欧盟；使国际投资规则明确并始终如一；保护欧盟公民和海外公司的投资；确保国际投资所需的支付，资本和关键人员的自由流动。近年来，

---

① 《中欧签署地理标志双边协定》，人民网，2019年11月7日，http://ip.people.com.cn/n1/2019/1107/c179663-31443583.html。

② European Parliament, "The EU Approach to International Investment Policy after the Lisbon Treaty", October 2010, https://www.europarl.europa.eu/RegData/etudes/etudes/join/2010/433854/EXPO-INTA_ET%282010%29433854_EN.pdf.

③ European Commission, "Towards a Comprehensive European International Investmetn Policy", 7 July 2010, https://eur-lex.europa.eu/LexUriServ/LexUriServ.do?uri=COM:2010:0343:FIN:EN:PDF.

欧盟与中国、缅甸进行了投资协定的谈判。欧盟也在与合作伙伴的贸易协定中就投资规则进行谈判，这些国家包括埃及、印度、印度尼西亚、日本、约旦、马来西亚、南方共同市场成员国、墨西哥、摩洛哥、菲律宾、新加坡、突尼斯和美国等。中国在欧洲的投资发展迅猛，截至2017年底，中国对欧盟直接投资存量达860.1亿美元。中国企业投资额较大的欧盟成员国主要是德国、英国、荷兰、法国、瑞典、西班牙、意大利。中国企业在欧盟的投资主要分布在制造业、金融业、批发和零售业、租赁和商业服务业、交通运输和仓储业等领域。①

欧盟新投资提案没有强制要求成员国采用自己国家的审查制度，但拥有此类制度的成员国必须遵守拟议的欧盟要求，以确保更协调和更透明。欧盟委员会本身无权阻止外国投资，这个新投资框架影响深远，因为"安全和公共秩序"议题正被广泛重视。对中国而言，最主要的议题是关于关键基础设施（能源、运输、通信、数据存储、空间、金融基础设施、敏感设施等）。同时，这个议题清单可以扩大，成员国可根据认为可能影响安全和公共秩序的因素范围来扩大清单。更重要的是，欧盟委员会将能够对影响欧盟利益项目的外国投资进行单独审查。这些项目涉及大量的欧盟资金或关键基础设施、关键技术或关键投入。但这种审查在欧盟层面是前所未有的，欧盟委员会此前没有经验，需要建立相关专业知识储备和标准规范，因此这将是一个挑战。

2019年4月，欧盟外商投资审查条例正式生效，不会取代或统一成员国现行的审查机制。如果欧盟成员国已经拥有国外投资审查制度，为了安全或公共秩序目的审查外国投资，它将需要告知欧盟委员会（相关投资信息及相关意见），调整审查机制及相关的修正

---

① 中华人民共和国商务部：《2017年度中国对外直接投资统计公报》，2018年9月。

案。同时，在可能影响欧盟利益的外国投资的情况下，欧盟委员会可以对投资进行安全审查，并向相关的欧盟国家提出意见。虽然欧盟的意见不具约束力，但欧盟成员国如果不采纳欧盟委员会的意见，也要最大限度地考虑欧盟委员会的意见并向欧盟委员会提供解释。最后，所有欧盟国家都必须向欧盟委员会报告国内的外国投资情况，无论该国是否拥有国家审查制度，相关信息包括外国投资者的所有权结构，投资融资以及第三国提供的补贴信息。法国、意大利和德国呼吁进行欧盟层面的干预，并建议如果外国投资者的母国对外国投资有什么限制（如要求与当地合作伙伴建立合资企业），就对该外国投资者进行类似审查。在评定外商投资是否引发安全问题时，欧盟委员会和欧盟成员国可能会考虑外国投资者是否由第三国政府控制，第三国政府是否提供补贴、税收优惠或较低的信贷成本。所以说，欧盟这一最新举措有利于欧洲各国政府为加强对国外重要国有资产的收购的控制。此外，该提案不会影响欧盟委员会根据欧盟并购条例（EC Merger Regulation）提供的"一站式服务"[1]。值得注意的是，新框架只适用于欧盟成员国。虽然保护国家利益是一个合理的目标，但不能因噎废食，需要恰当平衡，既要鼓励外国投资，又要保护国家安全。对部分欧盟国家而言，外国投资对经济增长是必要的，能够带来经济增长和生产力。欧盟实行外国投资规则可能给投资者带来额外的行政负担和成本。同时，欧盟规则的实施可能会进一步刺激欧盟成员国扩大其政府职责，寻求欧盟与成员国审查机

---

[1] "Council Regulation (EC) No.139/2004 of January 2004 on the Control of Concentration Between Undertakings (the EC Merger Regulation)", *Official Journal of the European Union*, 29 January 2004, https://eur-lex.europa.eu/legal-content/EN/TXT/PDF/?uri=CELEX:32004R0139&from=en.

制的融合趋同，来获得更多话语权。①

中欧是重要的贸易合作伙伴，不仅是货物与服务的进出口，还有作为外国直接投资目的地和投资来源的投资国。对中欧投资关系来说，投资协定谈判是首要任务，作为欧盟深化和重新平衡其与中国关系目标的一部分。双方以合作和务实的精神加快谈判，于2020年底达成了一份备受关注的成果，为双方投资者建立和保持友好、可预期、宜商的政策环境。首先，欧盟和中国对彼此的投资总量非常低，尽管双方是重要的对外投资行为体和吸收外资的经济体。这意味着双方拥有非常大的合作空间。其次，欧盟与中国彼此欢迎对方的投资，在符合双方法律和法规的条件下，中欧合作为彼此开放更多投资市场。最后，为了可持续的发展，中国与欧盟均需提升和优化价值链，并推动建立内部消费驱动型市场，中国需要欧盟的支持。同时，欧盟特别是中东欧国家也需要中国的资金支持。所以，中国从欧盟的管理经验与先进技术中获益匪浅。欧盟可以用专有技术支持中国的经济改革计划，并通过与中国对话分享想法和经验。②双方欢迎中欧互联互通平台取得的积极进展，包括促进通关便利化、加强交通技术规范和标准对接、加强低碳和智能交通等领域合作、积极开展投融资合作，推进具备条件的示范项目取得实质性进展。③

在欧洲边缘地区，中国新的治理角色和欧盟弱化的治理角色之间的关系略微紧张。中国确实在欧洲发挥了一定影响力，比如中国与中东欧国家共建的"一带一路"倡议，通过一系列双边或多边关

---

① Samantha Mobley, Werner Berg, Anahita Thoms and Farin Harrison, "EU to Tighten Control over Foreign Investment", *Global Compliance News*, 20 September 2017, https://globalcompliancenews.com/eu-control-foreign-investment-20170920/.
② European Commission, "Frequently Asked Questions on EU-China relations", 1 June 2017, http://europa.eu/rapid/press-release_MEMO-16-2258_it.htm.
③ 中华人民共和国外交部：《第十九次中国－欧盟领导人会晤成果清单》，2017年6月4日，http://www.mfa.gov.cn/mfa_chn/ziliao_611306/1179_611310/t1467598.shtml。

系促进了中东欧国家基础设施和经贸投资的经济合作。但中国并非欧盟的竞争对手,更不是要取代欧盟成为公共产品提供者。尽管如此,欧洲存在一种新型思维方式,即将中国与欧盟视为零和博弈,中欧矛盾与利益变得不可调和。中国提供区域公共产品需要采取差异化的方式。考虑到欧洲国家的异质性,以及差异性一体化趋势加强,欧洲国家对公共产品的需求也不尽相同,区域公共产品的需求呈现差异性、多重性甚至重叠性的特征。比如说,欧洲边缘地区的国家处于不同地缘政治环境中,有的属于欧盟国家,有的正努力加入欧盟,一些批判欧盟,一些支持欧盟,拥有不同雄心和利益的国家汇集在该地区[1]。中国与发展水平、需求和优先事项不同的国家进行接触,并在手段层面确定对象国的需求与层级。比如说,考虑到东南欧国家入盟进程缓慢,它们不受欧盟公共采购规则和条例的约束,中国增加投资、基础设施建设和经贸往来,作为对东南欧国家解决入盟缓慢带来的问题的补充方案。又如,考虑到维谢格拉德集团国家未实现的政治、经济期望,为了抵消这些国家对欧盟的政治期望以及获得更多的自主权,中国可以通过双边和区域合作来提升中国的存在感,但不能被中东欧国家的多样化需求所套牢,丧失中国的战略自主性[2]。另一方面,中国与中东欧国家合作的差异化方式需要按照欧盟条约规定的权限划分。例如,欧盟与成员国在基础设施互联互通相关领域共享权限,《欧洲联盟运行条约》第90~100条规定了欧盟在运输领域的权限和决策方式,即欧洲议会和理事会应根据普通立法程序采取行动,并咨询经济与社会委员会和地区委员会,确定运输规则。再比如,泛欧网络的条款要求欧盟成员国与欧

---

[1] Jeremy Shapiro and Dina Pardijs, "The Transatlantic Meaning of Donald Trump: A US–EU Power Audit", European Council on Foreign Relations, 21 September 2017, https://ecfr.eu/publication/the_transatlantic_meaning_of_donald_trump_a_us_eu_power_audit7229/.

[2] 贺之杲:《区域公共产品与中欧竞合关系》,《新视野》2019年第3期。

盟委员会密切合作，相互协调，具体为欧盟确立指导方针，在成员国支持并符合欧盟共同利益的情况下，欧盟与第三国合作，推动有共同利益的项目顺利进行及保证网络的互通性。①

当欧盟与中国的发展方式相互矛盾时，零和博弈的思维为未来中欧关系的发展创造了先入为主的倾向。这种二元对立的思维又会影响中欧在区域公共产品供给的合作。在欧洲边缘地区公共产品供应不足并供求不均衡的情况下，为什么中国提供区域公共产品遇到重重阻力？首先，区域公共产品供给越来越受到政治经济博弈和身份认同的影响。欧盟疲于应对眼前的各种危机与挑战，这也要求欧盟必须在其"势力范围"内发挥影响力，提供秩序和维持权威，推行其制度与规范。在部分欧盟人士看来，"一带一路"倡议在欧洲产生了负外部性，认为中国是规范威胁以及经济威胁。当欧洲运作体系出现问题时，欧洲精英认为这是外部渗透的结果。其次，多种公共产品的供给机制共存。在欧洲边缘地区，公共产品供给的态势错综复杂，一般而言，安全公共产品由北约提供，政治公共产品由欧盟提供，经济公共产品由欧盟及其主要成员国以及部分域外大国提供。进入2018年，美国做出重返中东欧的战略部署，中美欧俄在欧洲边缘地区的竞争预期不断上升。②最后，欧盟供给机制遭遇新的挑战。随着欧盟再国家化的增强和共同体意识的弱化，民粹主义政党的重新崛起促使中东欧的主要政治家呼吁从欧盟手中获得更多自主权。欧盟担心中国在巴尔干和中东欧地区提供区域公共产品会威胁自己在一体化框架中的主导权，比如成员国政府在吸引中国投资

---

① 《欧洲联盟基础条约：经〈里斯本条约〉修订》，程卫东、李靖堃译，社会科学文献出版社，2010，第114~115页。
② Wess Mitchell, "Winning the Competition for Influence in Central and Eastern Europe", Atlantic Council, 18 October 2018, https://www.atlanticcouncil.org/commentary/transcript/winning-the-competition-for-influence-in-central-and-eastern-europe-us-assistant-secretary-of-state-a-wess-mitchell/.

时表现出来的经济功利主义，现在处理对华关系时欧盟成员国越来越忽视欧盟共同政策优先事项。这些被认为是对欧盟采取的"分而治之"策略。欧洲边缘地区的公共产品供给不可能出现地缘政治意义上的竞争，中国没有意愿也没有能力建立一个独立于欧盟之外的区域集团或机制，但一些领域的公共产品供给将呈现竞争与合作的共存。①

国际行为体利用经济手段和相互依存来实现战略利益是大国竞争时代的核心，其特点是国家重新调整经济和安全利益，在追求战略目标时增加利用经济相互依存的意愿。一方面是大国之间的竞争，另一方面是国家对金融和经济流动的管控。这与古典经济理论关于经济相互依赖、自由贸易、绝对收益理论的假设形成鲜明对比。贸易摩擦、供应链调整、出口限制增加、投资筛选机制激增、数据和技术民族主义等成为经济与安全利益纠葛在一起的体现。②欧盟对外国直接投资审查机制至少被理解为受外交政策战略利益驱动的国内经济工具，这些利益本身已在经济和安全领域实现了高度趋同。虽然欧洲领导人采取行动应对威胁相互依存的风险，但必须找到一种保持开放国际经济体系和低风险平衡的方法。欧盟目前选择多边下注。

第三节　加强中欧在多边层面的沟通与合作

欧盟是区域一体化程度最高的主权国家联合体，在当今世界政治经济格局中占据重要地位。作为世界两大力量、两大市场、两大文明，中欧致力于深化互利共赢的全面战略伙伴关系。除了双

---

① 贺之杲：《区域公共产品与中欧竞合关系》，《新视野》2019 年第 3 期。
② Anthea Roberts, Henrique Choer Moraes and Victor Ferguson, "The Geoeconomic World Order", *Lawfare*, 19 November 2018, https://www.lawfareblog.com/geoeconomic-world-order.

边维度，中欧经贸关系还具有全球性意义，这既包含了在联合国、WTO、G20、环境保护多边贸易范畴内更多的合作，国际货币基金组织、世界银行等国际金融机构的合作，以及包括诸多区域合作，如亚欧会议框架下的合作。可以说，中欧经贸关系的全球性与中欧经贸关系的双边齐头并进，对彼此都有非常重要的意义。

在当前世界经济增长乏力、国际金融市场动荡的大背景下，G20作为全球经济治理的重要机制，正从危机应对向长效治理转型，从周期性政策向结构性政策转型，从解决短期性问题为主转变为追求激发长期增长潜力和增强内生增长动力，为世界稳定和发展提供系统性、长效化保障。① 中欧应加强沟通协调，包括加强在G20框架内对话与合作，共同推动世界经济实现强劲、可持续、平衡增长。G20是一个新型全球治理平台，这个平台明显提升了新兴经济体的权重，也与新兴经济体话语权和影响力的提升密切相关。G20致力于解决全球金融治理中存在的问题，为促进世界经济增长与经济合作、完善全球经济治理做出新贡献。G20应该在世界贸易体系改革以及WTO改革方面发挥更积极的作用。鉴于世界贸易体系日益分散，需要进行改革。同时，联合国2030年可持续发展议程呼吁可持续发展成为包括国际贸易在内的全球合作的核心原则，联合国秘书长呼吁"一个普遍、基于规则、开放、非歧视和公平的多边贸易体系"。②

中欧双方认为G20是全球经济合作的首要平台。中欧领导人会晤的联合声明指出，"双方领导人一致认为，中国与欧盟作为全面战略伙伴，加强全方位合作更具战略重要性。双方坚定致力于维护

---

① 周珺、赵小娜：《专访：中欧在二十国集团框架下加强合作意义重大——访中国驻欧盟使团团长杨燕怡》，新华社，2016年8月28日，http://www.xinhuanet.com/world/2016-08/28/c_1119466991.htm。
② 联合国：《联合国秘书长呼吁兑现普遍、基于规则、开放、非歧视和公平国际贸易体系的承诺》，2019年5月10日，https://news.un.org/zh/story/2019/05/1034192。

《联合国宪章》宗旨和原则,坚定维护世界贸易组织(WTO)规则,构建开放型世界经济"。[①] 随着 WTO 的权威性被质疑,特朗普的美国贸易政策挑战了既有的贸易规则和多边贸易体系,对贸易伙伴征收额外关税,冲击既有的贸易合作。但这也给欧盟带来新的机遇,在强调 WTO 多边舞台的情况下,加强与新兴市场国家在 G20 的合作,围绕贸易议题建立更多的全球规则。2017 年 6 月,在第十九次中国—欧盟领导人会晤成果清单中,中欧"双方将与德国及二十国集团(G20)其他成员密切合作,推动今年 G20 汉堡峰会在杭州峰会基础上取得积极成果,以实现强劲、可持续、平衡和包容增长"。[②]

中国与欧盟在经贸领域的竞争与合作交织在一起,中欧之间应寻求利益最大化,在共同利益的基础上彼此借重,加强中欧之间的协作,既包括 WTO 层面的贸易规则,也包括 G20 的金融体系改革,完善全球经济与金融治理。中国在历届 G20 峰会中一直重视与支持 G20 在全球经济治理中的重要性,认为 G20 是国际社会应对全球金融与经济问题的有效平台。与此同时,欧盟同样重视 G20 的作用,认为 G20 在巩固国际金融构架和推动可持续发展的过程中发挥了重要作用,也为加强发达国家和新兴经济体的合作提供了动力。[③] 中欧在 G20 平台上的合作可停留在几个方面。一是重视发展中国家。由于发展中国家容易受到金融危机的冲击,既要保证对发展中国家的援助,又要对发展中国家减免关税,加大基础设施投资,增强自身发展能力。二是改革全球经济和金融体系。全球经济与金融体系无法解决全球经济失衡,反而加大了南北发展不平衡和国家内部的发展失衡,这需要中欧治理实现全球经济增长的同时加强完善与重构

[①] 中华人民共和国外交部:《第十九次中国-欧盟领导人会晤成果清单》,2017 年 6 月 4 日,http://www.mfa.gov.cn/mfa_chn//ziliao_611306/1179_611310/t1467598.shtml。
[②] 中华人民共和国外交部:《第十九次中国-欧盟领导人会晤成果清单》,2017 年 6 月 4 日,http://www.fmprc.gov.cn/web/ziliao_674904/1179_674909/t1467598.shtml。
[③] 江时学:《中国与欧盟在二十国集团内的合作》,《世界经济与政治论坛》2014 年第 4 期。

治理平台与规则。三是推动 G20 转型。金融治理与其他议题联系在一起，如气候变化、移民、数字问题、就业和贸易。经济增长与可持续发展的联系越来越紧密，绿色增长是缓解环境压力、实现经济可持续发展的重要手段。中欧致力于创新增长方式，推动包容和联动式发展。G20 与 WTO、国际货币基金组织共同成为全球经济治理的重要平台，正成为长效治理机制，将为世界经济发展与稳定提供系统性和长效保障。

此外，双方重申加强 WTO 在多边贸易体系中的核心作用，维护以规则为基础，透明、非歧视、开放、包容的多边贸易体制，推动《贸易便利化协定》生效。考虑到中欧关系的重心仍然是经贸领域的合作，世界贸易规则的合理化和公平化是中欧未来合作的重大议题。经历了特朗普单方面挑战国际贸易规则和国际贸易体系，中国与欧盟如何在 WTO 与自贸协定并存中寻求全方位合作是双方面临的共同课题。欧盟可以进一步加强作为贸易支持者的地位。它必须阐明全球化的凝聚力观点，考虑整个社会的需求，而不仅仅是商业或总体产出的增长。未来的贸易需要健全透明的监管合作机构。

"一带一路"倡议促进了共建国家基础设施和投资的发展。基础设施项目的发展能够减少贸易壁垒，促进国内政策改革，降低贸易成本。当处于边缘的经济体无法享受到自由贸易带来的好处时，"一带一路"倡议成功地将更多国家纳入全球价值链中，这不仅带来贸易流量的增长，特别是增加了区域内贸易，还提升了贸易效率，因为产品在全球价值链内多次跨境交易，贸易成本降低对贸易的影响被放大，将带来明显的效率提升。G20 也强调在考虑特定国家条件的情况下帮助一些国家发展基础设施。[①] 所以，中国与欧盟加强多

---

① G20, "The G20 Seeks to Strengthen the Contribution of Trade to the World's Economies", 20 March 2018, https://www.g20.org/en/news/g20-seeks-strengthen-contribution-trade-worlds-economies.

边与双边合作不仅体现在全球层面的多边舞台，而且体现在区域层面的三边舞台，中国与欧盟共同提供公共物品，来满足自身及相关国家的经济发展与改革深化。

第四节　重视与欧盟多边机构和成员国两个层次的合作

欧盟是由不同维度、相互重叠的权限构成的治理体系，不同层次及彼此互动的政治行为体内嵌其中。欧盟独享共同商业政策的管辖权。欧盟各机构在共同贸易政策中承担不同职能。一般而言，欧盟需要花费几年才能达成最终贸易协定，涉及30多个步骤，主要包括准备、磋商、敲定、签署、决策、完全（或部分）批准、签约、生效阶段。[1]在欧盟自贸协定谈判与决策过程中，首先是欧盟委员会准备、磋商、提议相关的国际贸易协定。因为欧盟委员会具有立法倡议权和政策执行权等"实权"，负责处理具体多双边贸易事务[2]；其次，理事会授权欧盟理事会谈判指令，理事会代表欧盟各成员国，审批通过法律法规和发布贸易政策指令；再次是欧盟委员会代表欧盟及其成员国与第三方谈判，并定期向理事会和欧洲议会汇报谈判进度与内容；最后是欧洲理事会根据多数决议表决谈判结果，并经由欧洲议会和欧盟成员国批准后生效。欧洲议会代表公民，就有关贸易政策问题进行质询。欧洲议会和欧洲理事会共同决定是否批准欧盟贸易协定。《里斯本条约》生效后，欧洲议会权力上升，在共同贸易政策部分领域与部长理事会拥有共同决定权，有权审批欧

---

[1] European Commission, "Policy Making: What Is Trade Policy", http://ec.europa.eu/trade/policy/policy-making/.
[2] 欧盟委员会贸易总司（DG Trade）是一个高度自治的子系统。欧盟委员会贸易总司的工作人员达700多人，负责欧盟贸易协定的谈判和监督实施。在全球范围内，欧盟贸易协定的谈判依赖该团队。

盟对外签署的贸易投资协定，并就欧盟重大贸易投资问题提出意见和建议。欧盟法院负责监督欧盟法律实施，解决争端并进行司法解释。在欧盟委员会内部，贸易总司专门负责欧盟贸易事务。贸易总司下设 8 个司，分别负责水平议题和双边经贸关系等问题，与中国经贸关系由 C 司（亚洲和拉美司）负责，贸易救济措施由 H 司（贸易防御）负责，投资、服务、政府采购和知识产权保护由 B 司负责，WTO 事务由 F 司（WTO 事务，货物贸易与法律实务）负责。[①]

在欧盟开展自贸协定时，根据《欧洲联盟运行条约》第 207 条规定，[②] 欧盟需要与一个或多个第三国或国际组织谈判并缔结协议时，欧盟自贸协定的谈判需欧盟委员会取得欧盟理事会的授权，即部长理事会的谈判指令，[③] 欧盟委员会才能与自贸协定的对象进行谈判。在谈判过程中，欧盟委员会需与欧盟成员国和欧洲议会紧密合作。欧盟自贸协定的谈判结果需欧盟理事会签署，得到欧洲议会的同意，并经由欧盟所有成员国的批准才能生效。对于一般立法程序谈判的协定，理事会采用有效多数的决策方式；对于服务贸易、知识产权、对外直接投资、文化、社会健康和教育服务等领域的协定，采用一致性决策的方式。根据《欧洲联盟运行条约》第 207 条第 3 项规定，欧盟委员会在执行共同贸易政策、进行谈判时，应咨询理事会指派的贸易政策委员会的意见。贸易政策委员会成员是由欧盟成员国的资深或高级经贸专家或官员共同组成。这些成员对各自国家的政策目标、其他成员国的利益比较熟悉，了解欧盟共同贸易政策运作与谈判技巧。贸易委员会成员每月在布鲁塞尔会面，讨论欧盟成员国所提议案，各成员国之间博弈、磋商之后得到妥协结果。贸易委员

[①] 中华人民共和国驻欧盟使团经济商务参赞处：《欧盟对外贸易法规和政策》，2016 年 1 月 8 日，http://eu.mofcom.gov.cn/article/ddfg/f/201601/20160101230175.shtml。

[②] 《欧洲联盟基础条约：经〈里斯本条约〉修订》，程卫东、李靖堃译，社会科学文献出版社，2010。

[③] 谈判指令（Negotiating Directive）一般包括谈判的权限范围、目标与指导事项等。

会向欧盟委员会提建议，欧盟委员会拟定最终提案并展开对外谈判。所以说贸易政策委员会①在欧盟共同贸易政策中有重要作用。②

在《欧洲联盟运行条约》第207条规定的基础上，欧盟还遵循第218条规定。具体而言："欧盟委员会应向理事会提出建议，后者授权启动必要的谈判。理事会和委员会应负责确保经谈判的协议符合联盟内部政策和规则。""委员会在进行此类谈判时应咨询理事会任命的一个特别委员会，该委员会在理事会为其颁布的指令框架内协助委员会进行谈判。"③在某些议题中，理事会应以特定多数采取行动。在涉及文化和音像服务贸易，社会、教育和卫生服务，以及其他包含全体一致方式的领域，理事会应以一致方式采取行动。了解不同地区之间的目标才能制定更具一致性的政策。为此，欧盟在签署所有自贸协定时，都会对可持续影响进行事前和事后评估。但效果并不相同，并且几乎没有政治意义。这意味着欧盟委员会相对于欧洲议会和欧盟理事会的权力应被扩大，并且在决策中发挥更大的作用。

欧盟贸易政策最重要的行为体分为两个层面：一个是欧盟机构，特别是欧盟委员会，部长理事会的国家代表和欧洲议会；另一个是私人部门，包括商业利益集团、非政府组织。共同商业政策是欧盟独享权能，欧盟委员会拥有唯一的动议权，它负责提议新的贸易协定并代表成员国进行谈判。欧盟委员会还提议共同商业政策的法规，并做出决定。尽管如此，欧盟委员会在制度上受到限制，如外交事务委员会和欧洲议会，并且理事会的决定也取决于主题，大多数议

---

① 贸易委员会的决策不对外公开，决策透明性不足，对欧盟消费者或纳税人以及非成员国的利益有不利影响。但考虑到贸易委员会的地位与作用，贸易委员会成为欧盟成员国和欧盟利益集团的游说目标之一。
② Consolidated Versions of Treaty on the Functioning of the European Union, Official Journal C 326, 26/10/2012 P.0001-0390, *EUR-Lex*, https://eur-lex.europa.eu/legal-content/EN/TXT/?uri=celex%3A12012E%2FTXT.
③ 《欧洲联盟基础条约：经〈里斯本条约〉修订》，程卫东、李靖堃译，社会科学文献出版社，2010，第125~126页。

题是由成员国协商一致决定的。欧盟贸易政策是欧盟三大主要机构互动的结果，即欧盟委员会提议，部长理事会和欧洲议会决定。从欧盟成员国来看，以德国和荷兰为主的成员国更自由化，以法国和意大利为主的成员国更偏向保护主义（特别是对农业和纺织品）。但随着欧盟的扩大，这种平衡就会发生转移，如北欧国家加入会偏向前者，南欧国家加入会更偏向后者。中东欧国家更像一个均衡的群体，不会带来保护主义与自由开放的较大变动。[1]对欧洲议会而言，欧洲议会更倾向于保护主义，并且将商业关系与非贸易议题（如环境议题或人权议题）联系在一起。相反，欧盟委员会被认为是更加倾向于自由贸易的欧盟机构。在欧盟委员会内部，存在不同总司之间的内部竞争，一般而言，发展总司比贸易总司更加倾向于发展立场，农业总司更偏向保守主义立场。对私人行为体而言，在欧洲层面，利益集团可以接触到欧盟委员会的贸易总司、贸易委员、欧洲议会的国际贸易委员会成员。在国家层面，私人利益和非政府组织可以对自己国家在布鲁塞尔的常任代表游说，比如常驻代表委员会、贸易政策委员会成员、本国的欧洲议员。所以这些行为体都会影响到欧盟贸易政策。

欧盟贸易政策是诸多行为体在不同政治机制下互动的产物。欧盟贸易政策是由多个政策子系统组成，具体包括社会层面偏好的集聚、决策者的偏好和政治制度的模式。[2]社会偏好的集聚反映了行为体应对预期成本与收益分配的动员情况。如果政策工具是互惠的，出口导向型企业和进口竞争型企业的相对权重是至关重要的。如果政策工具不是互惠的，那么社会压力是单向的——支持或反对政策

---

[1] Manfred Elsig, "European Union Trade Policy after Enlargement: Larger Crowds, Shifting Priorities and Informal Decision-Making", *Journal of European Public Policy*, Vol. 17, No. 6, 2010, pp. 781-798.

[2] 陈新：《欧盟2015年贸易政策及对中国的影响》，《欧洲研究》2016年第1期。

变化。贸易自由化对欧洲就业机会和收入分配的负面影响在某种程度上解释了公众对新贸易协定的抵制。

由于欧盟内部竞争力因素的结构性差异，开放性带来的好处只能在参与贸易的国家中不均衡分配。这带来一个问题是，欧盟贸易政策输家无法得到有效的再分配，这就会带来欧盟内部更严重的保守主义、国家主义和民粹主义。这涉及成员国权限问题，所以欧盟成员国只能共同应对挑战，在欧盟谈判的合作协议中将这个问题作为贸易一体化的副作用来处理才可能解决。也就是说，如果欧盟不再对输者做一些补偿，就也无法获得赢者的利益。

欧盟在贸易问题上的专属权能（《欧洲联盟运行条约》第3条）在TTIP批准过程中受到了挑战。关于这些大型地区性协定，欧盟成员国认为它们应该被归类为"混合协定"。根据欧盟法律，具有混合性质的协定需要得到欧盟成员国国内程序批准。独享权能包括货物和服务市场准入（包括运输）、公共采购、可持续非石化燃料的能源生产、直接外国投资保护、知识产权、竞争规则、可持续发展以及部分领域和议题的信息交流。共享权能需要成员国同意，包括非直接外国投资和管理"投资者和国家之间争端解决"。

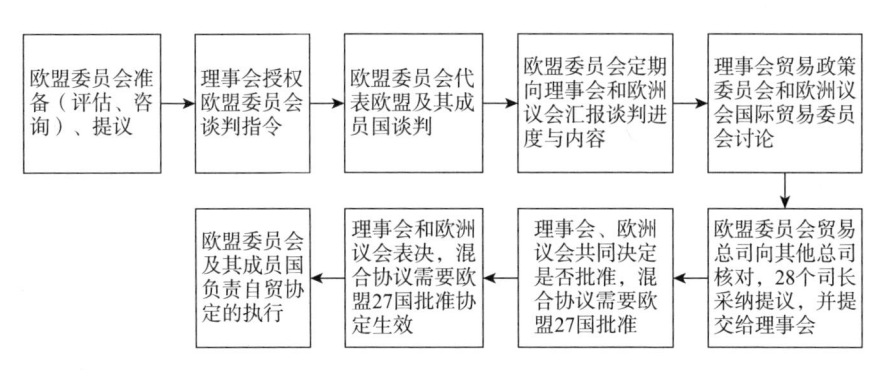

图 10-1　欧盟自贸协定谈判进程

资料来源：作者据贺之杲：《治理困境与欧盟自贸协定政策》，《复旦大学国际关系评论》2019年第1期内容自制。

鉴于欧盟在区域贸易协定中的经历——谈判过程和批准程序经常会受到市民社会的抗议和成员国的政治干预，最后被终止——欧盟重新思考了贸易战略。2015年，欧盟委员会提出全面贸易战略，旨在提高透明度、促进可持续发展和维护人权，从而应对民众的反对与批评。2017年5月，欧洲法院发布了有关专有权限程序的意见。向欧洲法院提出意见的请求是由欧盟委员会发起的，目的在于澄清欧盟—新加坡贸易协定中独享和共享权能的区别，该议题是在2014年该协定期间出现的。虽然欧洲法院的裁决涉及这个特定的协定，但其结果被解释为对欧盟条约的一般澄清。因此，欧洲法院对不同形式的权限进行以下分配将会影响未来的贸易谈判。

共同商业政策是欧盟的独享权限，但新一代欧盟贸易和投资协定的综合性质需要成员国签署和批准，体现为欧盟贸易协定的"混合性"。其一，贸易摩擦虽然存在战略性的维度，但在很大程度上是应对国内政治问题，因为贸易不平衡很难通过贸易战的方式来实现。在2013年和2014年，随着欧盟与美国全面贸易协定的谈判开始，欧盟面临贸易问题政治利益的意外上升。[1] 其二，国际贸易协定在欧盟变得越来越政治化。虽然自贸协定谈判由政府或行政机构主导，但随着治理结构与过程的改变，其他利益攸关方，包括议会或民间社会组织也积极参与了自贸协定的谈判，其影响力体现在监管活动（有争议的市场监管）和决策制定。[2] 其三，欧盟进出口贸易管理具有双层立法的特征。对于进口，欧盟实行统一立法，管辖权高度集中于欧盟层次；对于出口，成员国则掌握更多的自主权力，

---

[1] Matus Olsiak and Thomas Linders, "How EU Trade Policy Became EU Trade Politics", *Fleishman Hillard*, 23 April 2018, https://fleishmanhillard.eu/2018/04/eu-trade-policy-politics/.

[2] Sunghoon Park, "The New Politics of Trade Negotiations: The Case of the EU–Korea FTA", *Journal of European Integration*, Vol. 39, No. 7, 2017, pp. 827–841.

欧盟只是确立了共同出口制度的基本原则。①

欧盟贸易政策将成员国聚合在一起，与潜在贸易伙伴谈判时更有分量，更能维护成员国的整体利益。但现在情境发生了变化，比如法国要求更多国家主权、英国退出欧盟、中东欧国家寻求更大的自主性。虽然德国呈现出稳定和强劲的增长，但一些其他成员国危机后的恢复不理想，失业率（特别是年轻人）高居不下，在短期内无法扭转。因为欧盟内部制度观念因素的制约，欧盟的贸易与外交政策领域不太可能实现协同一致。在某些情况下，欧盟的要求可能会增加欧盟成员国开展业务的成本，这意味着欧盟成员国之间的博弈将影响到自贸协定谈判的开展。因此，在未来拓展中欧经贸关系既离不开双边投资保护协定框架的谈判，更要在贸易和投资具体领域和具体国别的合作方面考虑欧盟与成员国的多层次性。

第五节　深化改革开放因应欧盟产业政策的调整

随着经济全球化进程不断加深和强化，世界经济贸易一体化及全球价值链和产业链的发展对各国经济贸易都产生了重大影响。国际贸易和对外投资成为大多数国家促进本国经济发展的重要手段。2019年10月，世界银行发布《2020年世界发展报告：在全球价值链时代以贸易促发展》报告。②该报告强调，20世纪90年代后，国际贸易的快速增长得益于全球价值链兴起。整体而言，贸易增加对世界经济是有利的，可提高全球效率、充当技术传播的渠道、通过

---

① 蒋小红：《欧盟贸易政策与安全政策的纠结与碰撞——以军民两用产品和技术出口控制立法为例》，《中共中央党校（国家行政学院）学报》2015年第6期。

② The World Bank, *World Development Report 2020: Trading for Development in the Age of Global Value Chains*, 2020.

技术进步提高生产率。然而,随着世界贸易模式的变化,这需要更短的供应链,增长的其他动力带来的影响将会比贸易对全球 GDP 的影响更大。贸易与全球 GDP 的比率可能无法恢复到以前的峰值,可能不再是一个地区经济实力的关键指标。全球贸易的前景可能取决于促进贸易的新兴市场与排斥贸易的发达国家之间的平衡。发展中国家的中产阶级不断增加,消费增长、对进口商品的需求增加。发展中国家之间的流动越来越频繁。到 2035 年,发达经济体在世界贸易中的份额会下降。发达经济体正在将服务作为经济价值的主要来源。随着货物贸易的转变,这可能会抑制发达国家对进口的需求,从而减少其在世界商品贸易中的地位。

经过几次工业革命,欧盟中的 15 个成员国已经建立了完备的工业体系,成为发达国家。欧盟贸易政策的主要支柱之一是通过与主要商业伙伴签署自贸协定来支持贸易自由化。这些贸易举措的主要目标是利用任何可能的增长来源支持所有欧盟成员国及其贸易伙伴的就业。最近的数据显示,每个欧盟成员国的出口不仅支持其国内市场的就业机会,而且也支持其他成员国的生产直接或间接地沿着由单一市场创造的复杂供应链做出贡献。此外,贸易是欧盟中小企业成功国际化的重要手段。超过 60 万欧盟中小企业从事单一市场之外的直接出口活动,雇用 600 多万工人。[①] 更多中小企业通过受益于廉价的进口中间产品或间接参与国际贸易,成为供应链上的大型企业供应商,从而保持竞争力。因此,增加全球价值链成为可能,国际市场之间的相互依赖也使得那些无法向大公司提供中间产品而无法出口其产品的中小企业成为价值链的一部分。从事国际贸易的公司不仅雇用越来越多的欧盟工人,还提供工资溢价。欧盟出口成为

---

① Lucian Cernat, "How Can EU Trade Policy Increase Small Firm Exports Further?" *EURACTIV*, 8 January 2015, https://www.euractiv.com/section/trade-society/opinion/how-can-eu-trade-policy-increase-small-firm-exports-further/.

日益重要的就业来源。《惠及所有人的贸易：迈向更负责任的贸易与投资政策》中指出，欧盟出口带来3000万个工作机会，超过15年前的三分之二。欧盟出口给欧洲带来总工作岗位的七分之一，并惠及所有欧盟成员国。①

2020年3月，欧盟委员会出台欧盟工业战略一揽子计划，旨在实现欧洲工业绿色转型和数字转型，增强欧盟的产业竞争力和战略自主。② 这是欧盟2010年以来发布的第五份产业战略文件，在较大程度上继承了上届欧盟委员会确立的"创新、数字和低碳"的思路，强调战略自主和公平竞争环境，突出绿色和数字两大目标。具体来看，欧盟2020年产业战略的三项优先任务，分别是到2050年实现气候中和，保持欧洲工业的全球竞争力及公平竞争环境，塑造欧洲的数字未来。③ 此外，欧盟2020年产业战略包括三大内容，新欧洲产业战略、适应可持续和数字发展的中小企业战略、服务企业和消费者的单一市场行动计划。④ 为了确保欧盟的工业发展愿景，欧盟致力于更加可持续、数字化、有韧性和更具全球竞争力的经济转型，也致力于更加多样化的和有韧性的供应链。目前，国际社会上存在诸多声音来讨论与中国进行产业链脱钩的各种可能性，但欧盟短期内无法也无意与中国脱钩，中国与欧盟在数字经济、绿色经济领域的合作拥有较大空间。当然，中欧经贸合作关系中的竞争性因素也会进一步凸显。中国不断融入全球产业体系。在改革开放后，中国积极承接发达国家的产业转移，工业化进程明显提速，目前已经成为全球第一工业

---

① European Commission, "Trade for All: Towards a More Responsible Trade and Investment Policy", 14 October 2015.
② European Commission, "European Industrial Strategy", https://ec.europa.eu/info/strategy/priorities-2019-2024/europe-fit-digital-age/european-industrial-strategy_en.
③ 李山：《新欧洲工业战略推出，聚焦三大优先任务》，《科技日报》2020年3月17日，第2版，http://scitech.people.com.cn/n1/2020/0317/c1007-31635867.html。
④ 驻欧盟使团经济商务处：《欧盟委员会提出新欧洲工业战略》，2020年4月6日，http://eu.mofcom.gov.cn/article/jmxw/202004/20200402952449.shtml。

大国、全球最大的制造业国家和唯一拥有联合国全部产业门类中全部工业门类的国家，包括 39 个工业大类，191 个中类，525 个小类。完整的工业体系对中国经济发展至关重要，因为它可以大大降低生产成本，提高生产效率，增加国内产品在对外贸易中的竞争优势。然而，中国仍是世界上最大的发展中国家，仍处于全球价值链的中低端，中欧参与全球价值链的方式也存在结构性差异。因此，中国与欧盟产业结构、要素结构和市场结构存在互补性，中国占据全球价值链有利位置的战略目标将强化中国对欧盟的经贸往来和投资需求。

中国参与国际分工的方式从原来的产业间分工转向产品内分工，中间品贸易发挥的作用愈发明显。由于中国充分发挥劳动力成本低的比较优势，抓住了电子和通信设备制造业模块化不断提高和发达国家将制造环节离岸外包的机会，使电子和通信设备制造业实现了高速增长。但由于发展水平仍然较低，中国的电子及通信设备制造业主要处于全球价值链的加工组装环节，需要大量进口高端零部件，出口产品中包含的国外增加值较高。从参与全球价值链的方式看，中国主要在全球价值链末端生产出口最终产品；欧盟主要以全球价值链两头参与为主，同时生产出口中间产品与最终产品。因此，我们可以看出欧盟处于中游，而中国的分工则处于全球价值链较为低端的位置。此外，中欧双边价值链依赖更加紧密，产业升级趋势一致。从垂直专业化的内部结构看，中欧最终制成品出口比重下降，而中间品出口的国外增加值与中间品出口的重复计算比重均显著上升。这表明产品生产链变长，跨国生产分工合作深化，同时双方在全球价值链的地位均得以提升。从行业看，双方资本密集型和技术密集型行业的垂直专业化指数均远高于劳动密集型产业，表明双方在资本和技术密集型产业中的合作与升级更为明显。因此，中国在从工业大国向工业强国的升级过程中，将沿着全球价值链升级。这不仅促进了中国对欧盟的经贸与投资需求增长，而且使双方的经贸与投资关系向先进制造业、新一代信息通信技术、智能制造等产业链高端环节偏移。

目前，中国出口的前五大类商品分别是机电产品（资本密集型）、纺织品及原料（劳动密集型）、贱金属及制品（资本密集型）、家具玩具类（劳动密集型）、化工产品（资本密集型），其中机电产品的出口占总出口的近一半。中国进口的前五大商品是机电产品（资本密集型）、矿产品（资源密集型）、化工产品（资本密集型）、运输设备（资本密集型）、光学钟表医疗设备（资本密集型）。在中欧经贸关系的贸易结构方面，中国对欧盟出口产品结构进一步优化，继续从传统劳动密集型产品向高新技术产品延伸，其中，机械和交通设备占比超50%。同时，中国也成为欧盟通用机械、办公设备及电脑、通信设备、电子设备、船舶、奢侈品等产品的主要出口市场。[①] 中国对欧盟出口的主要产品为服装及衣着附件、自动数据处理设备零部件、电话机、纺织纱线、织物及制品、鞋类、家具及其零件、农产品等。中国自欧盟进口主要产品为汽车及汽车零配件、医药品、农产品、计量检测分析自控仪器及器具、飞机及其他航空器等。

科技是支撑经济中心地位的强大力量，欧盟在高端制造业拥有比较优势，如化工、医药、航空、机动车辆、精密仪器等产业。欧盟国家中，德国始终坚持以工业为基础的经济模式，德国在国际上也成了成绩斐然的工业大国。德国工业具有极强的竞争力和创新力。《德国工业战略2030》提出机器与互联网连接（工业4.0）则是另一个极其重要的突破性技术。2015年5月，欧盟出台数字化单一市场战略，目标是在欧盟范围内建立单一数字市场，重点举措包括电子商务、媒体和娱乐、电信和提供在线服务。这可以为欧洲经济每年

[①] 中华人民共和国商务部：2018年版《对外投资合作国别（地区）指南：欧盟》，2019年1月29日。

贡献4150亿欧元，并创造数十万个新就业机会。数字化单一市场战略的三个支柱是改善对商品、服务和内容的获取；为数字网络和服务创建适当的法律框架；最大化地实现数字经济的增长潜力。2017年6月15日，欧盟境内禁止运营商收取手机漫游费；2018年5月，欧盟对电子通信数据保护和隐私实施一套新的规则；2020年，欧盟成员国首次协调使用高质量的700MHz频段。根据欧盟数据市场信息，[①]到2020年，数据工人将达到1000万，数据公司将达到近26万家，创造经济总值约为7390亿欧元。同时，金融机构也在探索区块链和其他突破性科技技术。可以说，所有公司都必须对数字战略和活动进行双重下注，包括创建生态系统。

欧洲遇到的一个挑战是全球最大的技术供应商大多数都在美国和中国，并且美国和中国在该领域的优势通过转向人工智能而得到巩固。由于知识经济特别适用于经济集群，即人力、企业和资本集中在一起，这会创造出难以被打破的竞争优势。目前来看，世界上最大的人工智能公司是由美国和中国占据，如谷歌、脸书、亚马逊、微软、苹果、阿里巴巴、腾讯和百度。反观欧洲，硅谷经常收购欧洲有前途的数字创业公司，如Skype和DeepMind。2011~2016年，苹果公司收购了53家有前途的欧洲科技公司，收购后的欧洲业务规模出现收缩。从价值超过10亿美元俱乐部（也称"独角兽"俱乐部）的互联网公司数量来看，[②]美国拥有148家，中国拥有69家，欧洲仅拥有26家（其中英国拥有10家、德国5家），印度拥有9家。总体来看，美国和中国占领先地位。

---

① European Commission, "The Digital Single Market, State of Play, Prepared for the Digital Summit Tallinn", 29 September 2017, https://www.ewi-vlaanderen.be/sites/default/files/imce/digital_single_market_strategy_state_of_play.pdf.

② Alex Stern, "Revisiting the Unicorn Club, Get to Know the Newest Crowd of Billion Dollar Startups", *Startup Grind*, 27 February 2017, https://medium.com/startup-grind/unicorn-club-revisited-e641f9c80e8d.

第十章 欧盟贸易政策调整对中欧关系的影响 | 271

未来一段时期，欧洲将面临的问题之一是欧盟在人工智能和数字技术方面的相对落后。荷兰国际集团（ING Group）最近的一项调查显示，到2035年电动汽车将会成为主流。到那时，欧洲电动汽车销量预计为420万辆（西欧为300万辆）。① 目前，欧盟汽车制造商拥有全球内燃机市场25%的份额，但欧洲目前已开展或计划中的电动汽车产量仅占全球电动车市场的3%，欧洲汽车制造商正在大力投资数字技术，但欧洲汽车制造商在电动汽车领域进行创新似乎为时已晚。欧盟科技实力排名在全球竞争中下降，并带来内在问题。与科技相关的人力、环境、生产力、战略政策等深刻影响了欧盟及全球经济。随着全球生产力的提高和劳动力增长在较大经济体中趋于平缓，提升生产能力的新方法将在未来变得更加重要。技术一直是提高生产率的关键驱动力。持续的技术进步对维持劳动力缩水的欧盟经济增长至关重要。但技术驱动的生产力增长可能会需要较长时间才能实现。所以，尽管注入了新的信息技术，欧盟的生产力也不会在短期内实现较快速增长。为了在全球舞台上保持竞争力，欧洲将不得不利用新技术的力量，特别是人工智能，同时还需要积极发展产业集群。从长远来看，欧盟需要制定新的政策应对人口老龄化问题，比如以政治可持续的方式提高养老金年限，延长公民工作年限等。欧盟需要利用人工智能，且需要围绕自动化的未来形成社会共识，鼓励相关新技术的快速发展和采用，对因技术变革而被淘汰的人员也要给予收入补贴。此外，为了与世界其他国家进行竞争，欧盟企业将受益于企业集群的发展和深化，欧盟通过创建企业集群打造欧洲领先优势，相互关联的企业集群可以在各个领域推动生产力和创新。这往往依赖政府的直接或间接支持，但可能会

---

① ING, "Electric Car Threatens European Car Industry", 13 July 2017, https://www.ing.nl/zakelijk/kennis-over-de-economie/uw-sector/automotive/electric-car-threatens-european-car-industry.html.

有悖于欧盟的政治动力，因为欧盟试图在其内部确保经济繁荣发展的均衡分布。

此外，欧盟正试图通过一些政策手段抵制外部竞争，但这样容易陷入保护主义窠臼。2017年6月，欧盟对谷歌开出24.2亿欧元的罚单，因为欧盟委员会认为谷歌滥用搜索引擎的市场主导地位，向其他谷歌产品（比价购物服务）提供非法优势。① 作为欧盟轮值主席国（2017年7~12月），爱沙尼亚提议向"数字巨人"征税。信息技术产业理事会（The Information Technology Industry Council）发现，13个欧洲国家至少制定了22项管理数据本地化的法律。在德国，电信提供商（telecom providers）需要在德国境内存储一段时间的元数据。② 这些措施是以隐私和安全为名义颁布的，但这会带来数字边界，阻碍经济活动，并很容易转化为保护主义。

从中欧经贸关系来看，双向贸易和投资成为促进中欧各自经济发展和创新的主要动力。中国通过加强与欧盟的双边合作，确保开放的多边贸易体系，为中国企业提供一个公平的竞争环境、一个强劲的金融结构和一个更平衡和可持续增长的模式。中欧全面投资协定如能如期生效将为今后的投资提供保护和更广阔的市场。在目前中美经贸关系充满不确定的情况下，中国更需要与欧洲大国发展双边、多边和三方合作，利用"一带一路"倡议，实现共赢合作。此外，中国还可以通过G20等机制平台与欧盟及其主要成员国加强沟通合作，提升国际话语权，积极倡导包容性全球经济发展，共同推进全球化发展。

中欧同为世界上最重要的制造业中心，共同面临着以制造业智

---

① 《欧盟向谷歌开24.2亿欧元罚单》，新华网，2017年6月28日，http://www.xinhuanet.com/tech/2017-06/28/c_1121222659.htm。
② François Candelon, Martin Reeves and Daniel Wu, "The New Digital World: Hegemony or Harmony?", BCG Henderson Institute, 14 November 2017, https://www.bcg.com/publications/2017/strategy-globalization-new-digital-world-hegemony-harmony.

能化为核心的新一轮全球产业变革的机遇与挑战，在先进制造领域的战略合作具有共同的利益诉求、战略使命和核心理念。欧盟当前更加注重高技术产品发展。开展中欧先进制造业合作，对落实双边政府间智能制造合作、促进双边制造业智能化发展具有极为重要的意义。在这样的背景下，近年来中国多地涌现了一批中欧或者与特定欧盟成员国建立的产业合作区（园），吸引来自欧洲的技术、人才、专利和创新模式在国内落地，对增进中欧先进制造业的合作有积极贡献。同时，随着中国转向创新驱动发展战略，在全球先进制造业中快速发展，加上具有全球最为完备的制造业门类优势和巨大的本土市场规模优势，逐渐在部分先进制造业领域从跟跑、并跑向领跑转变，中国与欧盟的投资也逐渐从单向变为双向，中国对欧盟先进制造业的投资前景十分广阔。

中国制造强国建设对加快工业强基提出了指导意见，未来相当长一段时期内，将在核心基础零部件（元器件）、关键基础材料、先进基础工艺和产业技术基础（简称"四基"）等方面加大投资力度，既是中国工业核心竞争力的重要基础，也是中国对外投资的重要方向。[1] 从全球范围看，美国、欧盟、日本、韩国等少数地区具有基础产业的突出优势，是中国制造业对外投资的重点对象。受当前及未来一段时期中美经贸关系不确定性的影响，且欧盟在制造业智能化领域地位较为凸显，欧盟对中国先进制造业的投资吸引力稳中有升。随着新一轮科技革命和产业变革的发展，中欧在先进制造业领域的投资合作规模、范围、方式、内容和路径都将不断升级。但是，贸易比以往任何时候更加政治化、中美紧张局势推动供应链转移、新冠疫情加速供应链调整。全球抗击新冠疫情促使各国政府通过监管

---

[1] 《工业和信息化部关于加快推进工业强基的指导意见》，中华人民共和国中央人民政府网，2014年2月14日，http://www.gov.cn/gongbao/content/2014/content_2697086.htm。

或补贴手段进行干预产业链，从而转移被认为具有国家战略重要性的产业或产品。欧盟产业链布局从"效率至上"转向"效率与安全并重"，但中短期内难以发生根本性变化。①

产业发展是中国与欧盟贸易发展的前提，要全面深化与欧盟国家产业合作，优化贸易结构，挖掘双边贸易的新增长点，促进贸易平衡。首先，在巩固传统劳动密集型工业的同时，中国应促进产品升级换代，扩大中国高精尖产品的市场，大力发展机械产业、高新产业的产品，特别是具有自主知识产权的产品。其次，进一步优化与欧盟国家的贸易环境，采用差异化的途径与欧洲国家开展经贸合作与产业合作，比如与以德国、法国为代表的西欧发达国家推动新兴产业合作，加强在信息技术、新能源、生物技术等新兴产业领域的合作，与以波兰、匈牙利等中东欧国家开展产品贸易合作，加强农产品贸易通关合作，推动农产品加工贸易发展。再次，推进中国与欧盟贸易投资便利化，深化与欧盟国家在海关、电子商务、质检等领域的合作，搭建海关跨境合作平台和电子通关系统，制定统一的供应链标准，健全与欧盟国家贸易合作的机制和平台。最后，加强自身能力建设。中国在与欧洲深度融合，技术和市场资源紧密联系在一起。中国积极加快产业布局，通过合资、并购来实现中国企业和产品更好地走出去，需要利用全球价值链的运行逻辑，提升中国产品的价值附加值和占据产业链调整的主动地位。更重要的是，中国在奋发有为的同时，还要韬光养晦，推进改革开放，学习理解欧盟法规与标准，毕竟规则渗透于我们日常生活之中，影响着商品的流动和国家间的合作。

---

① 孙彦红：《新冠疫情将如何影响欧洲产业链布局》，中国社会科学院欧洲研究所，2020年5月2日，http://ies.cass.cn/wz/yjcg/ozjj/202005/t20200506_5124192.shtml。

结　语

当今世界面临百年未有之大变局，国际力量对比深刻调整。21世纪以来欧盟历经国际金融危机、欧债危机、难民危机、英国脱欧等多重挑战。作为世界主要力量之一，欧盟在国际体系，特别是全球化进程和全球治理中的角色几次调整，其规范和利益诉求相互融合，在国际规则与国际秩序的博弈、全球化与逆全球化的互动中扮演了重要角色。

从欧盟参与并塑造国际体系的核心领域之一——贸易政策在21世纪初的演变来看，欧盟面临全球、地区、民族国家及社会层面协调经济自由主义和规范目标的复杂逻辑。随着国际格局的变化和自身发展面临的挑战，欧盟贸易政策在理想与现实、宣传辞令和实际政策之间的矛盾日益显现，其推进欧盟战略利益的工具性特征有所增长，也为我们认识更广义的欧盟在世界大变局中的角色提供了多方面启示。

事实上，21世纪以来，在经济债务危机和民粹主义的压力下，欧盟对外贸易政策中不断强化的自由贸易、市场开放的话语，更多地是通过以"贸易自由化"的名义要求贸易伙伴"平等、公平"地开放市场的方式呈现。在欧盟内部传统贸易防御措施层面，欧盟在贸易自由与贸易保护之间的平衡，出现了向保护主义倾斜的趋向。而对管理全球化的另一重要目标——欧盟社会、环境规范的对外传播而言，取得的成效有限，其作为欧盟贸易政策的规范性目标与商业利益工具之间的界限日益模糊。在长期欧美共治的国际贸易体系中，与美国直接追求贸易自由化及其利益不同，欧盟更加巧妙地模糊了价值观、利益、模式的界限，推动欧盟模式的自由贸易发展，进而实现主导全球化进程的目标。①

拉米担任欧盟贸易委员期间在贸易政策中短暂强化"多边主义优先"立场，高调推进欧盟规则、规范、模式的推广。但在随后的多哈回合谈判中，欧盟积极推进服务业开放及投资、政府采购等非贸易议程的努力受挫，加之拒绝对共同农业政策做出根本性改革的立场，阻碍了WTO多边谈判取得突破，也在很大程度上使管理国际贸易活动最有效的多边机制WTO陷入困境。在国际发展领域，历史上欧盟对发展中国家的激进优惠贸易安排也有所削减。在WTO多边体制难以取得突破的情况下，欧盟加大诸边和双边贸易优惠协定谈判力度，希望与发达国家和部分发展中国家先行达成共识，进而推进其贸易利益和规范议程。但即便如此，输出规则、规范仍成为欧盟达成此类贸易协定的主要障碍。在已达成的双边协定中，输出欧盟规则的成效有限。在相关谈判中，欧盟的贸易利益在优先次序上高于社会公正、环境的可持续发展等目标是显而易见的。

2020年以来的新冠肺炎疫情，美国大选后民主党重新执政，欧盟内外政策面临新的方向选择。近年来民粹主义的发展对欧盟主要国家的影响较深，在贸易政策上迎合民粹主义的倾向时有体现。"防御的欧洲"（Europe that protects）在欧洲政治家的话语中，从最初

---

① Sophie Meunier and Kalypso Nicolaïdis, "The European Union as a Conflicted Trade Power", *Journal of European Public Policy*, Vol. 17, Issue 6, 2006, p. 912.

的指代安全、反恐问题越来越多地成为针对中国等新兴市场竞争的"欧盟不再天真""有效应对不断变化的国际贸易环境的现实"策略的代名词,而"强力推动反倾销措施、外国投资审查、公共采购的互惠性"成为欧盟机构优先考虑的政策选项。[1]

从国际环境来看,特朗普主义对国际秩序和规范造成巨大冲击,拜登政府的政策走向成为国际体系演变的重要变量。特朗普主义导致排外主义和民族主义情绪加剧,逐渐步入自我封闭和日益排他的轨道。特朗普对欧政策使美国与传统欧洲伙伴的关系呈现恶化趋势,也使美国挑起的大国竞争给欧盟多边主义世界秩序的构想带来了压力。这加深了美欧之间的嫌隙,也为欧美关系带来不确定性,跨大西洋关系表现出更大的脆弱性。美国战略的重点在亚太地区和欧洲地区摇摆的过程中,将中国视为其最大的对手和安全威胁,美国转向亚太、印太地区的迹象明显。这意味着美国对欧洲关注和利益的敏感性下降。

同时,在此过程中,巩固欧盟在国际体系中的地位变得越来越重要。目前,欧洲面临多个检验欧盟应对能力的巨大挑战,例如气候变化、数字化、人口老龄化、开放程度不够的国际贸易体系等。这需要欧洲经济进行深刻变革,改变欧洲的生活和工作方式,保留独特的社会市场经济模式。为保证社会公平和繁荣并驾齐驱,2019年后当选的欧盟委员会保留和改进市场经济模式,根据社会、环境和技术变化重新调整工业和经济。新形势下的欧洲经济政策将会促进经济社会公平和包容性,确保绿色和数字化转型不损害社会弱势成员。在国际竞争加剧、全球化面临挑战的背景下,欧盟在紧迫的

---

[1] Jakob Hanke and Maïa De La Baume, "Macron's Price for Saving Europe: Trade Defense", *POLITICO*, 21 June 2017;容克等欧盟政治家的表态,参见 European Commission, "European EU Puts in Place New Trade Defence Rules", 20 December 2017, http://www.4-traders.com/news/European-Commission-EU-puts-in-place-new-trade-defence-rules-25697521/.

经济和社会的转型中,如何维护公平和效率的平衡也是欧盟贸易政策需要解决的问题。

2019年以来,欧盟委员会出台了一系列经济发展举措和战略部署。在经济领域,绿色发展成为经济发展的核心议题。鉴于欧洲的新冠肺炎疫情,欧盟不得不调整既有的战略设想,将有限的精力聚焦到有限的优先重点领域,但欧盟能否团结一致成为战略调整的前提与保障。气候、数字技术和地缘政治的变化已经对欧洲生活方式产生了深远影响。全球权力结构和地方政治都出现了重大转变。欧盟需要从制度和政策上应对全球和地区新变化带来的挑战和机遇。

循环经济是欧洲绿色协定的第一要务。2020年3月11日,欧盟委员会通过新的循环经济行动计划。这是2015年首个行动计划的延续,既是欧洲可持续发展的新议程,也是欧洲绿色协定的主要内容之一。循环经济将是欧洲发展的代名词,旨在提升全球竞争力和促进可持续发展。如果欧洲企业迅速采取行动,那么气候变化的挑战将成为机遇,在绿色产品和服务的竞争中获得竞争优势。

数字政策是欧盟优先政治事项之一。欧洲致力于推进技术主权和构建数字外交网络。在欧盟7500亿欧元的经济复苏计划中,20%用于促进欧洲数字化发展。2020年2月通过的《欧洲数据战略》用来确保更多的数据可用于社会经济发展,同时保持企业和个人对其数据的控制。随着欧洲数字主权的建设,欧洲可能将中国产品和服务排除在对国家安全至关重要的供应链之外,保护产业在国内和全球市场上免受不公平补贴行为的竞争,加强产业链和供应链的自主和安全。

经济增长和气候友好并不相互排斥。欧盟力图确保经济政策支持更广泛的社会和环境目标,这就涉及政策之间的平衡。在经济治理方面,"欧洲学期"机制在保证宏观经济重点的同时,更加关注社会维度、包容性增长和国家政府、社会伙伴和利益攸关方的更紧密接触，将可持续发展目标纳入其中。①在成员国财政预算纪律得到加强和宏观经济稳定与增长目标得到维护之后，欧盟重新调整欧洲学期，使其融入联合国可持续发展目标。2020年2月26日，欧盟委员会发布欧洲学期的冬季国别报告，②首次评估了成员国在实现联合国可持续发展目标方面的进展，并分析气候和能源转型给成员国带来的机遇和挑战，确定公平转型基金支持的优先事项。

这项工作需要与欧盟新的长期产业战略的制定紧密协调。2020年3月，欧盟提出新的产业战略，将气候、数字和地缘经济雄心转化为提高欧盟企业特别是中小企业竞争力的具体行动。欧盟委员会负责协调欧盟成员国之间的关系，确保欧盟与其经济伙伴拥有公平竞争的环境，在关键价值链中促进欧洲的竞争力和战略自主。因此，欧盟需要关注与竞争对手和战略合作伙伴之间的经贸关系。例如，在WTO问题上，欧盟委员会支持WTO的临时上诉仲裁安排。

与此同时，中欧关系面临新的变化，处于重要的时间节点。习近平主席2014年提出打造中欧和平、增长、改革、文明四大伙伴关系，致力于推动中欧全面战略伙伴关系，为中欧关系发展指明了方向。中欧同为世界和平的建设者、全球发展的贡献者、国际秩序的维护者。中欧两大市场、两大文明在经济、贸易总量上位居世界前列，都是多边贸易体制受益者、维护者。中欧在携手维护多边主义、共同维护国际关系基本准则上有着巨大的空间和共同利益。以2020年12月中欧达成《双边投资协定》为标志，中欧关系经贸合作关系进入新阶段。

---

① 周茂荣、杨继梅：《"欧洲学期"机制探析》，《欧洲研究》2012年第3期。
② 中华人民共和国驻欧盟使团经济商务处：《欧委会发布"欧洲学期"冬季国别报告》，百家号，2020年3月5日，https://baijiahao.baidu.com/s?id=1660343620844111666&wfr=spider&for=pc。

然而，与此同时，中欧关系也遇到一些障碍。中欧关系面临结构和个体层次的双重影响。一个是结构因素，我们称之为百年未有之大变局，中美关系已然成为国际关系的主轴，中美战略竞争走向全面化、复杂化和深度化。2020年初的新冠肺炎疫情给国际合作带来了前所未有的挑战。疫情以来，中欧关系互动频繁，相互支持与合作，高层互动频繁，相互分享经验，提供物资和医疗援助等，但中欧关系也存在一些杂音。另一个是行为体因素，这个变化的体现之一是欧盟机构的变化。其背后是博弈与妥协催生的欧盟机构领导人选，体现在欧盟机构之间（欧洲议会与欧洲理事会）、成员国之间、成员国与欧盟机构之间（成员国与欧盟之间的权限让渡）、欧洲议会党团（主要是欧洲议会三大党团的共识缺失）之间的博弈与妥协。中欧关系发展机遇与挑战并存。

其一，中欧面临着国际秩序衰退的共同挑战。过去四年来，特朗普"美国优先"战略带来单边主义、贸易保护主义和孤立主义加剧，给国际格局带来不确定性，国际秩序陷入失序的风险。此外，疫情进一步冲击到跨大西洋经贸、安全防务和规范观念的合作关系，并且加速了中美之间的经济和地缘战略竞争。欧盟成员国大多并不支持特朗普的对华政策，并担心贸易争端和地缘政治对抗带来的影响。另一方面，随着市场准入和贸易平衡在中欧关系中的关注度上升，欧洲对华态度却体现出更多自相矛盾之处。这在2019年3月欧盟战略文件中有所体现——欧盟认为中国不仅是欧洲的重要合作伙伴，而且也是经济竞争者和制度性对手。中欧都是世界多极化的重要一极，有责任反对单边主义，倡导多边主义。拜登上台后，用"恢复美国领导力"的口号取代"美国优先"，力图更好地团结欧盟和日本、澳大利亚等亚太盟友共同遏制中国，欧盟在国际秩序演进、大国竞争中扮演何种角色值得关注。

其二，中欧致力于改善现有国际秩序。中国的发展是现有国际秩序内部的发展，欧洲是现有秩序的支持者。中欧均倡导文明多元，主张世界多极化和全球多边主义，反对单边主义和保护主义。经济互补性、共同安全性、战略协调性以及文明吸引力等因素将推动中欧合作，而且双方都有参与全球治理的理念和策略——多边主义与人类命运共同体。一方面从工具价值的角度看，面对日益严峻的全球性问题，中欧在诸多方面优势互补、互利合作能够降低治理成本，推动共同发展。另一方面从价值理性的角度看，中国的人类命运共同体理念与欧盟的善治和多边主义对全球治理有着诸多共同的追求，都是推动世界多极化和全球治理的重要规范性力量。

其三，多边主义和自由贸易成为中欧的共同语言。中欧有潜力互为最大贸易伙伴，也互为重要投资对象，中欧经贸合作具有广阔的前景和巨大的潜力。在经贸合作纽带的作用下，中欧之间形成了巨大的共同利益和愈发紧密的相互依赖关系。美国的单边主义、贸易保护主义使美国在国际规则领域的影响力大为削弱，极大地弱化其国际领导地位。欧盟作为世界上最大的经济体之一，是全球贸易和投资的主要推动者，中国等新兴经济体的经济规模和影响力不断扩大，中欧都需要一个开放的、基于国际法律规则的经济体系。中欧通过多边主义的合作推动和引领新一轮全球化，从而提供更多的全球公共产品，造福世界各国民众。

中国一直强调中欧合作远大于竞争，竞争可以是建设性的，或者合作式竞争，中欧共识远多于分歧。中国的目标和愿景是明确的，通过共商共建共享共赢，建设一个更加和平、安全、公平、包容的世界。但新冠肺炎疫情和美国的外部干预使固有偏见和新生误解混杂交织，给中欧关系带来了新的挑战。这背后是欧盟对中国的政策转变，从建设性接触政策及全面接触政策转向接触与制衡共存的政策，这意味着欧盟从强化与中国经济关系转向经济与政治并重的变化。我们需要"在危机中育新机，于变局中开新局"。中欧关系发展的最佳路径是从利益共同体过渡到责任共同体，最后迈向命运共同体。中欧对全球治理价值观的追求，特别是对多边主义的维护与发展，体现了双方关于重塑国际社会秩序的愿景和机遇。

在此背景下，欧盟通过贸易政策发挥大国影响力的实践及其局限给我们多方面的启示。首先，欧洲无论从其历史文化认同还是当前一体化的实践来看，与其他国家和地区相比都有着显著的特殊性，人们常以"橘子与苹果"的比喻来描述这一差别。欧盟将其规则、规范、模式简单地作为全球化发展的标准在可预见的未来可行性不大。欧盟借助贸易政策推进的规则、规范在一些西方学者眼中也应归入"后现代贸易议程"，[1] 即便在欧盟与其他发达国家之间合作程度最高的贸易领域，形成具有约束力的强制性规则同样存在不少困难。而承载了诸多欧洲标准的"自由、公平"的国际贸易超越了发展中国家的现实，对这些国家而言，难免夹杂着"新殖民主义和绿色保护主义"的成分。[2]

其次，有效管理全球化需要有效管理差异性，欧盟自身同样面临如何管理内部多样性的挑战。加里·马克斯（Gary Marks）在反思欧盟危机时指出，欧盟面临的困境是治理的规模不断扩大与共同体多样性之间矛盾日趋激化的问题，欧盟有限的税收使其在行使再分配职能时捉襟见肘。[3] 通过多速欧洲应对内部差异化发展也面临外围成员国担心遭到边缘化的阻力。推而广之，在当前民族国家组成的国际体系内，欧盟扮演为全球化提供政治、经济、制度等层面

---

[1] William Dymond and Michael Hart, "Postmodern Trade Policy–Reflections on the Challenges to Multilateral Trade Negotiations after Seattles", *Journal of World Trade,* Vol. 34, No. 3, 2000, pp. 21–38.

[2] Jagdish Bhagwati, *In Defense of Globalization*, Oxford: Oxford University Press, 2004, pp. 135–136.

[3] Gary Marks, "Europe and Its Empires: From Rome to the European Union", *Journal of Common Market Studies,* Vol. 50, No. 2, 2012, pp. 1–20.

的公共产品的领导者的角色更显得力不从心。

再次,欧盟面对经济增长危机和民粹主义的双重挑战,在成员国和公众压力下存在从"管理全球化理念"所宣扬的"世界主义"回归"欧洲例外论"的风险。地区一体化促进全球化发展并不是自然实现的过程。欧盟在参与全球治理过程中如听任其政策内倾、贸易保护主义抬头,非但不能有效管理全球化,反而会成为过度强调地区需求、阻碍全球化发展的"欧洲堡垒",在新技术革命浪潮、国际分工与价值链深入发展的情况下,也很难达致"防御的欧洲"的目标。

最后,全球化的发展为发展中国家深化内部改革、扩大开放提供了外部动力。在此背景下,欧盟需要充分考虑各国、各地区历史文化情境和现实发展的多样性,充分利用好发展中国家群体性发展带来的机遇,在相互开放市场、实现互联互通的过程中,积极推进互利、共赢、包容、开放、均衡的全球治理机制,同时承担起世界最大的发达国家联合体对人类共同发展负有的历史责任。在这一过程中,才能真正作为重要的利益攸关方推动新一轮全球化共识的形成,分享全球化红利、有效应对其风险。欧盟地区一体化的实验由此作为多极世界中的独特现象,可以包容国际社会的多样性与差异性;欧盟作为全球化发展的推动力量,同时担当起国际体系进步变革的前驱角色。[1]2020年底中欧达成双边投资协定、中国超越美国成为欧盟最大贸易伙伴也显示了中欧贸易关系发展的巨大潜力。

---

[1] Andrew Hurrell, "One World? Many World? The Place of Regions in the Study of International Society", *International Affairs*, Vol. 83, No. 1, 2007, p. 136.

后　记

　　本书的构思始于 2014 年底。当时以跨大西洋贸易与投资协定谈判的启动为标志，欧美战略接近引起学术界的广泛关注，而中国提出的"一带一路"倡议和积极推动亚太区域合作的努力为全球治理和多边主义提出了"中国方案"。此后，全球主要力量围绕国际规则、规范和秩序的博弈加深。贸易政策作为欧盟对外政策和参与全球治理中最活跃的全局性、基础性政策领域，21 世纪以来也经历了不断演变的过程。我们希望通过追踪这一阶段欧盟贸易政策的新变化、新发展，思考其国际影响，在其与中国和平发展面临的国际环境和国内改革发展的目标之间建立联系，分析欧盟政策调整给中欧关系带来的挑战和机遇。这一设想于 2015 年获得学校青年卓越教师项目支持立项。

　　此后的五年多时间，世界经历了特朗普主义兴起、西方民粹主义的冲击、英国脱欧、美国对华战略竞争加深等变局，起伏变幻，令人目不暇接。仅以欧美贸易关系的发展为例，2013 年 TTIP 谈判启动时，欧美领导人踌躇满志、志在必得，其中是否包含遏制中国的地缘政治目标引起广泛争论，但随着 2016 年特朗普赢得大选，谈判无疾而终，大西洋间的贸易摩擦走向贸易战的边缘；拜登上台后，欧美贸易摩擦能否平息，双方是否会推进特朗普执政中期提出的"零关税、零壁垒"目标，拜登的西方国家结盟战略是否包含了新版的TTIP计划？欧盟贸易政策变化引发的竞争与合作会对中国自身发展及中国与世界的关系产生怎样的影响？这些问题都需要我们采取跨学科的视角，将经济贸易问题与国内政治、地缘政治结合起来，追踪、思考，从变化的过去寻求智慧，立足当下思考过去、预测未来。

尽管由于自身能力和其他教学科研任务的制约，我在这一研究之中常常感到力不从心，但仍希望记录下这一特殊时期欧盟贸易政策的起伏波动，也从贸易政策这个侧面记录全球未有之大变局下欧洲一体化进程、大国关系、全球治理的相互碰撞。此后，社科院欧洲所贺之杲博士、上海对外经贸大学国际商务外语学院夏添博士相继加入课题组，与我共同完成了本书的写作。本书的具体分工如下：王展鹏负责全书框架设计和审定工作，承担引言、第一章、第二章（部分）、第三章（部分）、第四章、第六章、结语（部分）、后记的撰稿工作；贺之杲负责全第五章、第七章、第八章、第九章、第十章、结语（部分）的撰稿工作；夏添协助全书框架设计及第二章、第三章的部分撰稿工作。新华社国际部编辑于艾岑，北外英语学院英国研究、爱尔兰研究中心的博士生吕大永、孙稼宝、刘婷、张茜、刘赢和，硕士生史晓丹、杨君卓等参与了许多资料搜集、整理和书稿编辑工作。

本书的立项得到了北京外国语大学人事处、科研处和英语学院的领导与老师们的大力支持。项目研究过程中有幸与国内欧洲研究领域的多位专家研讨，获得了诸多教益与启发；一些阶段性成果得以在中国社会科学院欧洲研究所《欧洲研究》杂志发表，在此一并致谢。

感谢社会科学文献出版社当代世界分社社长祝得彬和责任编辑仇扬在本书出版过程中给予的支持和帮助。

本书即将付梓之际，2020年11月，中国与其他亚太国家签署了《区域全面经济伙伴关系协定》，并宣布将积极考虑加入《全面与进步跨太平洋伙伴关系协定》（CPTPP）；12月，中欧投资协定签署。单边主义、保护主义阴霾下的世界显现出新的希望。我们希望在回顾过去的基础上，继续这一研究，见证中欧两大文明、两大市场求同存异，在互利共赢的基础上推动开放包容的多边主义实践的发展。

王展鹏

2021年2月于北京

图书在版编目（CIP）数据

21世纪以来欧盟贸易政策的演变及其影响研究／王展鹏，贺之杲，夏添著．-- 北京：社会科学文献出版社，2021.10

ISBN 978-7-5201-8955-2

Ⅰ.①2… Ⅱ.①王… ②贺… ③夏… Ⅲ.①欧洲联盟－贸易政策－研究－21世纪 Ⅳ.①F735.0

中国版本图书馆CIP数据核字（2021）第181529号

21世纪以来欧盟贸易政策的演变及其影响研究

著　　者 / 王展鹏　贺之杲　夏　添

出 版 人 / 王利民
责任编辑 / 仇　扬　聂　瑶
责任印制 / 王京美

出　　版 / 社会科学文献出版社·当代世界出版分社（010）59367004
　　　　　 地址：北京市北三环中路甲29号院华龙大厦　邮编：100029
　　　　　 网址：www.ssap.com.cn

发　　行 / 市场营销中心（010）59367081　59367083
印　　装 / 三河市尚艺印装有限公司

规　　格 / 开　本：787mm×1092mm　1/16
　　　　　 印　张：18.25　字　数：237千字
版　　次 / 2021年10月第1版　2021年10月第1次印刷
书　　号 / ISBN 978-7-5201-8955-2
定　　价 / 89.00元

本书如有印装质量问题，请与读者服务中心（010-59367028）联系

版权所有　翻印必究